大学的埼玉ガイド
――こだわりの歩き方

ものつくり大学教養教育センター 編
井坂康志 責任編集

昭和堂

埼玉《さきたま》古墳群（行田市）

写真提供／埼玉県立さきたま史跡の博物館

裏　表

行田市の埼玉《さきたま》古墳群は、前方後円墳8基と日本最大級の円墳である丸墓山古墳などからなり、特別史跡に指定されている。その中の稲荷山古墳からは、国宝となっている115の漢字が刻まれた金錯銘鉄剣が出土している。

所有／国（文化庁保管）
写真提供／埼玉県立さきたま史跡の博物館

秩父

長瀞の岩畳は、地下深くの圧力と熱で変成された岩石（結晶片岩）が、その後の地殻変動で地表へ露出し、直接に目視できることから「地球の窓」と呼ばれる。　写真提供／長瀞町

秩父夜祭は、京都の祇園祭、飛騨の高山祭と並んで日本三大曳山祭の一つに数えられる。その金色の飾り具や極彩色の彫刻、後幕の金糸の刺繍で装飾された笠鉾・屋台は「動く陽明門」といわれるほどの豪華絢爛で、国の重要有形民俗文化財に指定されるとともにユネスコ無形文化遺産にも登録されている。

写真提供／（一社）秩父地域おもてなし観光公社

川越

第二次世界大戦の空襲で都市部の大半が焼け野原になった首都圏において、川越は数少ない「江戸風情」の残る街である。漆喰壁の商家が並び、平日から国内外の観光客で混雑する。

見《み》沼《ぬま》通《つう》船《せん》堀《ぼり》（さいたま市）

閘門（水位調整用の関）という画期的工法による見沼の運河は、現在もさいたま市に存在している。

田島ケ原サクラソウ自生地

写真提供／さいたま市教育委員会

箭《や》弓《きゅう》稲《いな》荷《り》神《じん》社《じゃ》（東松山市）

本殿南西側背側面

拝殿唐破風彫刻（鳳凰・三条小鍛冶宗近の大鍛冶、目貫龍）

本殿三手先霊獣彫刻（獏頭・龍頭・蛋頭）

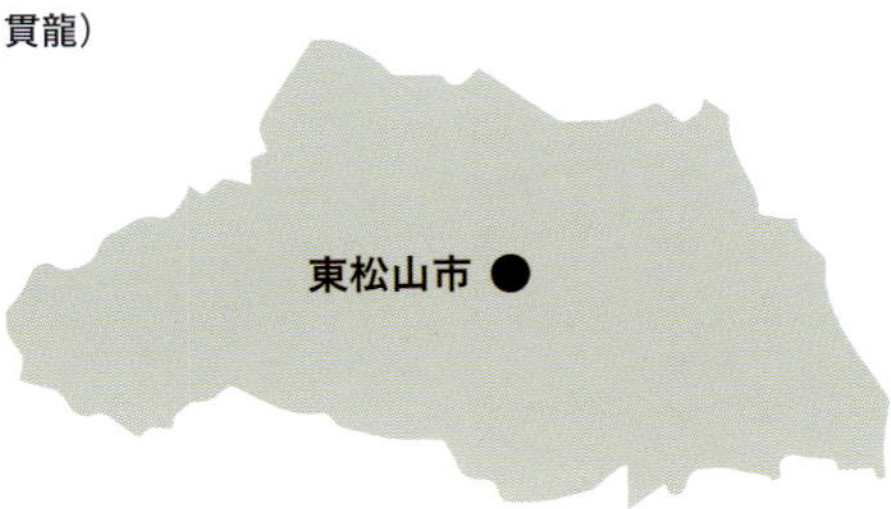

創建は和銅５年、平安期に平忠常討伐に向かう源頼信が白狐に乗った神から箭と弓を授かる夢を見て戦に勝ち、これに感謝して社殿を寄進したと伝えられる。令和６（2024）年１月に国の重要文化財に指定された。五穀豊穣、商売繁盛、芸道向上、また、勝負の神様としても知られ、「やきゅう」の読みから野球関係者が多く祈願に訪れる。

写真提供／横山晋一研究室（ものつくり大学）

渋沢栄一（深谷市出身）

武蔵国榛沢郡血洗島村（現・埼玉県深谷市血洗島）の生家。

インドの詩人タゴールと。

1840（天保11）～1931（昭和6）年。「日本資本主義の父」といわれ、500もの会社、600もの社会団体の設立・育成に関わった。2024（令和6）年、新紙幣の1万円札の顔に選ばれた。

徳川昭武一行集合写真（マルセイユにて）。
1867（慶応3）年のパリ万国博覧会に庶務・会計係として随行。
写真提供／渋沢史料館

食と風土

サイボクのソーセージ（日高市）

ゼリーフライ（行田市）

いも恋（川越市）

川幅うどん（鴻巣市）

十万石まんじゅう（行田市）

埼玉政財界人チャリティ歌謡祭。1992年に第1回を放送して以来、埼玉県知事・県内市町村長・県議会議長・県内企業のトップらが、生演奏に合わせて自慢の喉を披露している。「埼玉の奇祭」と呼ばれる。

Television

第32回埼玉政財界人チャリティ歌謡祭（2024年1月放送）

Radio

開局35周年イベント「大宮いんびてーしょん」会場に設けられたフォトスポット（2023年10月31日、大宮ソニックシティ）

写真提供／FM　NACK5

文化の発信

Movie

映画『翔んで埼玉』と続編『翔んで埼玉～琵琶湖より愛をこめて』の武内英樹監督（右）
井坂康志（ものつくり大学）（左）

序――「埼玉学」を始める

「汽水県」としての埼玉

埼玉県の歴史と文化は、古くもあり新しくもある。ふだん見慣れた風景でさえ、注意深く観察すれば新たな表情を覗かせる。

埼玉県を一言で表現するなら「雑居性」がふさわしいのではと常々考えてきた。東京に隣接しながらも、どこか「秘境」の趣きを残し、太古の時間を保存しつつ同時に新しい文化が常に吹き込んでいる。新旧が交錯しながら豊かな生命と文化が育まれる一種の生態系であり、海水と淡水が交わる「汽水域（県）」、それが埼玉である。

地形もまた興味深い。利根川や荒川といった大河が貫き、西半分は山岳地帯、東半分は平地となっている。さらに、東京、千葉、茨城、栃木、群馬、長野、山梨の七都県と接している。(1) かくも多くの都県、特に長野県と接している事実を知る県民は意外に少ない。

編者が関わるものつくり大学は行田市にある。埼玉《さきたま》古墳群や「のぼうの城」で知られる忍城など、古代から近世にかけての歴史遺産に恵まれた地域である。(2) 現代に至るまでの変遷を克明に見守ってきた埼玉の「眼」とも言える地点である。

（1）南北の文化的差異に加えて、東西の山・川の地形的コントラスト。これらの異なる勢力が常時綱引きしている構図である。

（2）行田市さきたま古墳公園の稲荷山古墳に登ってみると、前方後円墳の名称の由来がくっきりと解像度高く感じられる。登ってみることで、古墳を作った人たちの気持ちに触れられるというか、古墳建造の現場に立ち会っているかのような親密な感情さえ湧いてくる。

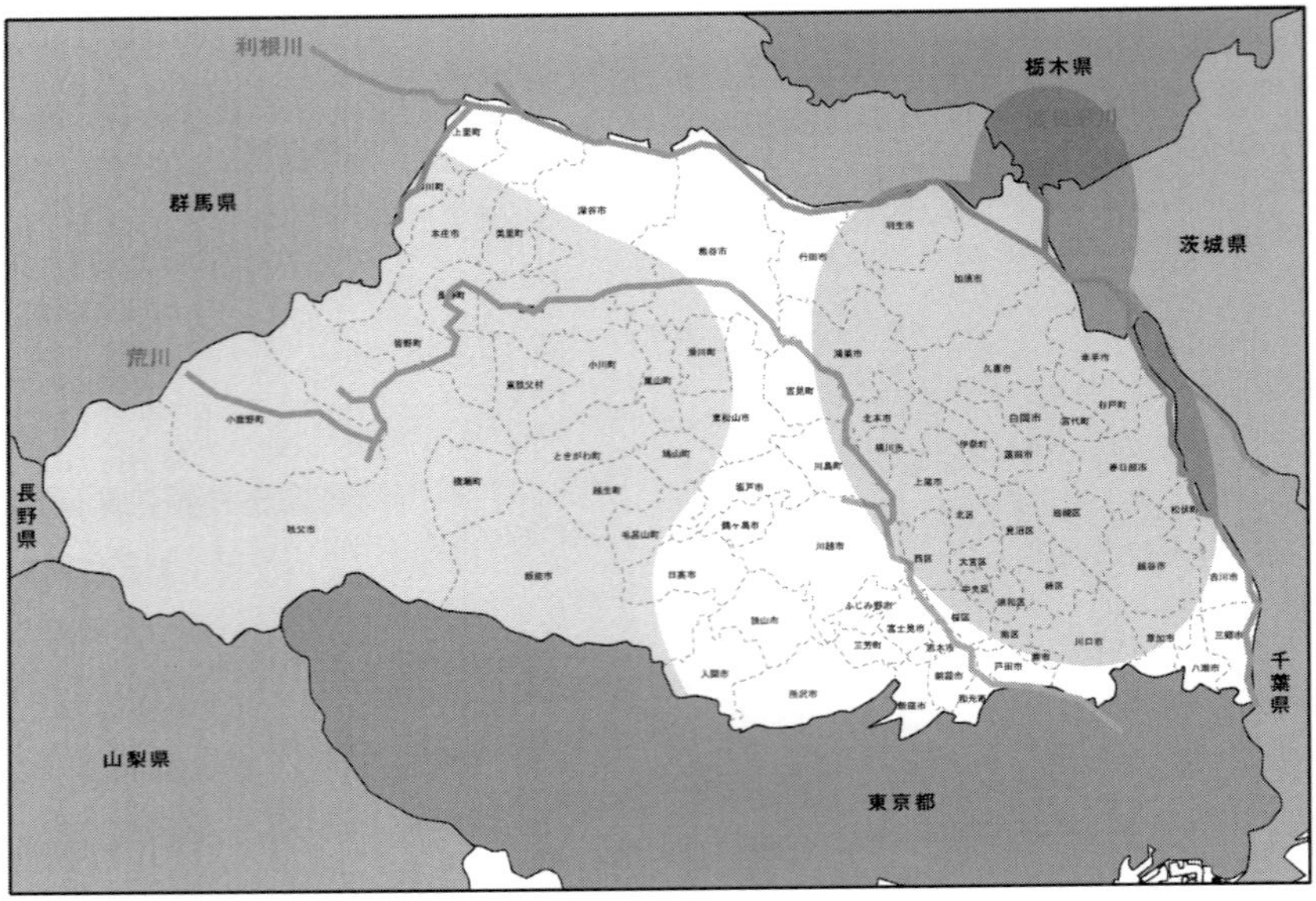

本書は、次の三部構成でその歴史、文化、イメージを探ろうとする。

第Ⅰ部では、地勢上の特徴、すなわち川と道の歴史・文化を描く。秩父山地を中心とした山岳信仰や修験道の過去と現在、その近代化の過程を「埼玉県」誕生とともに追い、さらに秩父・武甲山の石灰岩に焦点を当て、セメント産業と歴史的建造物について詳述する。最後に、円環状の古道・国道一六号線[(3)]の魅力を紹介し、映画『翔んで埼玉』の武内英樹監督へのインタビューや越谷レイクタウンなどのトピックを取り上げる。これらすべてが、地形という基本的な視点から描かれている。

第Ⅱ部では、埼玉固有の文化を探る。交通網や都市機能、東京の後背地としての産業集積、代表的かつ個性的な企業、さらに埼玉新聞やテレ

（3）　本書執筆者の柳瀬博一氏（東京科学大学教授）は、『国道16号線――「日本」を創った道』（新潮社）において、神奈川、東京、埼玉、千葉に至る円環状のエリアを、縄文時代から現代に至る文化と経済の中心地と位置付けている。本書を読むと、私たちが脳裏に描く「東京中心」の発想がいかにごく最近のものかに気づかされる。

玉、FM NACK5といったメディアを見ていく。古社・古寺や城址についての綿密な考察を経て、風土が育んだ文学者・石井桃子や音楽家・下總皖一《しもふさかんいち》、「ミュージカルかぞ」などの文化・芸術活動、スポーツにおける強さの秘密も探究する。

第Ⅲ部では、イメージ形成を論じる。私たちが持つ埼玉イメージはどう形作られたのか、大宮と浦和、時の古層を保存する行田等ひときわ個性的な地域を探る。新一万円札の肖像ともなった渋沢栄一や県知事の群像、さらには各種調査をもとに「住みやすさ」に話題が移った後に、アニメ作品と地域文化の関係性を分析する。最後に、埼玉を象徴する鉄道網と鉄道博物館、そして防災対策及び関連施設について詳述する。

「埼玉学」という新しい教養

本書は、一つのコンセプトに端を発して編まれた。執筆者の一人・野上武利氏がふと口にした「埼玉学」という一言である。野上氏はかつて旧埼玉銀行で行員向けに「埼玉学」の研修を行った経験を持つ。「埼玉学」――。その響きにはっとさせられた。何とも言えない新鮮な感覚だった。内なる深層で、何かが動き出したのを感じた。

むろん埼玉について知らないわけではない。が、その氾濫する情報の中でかえって本質がぼやけてしまっているのではないか。溢れるばかりの圧倒的な情報量が実像を見えにくくしているのではないか。そんな疑念がふと心をよぎった。「埼玉学」という言葉それ自体が、深い内省を迫るマントラのように何かを訴えているように感じた[4]。

その後、私はものつくり大学のオウンドメディア「Monogram」で、「埼玉学」のコラム連載の機会を得た。歴史や文化、自然への多様な視点を通じて、魅力を再発見し、それ

(4) 「ダサい」「海なし県」「埼玉都民」「ベッドタウン」等、埼玉を形容する言葉は多い。だが、ごく最近つくられた観念からは埼玉の本質は見えてこない。何もないのではない。正体を見極めがたいほどに果てしなく、あまりに何かが「あり過ぎる」のだ。

を発信することに喜びを感じた。その一環として、映画『翔んで埼玉〜琵琶湖より愛をこめて』の上映に際し、全国紙にコメントを寄せる機会にも恵まれた。[5] 埼玉という地域が放つ特異な魅力と、その存在感を再認識しながら、私は次第に「埼玉学」を一冊の本としてまとめ上げたいという思いに駆られるようになった。

その念願がかない、こうして『大学的地域シリーズ』の一つとして本書を世に送り出せたことに、深い感謝の念を抱いている。埼玉という地域を一つの知的探求の対象、あるいは新しい教養として捉え直し、その豊かさ、奥深さを多くの方々と分かち合えたら嬉しく思う。

今、私たちが立つ地点

現在、私たちはどのような地点に立っているのか。戦後八〇年を迎える日本において、この問いは切実なものとして迫っている。この問いは、未来に向けてどのように社会を形成していくべきかという問題とも深く結びついている。

今日、私たちの社会では、旧来の価値体系が崩壊しつつある。もはや人口も経済も右肩上がりは望めない。激しい国際競争の中で、現状維持がやっとである。

改めて考えてみると、日本が直面している多くの試練は、実は埼玉が歴史的に経験してきたものばかりである。特定のレッテルやステレオタイプに対して、埼玉はしなやかに受け入れながらも、時に絶妙に受け流してきた。[6] 映画『翔んで埼玉』のギャグや演出が共感を呼ぶのも、埼玉県民が日々内面化した一種の価値態度を巧みにとらえているためであろう。

低迷と膨張、分裂と統合という二つの力学の緊張の上で、自ら浮動するアイデンティティ

（5）『翔んで埼玉〜琵琶湖より愛をこめて』も、前作同様演出はスタイリッシュで、嫌味がない。いわゆる悪い洒落ではなく、良い洒落になっているのは明らかだ。埼玉県民はあたかも自らが脚本を書き、演出し、ほとんど一本の作品を演じきったかのような清々しい解放の表情を私は浦和パルコの観客に見た。

（6）これは不毛なマウント合戦に加わらず、またかりそめの「アイデンティティ」の安酒に身を任せるのでもなく、つねにただ薄い笑みをもって超然と自己に邁進する姿勢である。

に自己を慣らしてきた埼玉は、日本の未来を示す一つの縮図である。それは単なる土地の名称にとどまらず、未来を指し示す理念であり、日本の「眼」とも言えるのではないだろうか。埼玉の魅力は、その「わからなさ」にこそ多くの秘密が隠されている。特に県北から県西にいたるエリアは古さゆえか謎に満ちている。(7) 広大さもあり特定地域に記述が偏ったのは否めないが、本書を通じてそれぞれが新たな一面を発見されることを心より願っている。

(7) 源流に近い秩父の荒川を目にしたとき、古代の人たちが何を求めていたか、何を恐れていたかがはっきりした気がした。

＊　＊　＊

多面体としての埼玉について一書を編むにあたり、多くの研究者や機関から支援を仰がざるをえなかった。大学関係者をはじめ、県外の研究者がその申し出に快く応じてくださった。行政関係者、メディア関係者など、各界の専門家、企業、団体も温かなご支援を惜しまれなかった。この場をお借りして心より感謝申し上げたい。

出版に際しては、昭和堂の大石泉氏による緻密かつ真摯な編集作業に大いに助けていただいた。本の「顔」ともなるカバーと口絵のデザインでは並木まき氏の協力を得た。

最後にＭＩＰ代表取締役社長の川﨑享氏には、終始寛大なご配慮をいただいた。川﨑氏のご支援なくして、本書をこのような形でお届けすることはできなかった。特記して謝意を表したい。

それでは、一風変わった「秘境」への旅をご一緒しよう。

二〇二四年一一月

行田のものつくり大学にて　　井坂康志

第Ⅱ部　埼玉の産業・文化——魅力の源泉

第Ⅲ部　埼玉イメージの形成——「静」と「動」のダイナミズム

第Ⅰ部

埼玉の地勢学——古代から現代まで

1 川と道

野上武利

はじめに

話は一九八一（昭和五六）年に遡る。

タレントのタモリが埼玉県を「野暮ったい」「垢抜けない」と、自身が司会を務める番組の中で「埼玉県」と「ダサい」をかけ合わせた造語「だ埼玉」を電波に乗せ全国に拡散・流布した。(1)

それから四十有余年が経過した。そうした憂き目に遭遇すると、埼玉県はそれほどまでに魅力のない県なのだろうかと自問自答してみたが、出てきた答えは真逆である。むしろ誇れることが数多くあることに気付かされる。

それらの紹介に先立ち、埼玉県の現在の状況を説明しておきたい。埼玉県の面積は四七都道府県中三九番目の三七九八平方キロメートルの小さな県だが、人口は東京、神奈川、大阪、愛知に次ぐ五番目の七三六万人を擁している。

（1）「だ埼玉」という言葉については、「あかぬけない埼玉。『ださい（野暮ったい）』と組み合わされて、タモリ（芸能人）が流行らせた」との指摘が『現代用語の基礎知識』自由国民社、一九八五年にある。

地理的特徴はこれら人口上位の自治体がいずれも海に面しているのに対し、埼玉県は海のない内陸に位置している。地勢的には物流面で大きなハンディがあるものの製造品出荷額は全国六位の一四兆一四七〇億円（平成三〇年「工業統計調査」）、そして年間商品販売額においても一八兆三四八一億円（平成二七年「経済センサス活動調査」）を計上するなど経済活動の極めて活発な県と言える。活動の下支えとなる人口は一世紀（一〇〇年）近く減少したことがない国内唯一の人口増加県である。

また県民の豊かさを測る指数、持ち家比率が首都圏で最高水準にあるなど県民の堅実な暮らしぶりが窺える。

埼玉のあるこの地域が大きく変貌したのは、家康が一五九〇年江戸に移り住んだ時に遡る。その後関ヶ原の戦いに勝利し一六〇三年に江戸幕府を創設した。以後二六〇年にわたった徳川幕府時代の取組みの中に埼玉発展の痕跡がある。

幕府は開府後、武家諸法度などの諸制度を矢つぎ早に制定し中央集権的な統治機構である幕藩体制(2)を確立した。真っ先に取り組んだのが統治機構の要である大名対策であった。大名を親藩、譜代、外様に分類し、関ヶ原の戦い以降臣下となった外様大名対策では、防御の観点から領地替えを行うと同時に幕府の領地に容易に侵入できないように対策を講じた。それが幕府による河川対策であり、街道対策だった。

（2）江戸幕府を最高の統治機関とする政治体制を指す。藩を形成し、米等の納付による年貢の石高制を基礎に置いている。諸大名を親藩・譜代大名・外様大名に区別し、参勤交代や改易によって統制した。

一　河川対策——利根川の東遷・荒川の瀬替え

一五九〇（天正一八）年、小田原征伐[3]に勝利した豊臣秀吉は全国統一を図った後、次第に勢力を拡大する徳川家康を警戒し関東（江戸）に移封した。家康の領地となった当時の江戸は家がまばらな寒村だった。そこで家康は直ちに江戸をはじめとして平野域の基盤整備に着手している。当時の江戸は、度重なる大洪水に悩まされていたこともあり災害対策とともに、江戸市民の食糧確保が喫緊の課題だった。こうした課題に並行して江戸幕府が、取り組んだのが仙台の伊達や山形の上杉、そして秋田の佐竹など東北地方の有力外様大名に対する防衛対策である。そして、江戸の防衛と社会安定のために幕府が取り組んだのが、河川対策と街道対策であった。

その河川対策だが、江戸を含む関東平野には幾筋もの川が流れていた。利根川はその一つである。現在の利根川は、埼玉県の県域を通り過ぎた後、茨城県と千葉県の県境を流れ千葉県銚子から太平洋に注いでいるが、江戸初期の利根川は埼玉県の県域を通過した後江戸湾（東京湾）に流れていた。そして当時の利根川は荒川の西側を流れていたばかりか二つの川は越谷付近で合流した後江戸湾（東京湾）に流れていたのだから誠に興味深い。

当時の荒川は、名前の通り「荒ぶる川」そのもので熊谷付近では再三にわたって洪水を引き起こしていただけではなく、流路をも変える暴れ川だった。耕作地の拡大を急ぐ幕府にとっては氾濫を防ぐための流路変更が喫緊の課題だった。そこで浮上したのが利根川、

（3）　豊臣秀吉が小田原城に籠城する北条氏を征伐し、天下統一を果たした一連の戦を指す。小田原の役、小田原合戦、小田原の攻めなどとも呼ばれている。

荒川の切り離しだった。利根川を荒川の東側に移す東遷事業と荒川を利根川の西に移す西遷事業を同時に行うことが求められた。この中で最大の事業となったのが荒川の「瀬替え」工事だった。

徳川幕府時代と言うよりも、わが国有史上最大の土木事業だった「瀬替え」は一六二九（寛永六）年、幕臣の伊奈忠治[4]の手で進められた。未曽有の大工事は熊谷の久下《くげ》で元荒川筋から現在の荒川筋へと主流が付け替えられた後、新たに開削した川に流した後入間川と合流させ隅田川を経て江戸湾（東京湾）に流させた。この流路は現在に至るまで変わっていない。

他方、荒川から東側に切り離された利根川は、分離後埼玉の県域を通過した後、茨城と千葉の県境を流れ千葉の銚子から太平洋に注ぐ川となった。

この二つの大河の改修工事によって洪水・氾濫は激減し幕府の新田開発は画期的に進展した。

成果はそれだけではなく、膨張する江戸の町づくりに欠かせない材木などの物資が荒川の上流域（秩父）から水運によって可能となったことで秩父地域では新たな地域振興が図られた。

こうした基盤整備に加え幕府は東北の大名を牽制するため大河の利根川や荒川には危機管理の観点から橋を架けず、代わりに舟着き場を築造して参勤交代はもとより人や物資の渡河を監視した。渡河はもっぱら舟運によって行われた。

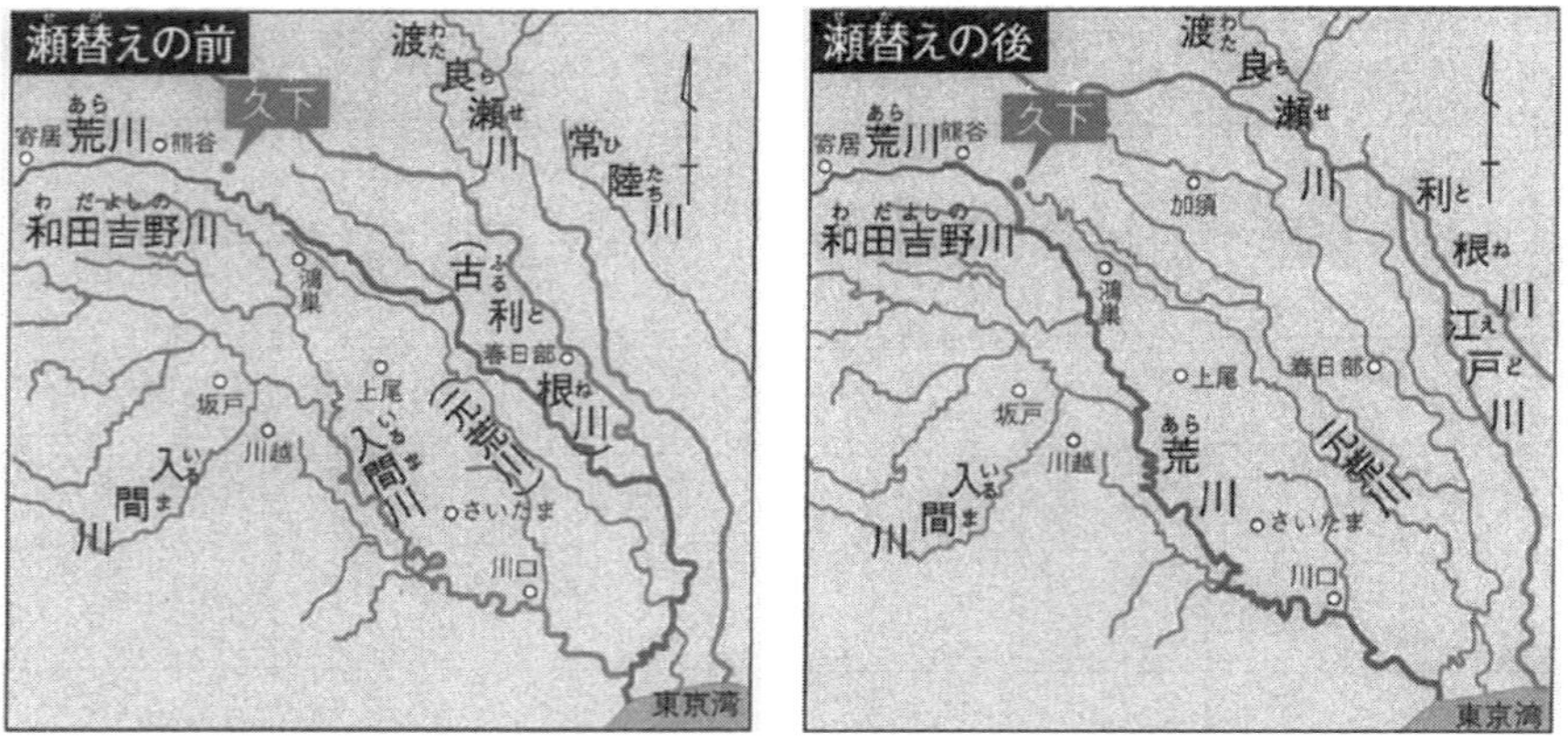

図1　瀬替えの前後（資料　国土交通省「荒川の瀬替え」）

二　「見沼」を巡る水対策

幕府開府時から江戸、及び領域内の治水対策は進展していく。膨張を続ける人口に対応する食糧供給が常に課題だった。徳川家康が関東に領地替えされた当初の人口は僅かだったが、三代将軍家光の時代には一五万人を数える。一七二一（享保六）年、八代将軍吉宗によって全国人口調査が行われ、江戸の人口は五〇万人に達したことが判明している。それだけにとどまらず徳川時代の最盛期には一〇〇万人を数えるまでに増加している。この数字は当時のロンドンの八五万人、パリの五四万人を遥かに超え、江戸は世界最大のメガシティ（大都市）となった。

このように江戸は発展を遂げていくものの、問題は食料の確保で、耕地開拓が常に課題だった。この課題解決は荒川の瀬替え、そして利根川の東遷工事を成功に導いた関東郡代の伊奈半十郎忠治に委ねられた。

忠治による耕地開拓事業は見沼（さいたま市）を舞台に展開された。忠治は見沼に水を引き溜井（溜池・ダム）を造成し、見沼はもとより下流域の川口、鳩ケ谷、蕨《わらび》、戸田、草加に水を供給し水田開拓に成功した。しかしダム的な溜井の存在で上流地区では度々水害が起き、溜井の廃止を求める声が享保の改革を進める八代将軍徳川吉宗の耳に届き、一転、干拓し新田開発へと変更された。

ただし、この事業ではまたしても越えなければならない難題が発生した。干拓により水

（4）一五九二〜一六五三年。関八州の治水工事、新田開発、河川改修を行い、荒川開削、江戸川開削に携わった。江戸初期における利根川東遷事業の多くがその業績であり、鬼怒川と小貝川の分流工事や下総国、常陸国一帯の堤防工事なども担当している。

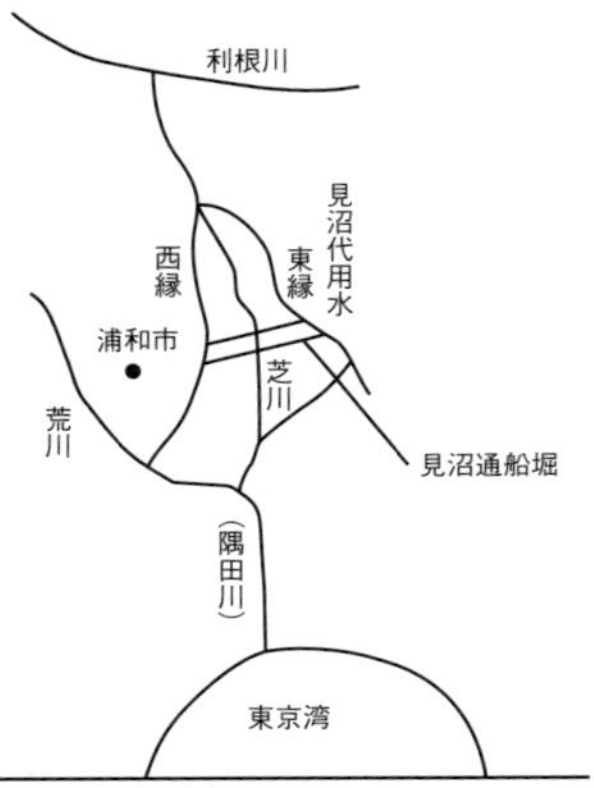

代用水の東縁（ひがしべり）と西縁（にしべり）を結ぶ見沼通船堀

図2　代用水（資料　いくた悠美子「ふるさと浦和」松下興産、1998年）

の供給が得られなくなることを危惧し、溜井から水の供給を受けていた下流域の農民による反対運動が頻発した。吉宗は直ちに紀州藩主時代から重用していた井沢弥惣兵衛為永[5]を呼び寄せ対応させた。

為永は農業用水路を新たに造成することで対応している。これが見沼の溜井の代わりの用水と言うことで「見沼代用水」の名が付けられた。ちなみに見沼代用水は埼玉・東京間を流れる「葛西用水」、愛知県の「明治用水」とともにわが国三大用水に数えられている。

ところで、この用水はどのようにして造成されたのか。遥か六〇キロ上流の行田市を流れる瀬替えによって荒川から切り離された利根川の右岸から導水された。この事業により新たに一二〇〇ヘクタールの水田が誕生した。これにより恩恵を受けた三〇〇か村の水田から約一五万石の収穫が得られた。吉宗の発意と為永によって造成された「見沼代用水」は、三〇〇年を経た今日でも利用され、川には当時同様「見沼代用水」の名が付けられている。

こうした実績の持ち主・井沢為永は代用水完成の三年後には代用水（灌漑用水）の恩恵を享受した村々と連携し江戸への諸物資輸送のため新たな水路の造成に着手した。しかしこの事業でも難題に遭遇する。見沼代用水路単独では江戸への運搬が不可能であることが

（5）　一六五四（承応三）〜一七三八（元文三）年。治水の大家として知られる。さいたま市緑区の見沼自然公園に井沢弥惣兵衛の銅像がある。

判明した。当初、為永は見沼代用水路と付近を流れる芝川を連結させる計画を立てたが、二つの川には三メートルの高低差があり造成は不可能と思われた。そこで治水の大家・為永は、水路に水位調節のための関を設けることで水位調整を図る工法を考案し新たな水路を完成させた。

この時考案された水位調整用の関を閘門《こうもん》と言い、閘門の敷設により誕生した運河を「閘門式運河」と言う。この画期的工法によりつくられた見沼の運河はわが国最古の閘門式運河として「見沼通船堀《みぬまつうせんぼり》」の名で現在もさいたま市に存在している。

ところで見沼通船掘と同じシステム（工法）で建設され、現役で稼働している世界的に著名な運河がある。その運河とは一九一四年、大西洋と太平洋を結ぶ運河として建設されたパナマ運河である。この著名な運河の開通に先立つこと一八〇年も前に見沼の通船堀が誕生したことにわが国の土木技術の高さを感じる。

この見沼通船堀だが、江戸時代の土木技術の高さ、並びに当時の水運事情を知る上で貴重な史跡として一九八二年国指定の史跡となった。指定を機に、所在するさいたま市では例年八月下旬に往時の姿を再現するイベント「閘門開閉」実演が歴史の継承事業として実施され公開されている。

荒川東岸地域で行われた「水対策事業」は、西岸地域においても同様に行われた。三代将軍家光の時代、川越藩主の「知恵伊豆」こと松平信綱によって荒川に並行して流れる新《しん》河岸《がし》川の大改修工事が行われた。このように荒川の両岸の運河による江戸への水運は一連の対策により耕地開拓はじめ物資の輸送が飛躍的に進展した。

写真1　閘門による水位調整（さいたま市教育委員会提供）

写真2　見沼通船堀（さいたま市教育委員会提供）

三　家康・家光の街道対策とそれ以降

家康が幕府開設時に取り組んだ最優先課題に街道対策がある。徳川幕府の領地外から江戸への道は家康によって制定されるとともに危機管理の観点から諸々の厳しい規制が設けられた。家康が制定した街道は日本橋を起点とした五街道[6]である。

幕府創設時は外様大名などによる武力蜂起が懸念されていた時期であり、三代将軍徳川家光の下に武家諸法度や参勤交代制度が危機対策として発布された。

特に、大名の江戸出府に際しては大名ごとに往復の街道、投宿する宿が予め決められるなど幕府の徹底した管理体制下にあった。

この厳しい街道対策には今一つの目的が隠されていた。参勤交代には膨大な経費を要することから大名の財力を削ぐ狙いが幕府にはあった。他方こうした制度の恩恵を受けたのは幕府が指定した街道の宿場町であり、周辺地域だった。

特に中山道、日光街道、奥州街道の三道が通る埼玉は大いに賑わい発展した。また、この三街道が存在したことにより江戸時代が終わり明治時代を迎えても街道沿いの街々は時代に取り残されることなく発展を続け今日に至っている。

二六〇年続いた徳川幕府の終焉で日本は一変した。震源は海外にあった。世界に目を転じれば変化せざるをえない事情が見えてくる。当時の世界は産業革命[7]を機に激変し新たな世界が生み出されていた。にもかかわらず、わが国では鎖国状態にあり体制変換が遅れた

(6)　江戸日本橋を起点に伸びる東海道、中山道、日光街道、奥州街道、甲州街道の五つを指した陸上幹線道。一六〇一(慶長六)年に徳川家康が全国支配のために江戸と各地を結ぶ街道を整備し始め、二代将軍秀忠によって基幹街道に定められた。

(7)　一八世紀半ばから一九世紀にかけて起こった一連の産業及びエネルギーの革命を指している。これらの革命に端を発して、多様な経済社会構造の変革も起こった。一七三三年から一八四〇年ごろまでの第一次産業革命と、それ以降の蒸気船や鉄道の発明を中心とする第二次産業革命に大別される。

が、海外からの強い圧力も加わり体制変換が起き、わが国の近代化は一気に加速した。

象徴的出来事が岩倉具視を団長とする米欧使節団の派遣（一八七一〜一八七三年）である。変革直後の日本を牽引することになった岩倉具視や大久保利通・伊藤博文など総勢百余名に及ぶ視察団が欧米に派遣された。欧米の実情を視察したことで、欧米諸国をモデルにしたさまざまな改革が進んだ。改革は政治、経済、社会の全般にわたったが、埼玉にとって決して見落とすことができないのが鉄道問題であった。

米欧視察団は鉄の塊が蒸気の煙を吐きながら、これまた鉄の線路の上を走り大勢の人や大量の物資を迅速に運ぶさまを見て驚嘆した。同時に一事が万事、余りにも違う実情に触れ国力の差を実感し帰国した。

自らの目で見てきた視察団の面々の行動は適切にして迅速だった。富国を目指して殖産興業を必須として基盤となる鉄道の整備に着手した。そのためには鉄道建設資金の確保が肝要として岩倉具視や渋沢栄一は生糸・絹織物の輸出代金に白羽の矢を立て維新早々高崎線を建設した。産地の埼玉・群馬・長野から製品が集められ高崎線経由で横浜に運ばれ輸出された。

高崎線は大政奉還・王政復古に尽力した明治政府樹立の立役者・岩倉具視と、令和六年新一万円札の顔となった埼玉の偉人・渋沢栄一の決断によって、ここ埼玉の地に建設された。興味深いのは、徳川幕府が定めた中山道に沿って建設されたことだ。ここに偉人岩倉、渋沢の先見性に富んだ戦略思考が見て取れる。

その先見性とは中山道に沿って高崎線が建設されたことに尽きる。この選択は埼玉にとって、計り知れない恵みであることは言うまでもない事実である。しかしこの幸運が偶然に訪れたものではなく地の利あって築かれたことは言うまでもない。

その後、高崎線沿線には富岡製糸場[8]が設立されたり、長野から片倉工業など幾多の企業が進出したことからも偉人たちの目論見は見事的中したと言ってよい。

ところで、日本版シルクロードとも言われた高崎線の建設は一八八一（明治一四）年、民営鉄道会社日本鉄道によって行われたが、その後、近代化を促進する観点から鉄道建設は国の手で行われるようになった。

先に、高崎線建設は埼玉にとって恵みと述べた。その根拠は、徳川幕府時代の宿場町と日本の近代化に貢献した鉄道駅がなぜこれほどまでにシンクロして建設されたのか偉人たちの思惑を探ってみたい。高崎線の県内主要停車駅は見事なまでに、幕府が定めた中山道の宿場町と一致している。中山道の宿場町が蕨、浦和、大宮、上尾、桶川、鴻巣《こうのす》、熊谷、深谷、本庄《ほんじょう》の九つであるのに対して、鉄道高崎線の主要停車駅は宿場と同じ場所に設けられ駅名も同名である。

なぜとも思うがここに偉人たちの高度な戦略思考が見て取れる。渋沢や岩倉は、既存のインフラストラクチャー（徳川時代に整備された道路・河川）などがあることに加え交通の要所・要衝にはすでに地形に沿う地盤整備が施されており、その活用こそが合理的であり、コスト、ならびに工事工数の削減ばかりか工期の短期化につながることを見越して決断したことが窺える。

偉人たちの決断に何よりも感謝すべきは、長い年月をかけ築き上げた地域間の結びつきや物流、人的交流など拠点機能を失うことなく新時代を迎えることができたことに尽きるのではないだろうか。

（8）　一八七二（明治五）年開業の群馬県富岡市に設立された日本初の本格的な機械製糸工場。当時の繰糸所、繭倉庫などが現存している。敷地を含む全体が国の史跡に、初期の建造物群が国宝および重要文化財に指定されている。また、「富岡製糸場と絹産業遺産群」の構成資産として、二〇一四年、第三八回世界遺産委員会で正式登録された。

偉人たちのこうした目論見は見事に果たされている。一五〇年を経た現在においても高崎線沿線は大いに発展し続けていることが何よりの証拠だ。建設以降この地に誕生した企業が今なお発展していることもそれを裏付けている。

また高崎線の開設を契機として埼玉県内を走る東北線や日光に通じる東武鉄道も同様に江戸時代の宿場に沿って建設され、埼玉を含む北関東地域経済が大いに発展した。

おわりに

歴史は良くも悪しくも人によってつくられると言われるが、埼玉が今日まで発展し続けた原動力はすでに書き記した徳川家康、岩倉具視、渋沢栄一といった偉人の存在があって得られたと思っている。

かつて埼玉が「ダサい」などと揶揄された時もあるが、どうだろう、今から四〇〇年近く以前、わが国有史上最大とされる一大土木事業がここ埼玉の地で繰り広げられた。近代的な器具、重機もない時代に利根川、荒川を舞台に川の付け替え「瀬替え事業」が行われた。こうした事業が展開されたことで、その後江戸や東京は世界屈指の大都市に成長・発展したのではないだろうか。ダサいどころか、誇りにさえ思う遺産だと思う。

また、次なる近代化を迎える時期に登場したのが岩倉具視であり、渋沢栄一だった。両人はともに幕末から維新にかけ産業革命により発展を続ける欧米を視察し、早急に対応しなければならない課題を見出したことだった。中でも彼我の差がある科学技術面での遅れを取り戻すべく取り組んだのが産業革命の象徴、鉄道事業であった。

このような実績があったからこそ、渋沢栄一は新一万円札の肖像画に採用されたのではないだろうか。

ぜひこうした歴史のある埼玉を探訪していただき、魅力の数々を探り当てていただきたいと念じている。

〈参考文献〉

韮塚一三郎・兼子吉衛『埼玉の鉄人　渋沢栄一』さきたま出版会、一九八三年
鳥塚恵和男『渋沢栄一翁の実学に学ぶ』博学堂、一九九三年
渋沢健『渋沢栄一　100の訓言』日本経済新聞社、二〇一〇年
土屋義彦『小が大を呑む』講談社、一九九七年
矢ヶ崎典隆他『新しい社会　歴史』東京書籍、二〇二〇年
小和田哲男『もっと知りたい埼玉県の歴史』洋泉社、二〇一四年
大宮市教育委員会『大宮をあるく』大宮市教育委員会、一九八八年
奥山真司『地政学』新星出版社、二〇二〇年
いくた悠美子『ふるさと浦和』松下興産、一九九八年
沼田洋太郎『ふるさと自慢100選』埼玉新聞社、二〇〇〇年
山本博文監修『あなたの知らない埼玉県の歴史』洋泉社、二〇一二年

［究］

埼玉の地形

土居浩

東半分は平ら、西半分は山がち

埼玉の県域は、関東平野の中央から西へかけて広がり、関東山地の北部までまたがる。その形状は、東西に約一〇三キロメートル、南北に約五〇キロメートルと、東西に細長い。県域の東から西にかけて、低地・台地・丘陵・山地と徐々に高くなっている。大きくまとめれば、埼玉の東半分は平らで、西半分が山がちであることは、傾斜量図（急峻であればあるほど黒くなる地図）で白黒はっきり見えるだろう。

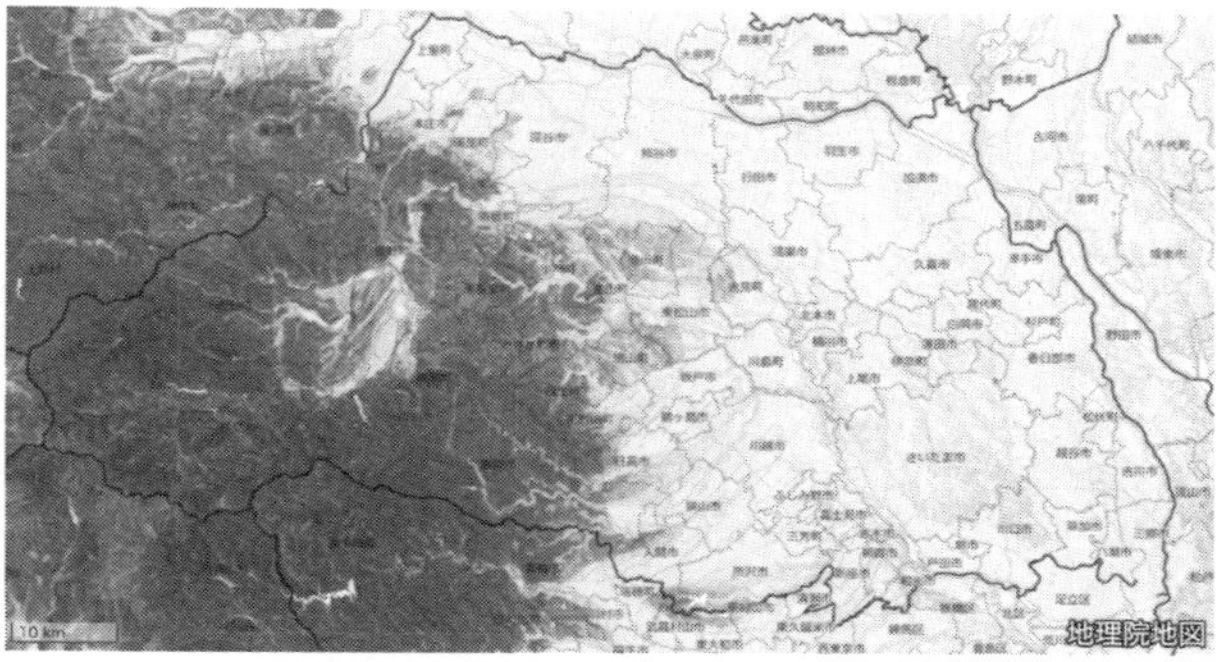

東は平らで西は山がちな埼玉の地形

このように埼玉の県域を説明できるのは、一八七六（明治九）年八月以来のことである。県名に「埼玉」が初めて冠されたのは一八七一（明治四）年のことで、その範囲は現在の東半分ほど、荒川の東側が「埼玉県」であり、西側は「入間《いるま》県」と呼ばれた。その後、二年も経たない一八七三（明治六）年六月には、入間県が群馬県と合併して「熊谷《くまがや》県」となった。その約三年後には、熊谷県が廃止となり、先述のとおり現在とほぼ同じ県域の埼玉県が成立する。

ほぼ現在の県域となった約一年後、一八七七（明治一〇）年六月刊行の『埼玉県地誌略』は、その冒頭で埼玉の県域をおよそ次のように紹介している。

・東は江戸川で千葉県に接する。

・西は山が連なり甲斐・信濃に接する。

・北は利根川で上野国と接する。

・東南は田野が開け、東京府と神奈川県（当時の多摩地方が神奈川県だったため）と接する。

政治的事情で二転三転する行政界だが、『埼玉県地誌略』が示すように、埼玉の場合は基本的に山並みや河川の、天然の境界が目安となっており、北の利根川・東の江戸川・西の関東山地はわかりやすい。その一方で、南側の東京都との境は、狭山丘陵（所沢市・入間市）や荒川（戸田市・川口市）は目立つものの、北・東・西の県境と比べると、ややわかりにくい。これは流域を考えると、比較的合点がいくだろう。国土交通省の資料によれば、埼玉県は利根川流域と荒川流域に二分されており、このうち荒川流域には東京都の北部も含まれ、流域として見ても埼玉は東京（の一部）と一蓮托生といえる。

「地球の窓」——長瀞の岩畳

『埼玉県地誌略』が県内最大の河川として紹介した荒川は、地形的に見ても埼玉県を象徴する川である。その水源は甲武信ヶ岳《こぶしがたけ》にあり、その山名が示すように、埼玉（武蔵）・長野（信濃）・山梨（甲斐）の三県境となっている。そして荒川（埼玉）のみならず、千曲川（長野）・笛吹川（山梨）と、各県を代表する河川の水源地でもある。つまり甲武信ヶ岳は、太平洋側と日本海側の分水嶺にもなっている。

荒川の上流域である秩父地域は「日本地質学発祥の地」と呼ばれ、黎明期から調査対象地・巡検の地として多くの学者・学生たちが訪れた。中でも観光地として有名な長瀞の岩畳は、地下深くの圧力と熱とで変成された岩石（結晶片岩）が、その後の地殻変動で地表へ露出し、直接に目視できることから「地球の窓」と呼ばれる。長瀞を含む秩父地域には、海底に堆積してできた岩石（石灰岩・チャート）も観察され、遠く南洋から海洋プレートとともに移動してきた堆積物が元になっている。この古い地層は、中央構造線（九州から四国・紀伊山地を抜け、糸魚川―静岡構造線で分断される）の延長上と考えられている。

一方、荒川の中流域に広がる台地には、関東ローム層と呼ばれる褐色の土が分厚く堆積することで知られる。俗に「赤土」と呼ばれるこの土は、地表付近を覆うクロボク（ロームに腐植を含む土）とともに、火山灰を主な構成物としている。かつては、富士山や浅間山など火山の噴火による直接の降灰と考えられていたが、一九九五年に早川由紀夫がローム層の成因は風で運ばれたホコリ（埃）だと主張し、注目されている。

さて関東ローム層の表面を覆うクロボクは、一見すると黒いので肥沃な土に思われるが、植物の生育に不可欠なリン酸の供給力が、極端に乏しいことで知られる。これに関して、文化土壌学を提唱する立場から、近代農法以前にクロボク（ローム）の台地に肥料を投下した方法が再発見されている。たとえば小野信一は、三富新田《さんとめしんでん》（埼玉県三芳町・所沢市）における雑木林の落ち葉を堆肥とする手法に注目した。江戸近辺のように下肥《しもごえ》と干鰯《ほしか》を運ぶには遠過ぎる三富新田では、屋敷・耕地とセットになった雑木林（平地林）を設けることで、江戸とは異なる循環農法が成立した。また若林と田村が注目した「ドロツケ」は、大宮台地の西縁で近世から大正期頃まで行われた、荒川河川敷の氾濫沖積土を台地上の畑に運び入れる農法である。長期間継続されたことで、当地では厚い人工土壌が形成されている。

このように埼玉の地形を眺めてくると、山地であれ平地であれ、堆積物との遭遇と交渉が、この土地で展開してきたことが浮かび上がる。これから、どのような遭遇と交渉が展開するのだろうか。

写真1　地球の窓・長瀞

〈参考文献〉

川島楳坪・伊藤直編『埼玉県地誌略』埼玉県、一八七七年
秩父まるごとジオパーク推進協議会事務局「ジオパーク秩父公式サイト」https://www.chichibu-geo.com/
早川由紀夫「日本に広く分布するローム層の特徴とその成因」『火山』四〇巻三号、一九九五年
小野信一「徳川綱吉と土壌肥料学」『農業と環境』一〇一号、二〇〇八年
若林正吉・田村憲司「火山灰土畑改良のための沖積土客土「ドロツケ」に関する文化土壌学的研究」『地球環境』一六巻二号、二〇一一年

［訪］

見沼田んぼ——原風景

大島誠一郎

見沼田んぼの位置・現状・歴史

見沼田んぼは、さいたま市、川口市にまたがり東京から二〇～三〇キロ圏に位置している。南北約一四キロ、外周は約四四キロ、面積は約一二五七ヘクタール。畑（花卉、野菜）が約四四三ヘクタール（三五％）と最も多く、田は七六ヘクタール（約六％）で、その他は公園やグランド等である。

東京湾につながる入り江の時代（縄文時代）、沼・湿地の時代（弥生時代）から農業用溜池の時代（一六二九～一七二七年）に至り、徳川家光は財政基盤として水田確保のために、一六二九年、伊奈半十郎忠治に灌漑用水池を作るよう命じ、見沼両岸の最も狭いところに堤を築き、見沼中央を流れていた芝川をせき止め、平均水深約一メートルの溜池を造成した。その後、田んぼの時代（一七二八年～現在）、徳川吉宗は、井沢弥惣兵衛為永に新田開発を命じ、一七二八年に見沼溜池を干拓し、見沼に代わる用水として利根川（行田市）から見沼代用水を開削（約六〇キロ）し、見沼田んぼが誕生した。一七三一年には、見沼通船堀（芝川と見沼代用水をつなぐ閘門式運河）を作り、江戸を結ぶ舟運が一九二七年までの約二〇〇年間続いた。

遊水機能

一九五八年九月の台風二二号（狩野川台風）により、見沼田んぼ全域が湛水するとともに、下流地域の川口市街地の大半が浸水するという大きな被害が発生した。この時の見沼田んぼの湛水量が約一〇〇〇万トンと言われ、その遊水機能が注目されるようになり、一九六五年に、埼玉県は見沼田んぼの宅地化を原則認めないとする

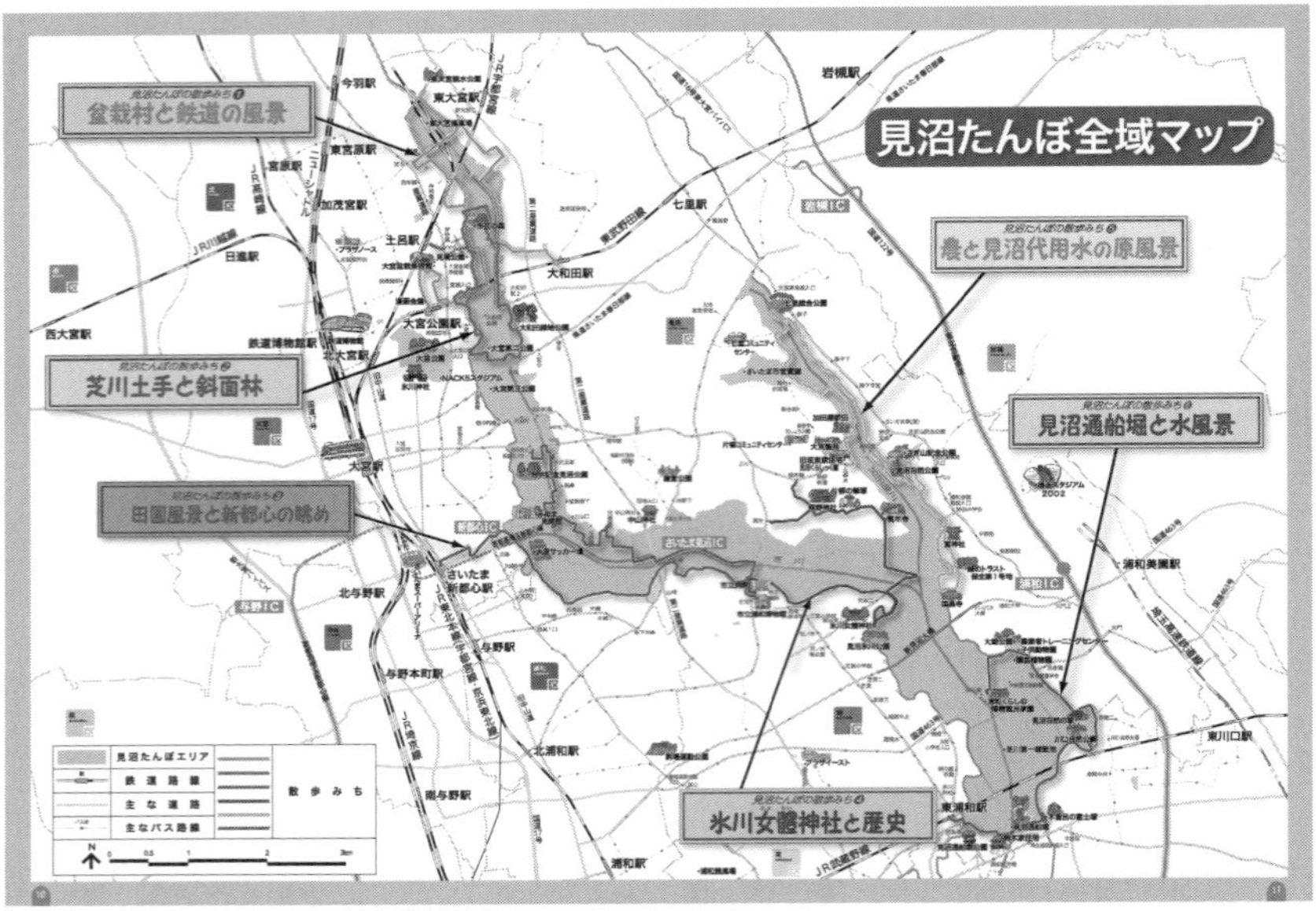

図1　見沼田んぼ全域マップ

写真1　広がる田園風景

見沼田んぼ農地転用方針、いわゆる「見沼三原則」を制定し、主に治水上の観点から開発抑制政策が行われるようになった。

見沼田んぼは、このような経緯を経て、首都近郊に残された貴重な大規模緑地空間である。豊かな自然環境が残された地域として、特に斜面林や屋敷林等の樹林帯、見沼代用水や芝川等の水路は、身近な自然として親しまれている。

また、見沼田んぼや周辺の台地には、氷川神社、氷川女體神社、国昌寺などの社寺や見沼通船堀等多くの遺跡が残されている。見沼田んぼには、見沼に関連して竜神伝説と呼ばれる数多くの説話や伝承もある。

保全・活用・創造

近年における都市化の進展や営農環境の変化などにより、見沼田んぼへの開発圧力が増大している。その一方で、首都近郊に残された大規模緑地空間としての見沼田んぼを保全していこうとする動きも活発化してきている。このような状況を踏まえて、埼玉県は、地元関係市、市議会の代表、農業団体の代表、地権者、学識経験者などの意見を聴き、将来における見沼田んぼの土地利用について総合的な検討を行った。

その結果、一九九五年四月に、「見沼三原則」に代わる新たな土地利用の基準として「見沼田圃の保全・活用・創造の基本方針」を制定した。

この基本方針では、「見沼田圃を人間の営みと自然が調和を保つ地域として、効率的、安定的に農業経営が行える場として整備することやライフステージに応じた自然とのふれあいの場として整備することなど、治水機能に配慮しつつ、農地、公園、緑地等としての土地利用を図る」ことを基本的な方向としている。見沼田んぼの保全・活用・創造を図っていくためには、埼玉県、さいたま市、川口市が重要な役割を果たすことはもとより、農家、土地利用者等の地域住民、都市住民に行政がともに力を合わせていくことが肝要であるとしている。

行政の役割として主な事項を列記する。
・芝川沿線地域等の農業生産活動の場として適していないエリアは、治水機能を持った都市公園等の緑地環境を整備する。見沼田んぼの保全・活用・創造が国の計画に位置付けられるように関係機関へ働きかける。
・貯水容量の最も大きく治水効果のある芝川第一調節池の整備を重点的に進め、治水安全度の向上を図る。実施にあたっては、動植物が生息できる護岸などの多自然型川づくりを進める。
・見沼地域の農業振興については、引き続きの圃場や農道、用排水路の整備をはじめ、担い手農家への農地の利用集積し、農業経営の高度化を促進する。植木の産地づくり、花卉などの生産振興に必要な機械、施設、流通システムの確立を図る。

写真2　秋の夜明けに広がる田園風景

・見沼田んぼと周辺台地との境界部に残されている斜面林は「埼玉の原風景」とも言われており、見沼田んぼの重要な構成要素として防風機能、有機質肥料の提供、保水機能等数多くの機能を有しており、積極的にその保全を図る。
・見沼田んぼ土地利用方針の制限により、所有者が希望する土地利用が認められない場合、埼玉県、さいたま市、川口市は土地の買取りを行い公有地化を進めていく。
治水機能を保持しつつ、農地、公園、緑地等として、土地利用を図るため土地利用基準を次のとおり定める。
①農地としての土地利用、②公園としての土地利用、③緑地等としての土地利用、④その他（見沼田圃土地利用連絡会議、同審査会で支障がないものとされた土地利用）とされた。
見沼田んぼ内の土地利用を行う場合、埼玉県に土地利用申出書を提出し、見沼田圃土地利用連絡会議、同審査

会の審査を受けることとなった。

以上のように、これまで見沼田んぼの土地利用については行政が深く関わってきている。これまでも、霊園開発やゴルフ場の開発などの大規模な開発計画が浮上したが、見沼三原則や土地利用方針によって緑地空間が守られてきた歴史がある。

最近では、国土交通省から見沼田んぼに高速道路を建設する計画の動きもあり、見沼田んぼの保全・活用にかなりの影響のある計画のように思われ、十分なる議論を尽くして、見沼田んぼに影響のない計画となるよう願うものである。

〈参考文献〉
見沼田圃ホームページ（埼玉県土地水政策課）
見沼田んぼホームページ（さいたま市）

2 山岳信仰と修験

小山貴子

はじめに

埼玉県の山々

埼玉県は、関東平野の西部にあって、県の西部は関東山地に含まれており秩父山地と呼ばれる高地帯、中央部・東部は低地帯で構成されている。特に高地帯は、埼玉最高峰の三宝山《さんぼうざん》や三峰山《みつみねさん》、両神山《りょうかみさん》、武甲山《ぶこうさん》といったいわゆる秩父三山をはじめ多くの山々を擁している。近年では、雲取山などは人気アニメの主人公の出身地に設定されていることから、子どもや若者の登山客が増えているという。

人が山に惹かれる原因は、いくつかあるだろう。健康のため、娯楽、勝景、そして現在では一般人のなかにそれは薄れつつあるが、信仰である。古来、山には神が宿ると考えられ、神仏が祀られた。

写真1　武甲山（横瀬町観光協会提供）

人々の暮らしと山岳信仰

たとえば、昭和五二（一九七七）年の武甲山の調査では、山頂の御岳神社址から磐座（いわくら・神を宿したとされる自然岩）と磐境（いわさか・神を祀るために岩石で作られた祭場）が発掘され、同時に出土した銭から、室町時代の遺跡であることが明らかにされた[1]。そして、京都の祇園祭、飛騨の高山祭とともに日本三大曳山祭の一つ「秩父夜祭」は、武甲山の男神を妙見宮（秩父神社）の女神が年に一度迎える祭りであり、執り行う秩父神社は、武甲山の遥拝所とされる（写真1～3）。

（1）清水武甲「武甲山と神奈備信仰」（宮田登・宮本袈裟雄編『日光山と関東の修験道』名著出版、一九七九年）。

また、毎年四月四日に豊作を祈って執行される「御田植祭」（埼玉県無形民俗文化財）は、秩父市内の今宮神社の龍神池から水神を迎える行事である。今宮神社は、中世には今宮坊といい、本山派修験山本坊の配下であった。そして、この龍神池は、かつて丹党の中村氏の拠点であった中村の水源にあたり、その水は武甲山からの伏流水であるために武甲山の龍神を迎える祭祀となっている。こうした龍神信仰は、武甲山に限らず、両神山がかつて「龍神山」と呼ばれたという伝承（『新編武蔵風土記稿』）にも表れており、神体としての山は、人々の生活を支える山でもあった。

これらの秩父三山は、両神山が役行者《えんのぎょうじゃ》の開山を伝えるほか、三峰山や武甲山は、伊豆に配流された役行者が修行を行った場であることを伝えており（『新編武蔵国風土記稿』『武州秩父郡武甲山蔵王権現記』）、いずれも修験にまつわる山岳であった。日本の国土は、四分

写真2　秩父神社（秩父観光協会提供）

の三が山岳や丘陵地で占められているが、そこから生まれた山岳信仰は、どのように広がり、人々の生活や文化に影響を及ぼしていくのだろうか。

一　山岳信仰の担い手たち

熊野信仰の広がり

実は、秩父三山に関する修験については、近世以前の状況はあまり明らかではない。では、中世にはどのような人々が、この地域の修験を担ったのか。それには、はるか熊野の信仰が影響を及ぼしている。

平安中期になると、貴族の間で末法思想（釈迦の死後、二〇〇〇年が経過すると仏法が衰えるという考え方）が広まった。そして、極楽往生を願う浄土信仰が流行するようになると、熊野三山は、それぞれ本宮を阿弥陀如来、新宮を薬師如来、那智山を千手観音の住む浄土と考えられ、院を代表する貴族の参詣が盛んに行われるようになった。鎌倉時代になると、熊野信仰は武士によって受容され、室町時代には「地下《じげ》」と呼ばれる民衆階層にまで広まって、諸人の熊野参詣の様子は「蟻の熊野詣」と称されるほどになる。この中世の熊野参詣は、熊野の御師《おし》と先達と呼ばれる宗教者、そして旦那による師檀関係と呼ばれる構造によって支えられていた。

熊野参詣を願う旦那は、先達に導かれて熊野を目指すが、先達は旦那と同じ地域の宗教者であり、多くは修験者や山伏が勤めた。旦那は、熊野へ参詣するための精進潔斎、道中

写真3　秩父夜祭（秩父観光協会提供）

の祈祷や移動費用、また初穂を先達に支払い、かつ、熊野では宿坊となる御師に宿泊料や初穂を支払う。そのため、熊野御師間では、先達や旦那が動産として売買された。また、熊野信仰は、鎮守などの地域の中心的寺社を拠点としていたことも特徴である。

熊野那智大社には、熊野御師間で先達や旦那を売買した「旦那売券」や、宿泊の際に御師に提出された名簿などが残されている（『熊野那智大社文書』）。鎌倉期の熊野信仰は、武士による受容が主だが、武蔵国北部にあたる埼玉県域でも、「秩父一族」「丹之一族」「畠山」などの武士が動産として売買されており、彼らが熊野信仰を受容していたことがわかる。「秩父一族」は、良文曾孫の武基が秩父別当を称した秩父一族で、関東一帯に庶子を分出した。畠山氏はその嫡流の系統にあたる。

また、武蔵国秩父・児玉・入間・大里の各郡に分立した同族の武士団で、秩父神社周辺を本拠とした「丹之一族」、児玉郡を中心に分立した児玉党など、いずれも同族的結合による「党」的武士団であり、武蔵国においては一二世紀初期から文献上確認できることが指摘されている。また、河越（川越市）や村岡（熊谷市村岡）といった秩父平氏や坂東八平氏の一族の拠点を結ぶようにして展開していることも大きな特徴である。鎌倉時代の熊野信仰は、在地の武士によって受容され、地域の中心的寺社や宗教者を核として展開する傾向があるが、秩父地域においても、一二世紀初期には同様の傾向が見受けられる。

熊野信仰の展開と「都市的な場」

では、武蔵国北部の熊野信仰はどのような場所を拠点として広まっていったのか。弘安一〇（一二八七）年に「むさしのくにちちふ（秩父）のせんたち（先達）近江阿闍梨門弟引

写真4　歌川芳虎　文治五年源頼朝卿奥州征伐之図（弘化年間（1844～8）、すみだ郷土文化資料館提供）
浮世絵は阿津賀志山の戦いを描いたもので、三枚続の右に奥州の藤原国衡、左中央に源頼朝、周囲には畠山重忠ほか、榛澤成清、熊谷直実など武蔵武士の姿が描かれる。榛澤氏は丹党の武士である。

たんな（旦那）」が熊野御師間で譲渡されているため、[2]一三世紀後半にはすでに熊野信仰が根付いていることがわかる。この場合は「近江阿闍梨《あじゃり》」とその門弟たちが秩父地域の熊野信仰の担い手の一人であったことがわかる。残念ながら、いずれの寺院の「近江阿闍梨」なのかは不明である。

　先述の『熊野那智大社文書』によれば、永徳二（一三八二）年に熊野御師の持つ先達や旦那を配分するために作成した目録には、「武蔵国苦林宿大夫阿闍梨・伊勢阿闍梨両人引旦那」とあって、苦林《にがばやし》（入間郡毛呂山町）の地名が見える。[3]この周辺では、越生《おごせ》（入間郡越生町）、勝呂《すぐろ》（比企郡小川町）などの地名も確認できる。重要なことは、これらは、鎌倉から武蔵国府（府中）を経て上州方面へ抜ける鎌倉街道の通過点にあることである。また、少し西へ眼を転ずれば、武蔵国一宮である氷川神社の所在地である大宮、そして低地帯では、荒川に面した笹目（戸田市）などの地名も確認できる。熊野信仰は、国の一宮などの鎮守的寺社や街道沿い、河川沿いの陸路や水路の要衝上の寺社、そして「宿」といった地域の中心的な場、いわゆる「都市的な場」を拠点として広まっていったのである。

二　地域的霊場の形成

修験者のネットワーク

　熊野信仰がある地域に広まってゆくには、水陸交通の要衝や宿などの「都市的な場」が重要となることを述べたが、「市」もその要素を持っていたことを忘れてはならない。[4]熊

（2）　弘安一〇年一〇月二九日付「旦那譲状」（『熊野那智大社文書』「米良文書」二号）。

（3）　永禄二年付「僧都覚有一跡配分目録」（『熊野那智大社文書』「米良文書」五六号）。

（4）　永享九年一〇月一七日付「旦那売券」（『熊野那智大社文書』「米良文書」一二五三号）。ここでは、熊野御師間で「（武蔵国）旦那一円・ミた（三田）の市の旦那」が売買されている。

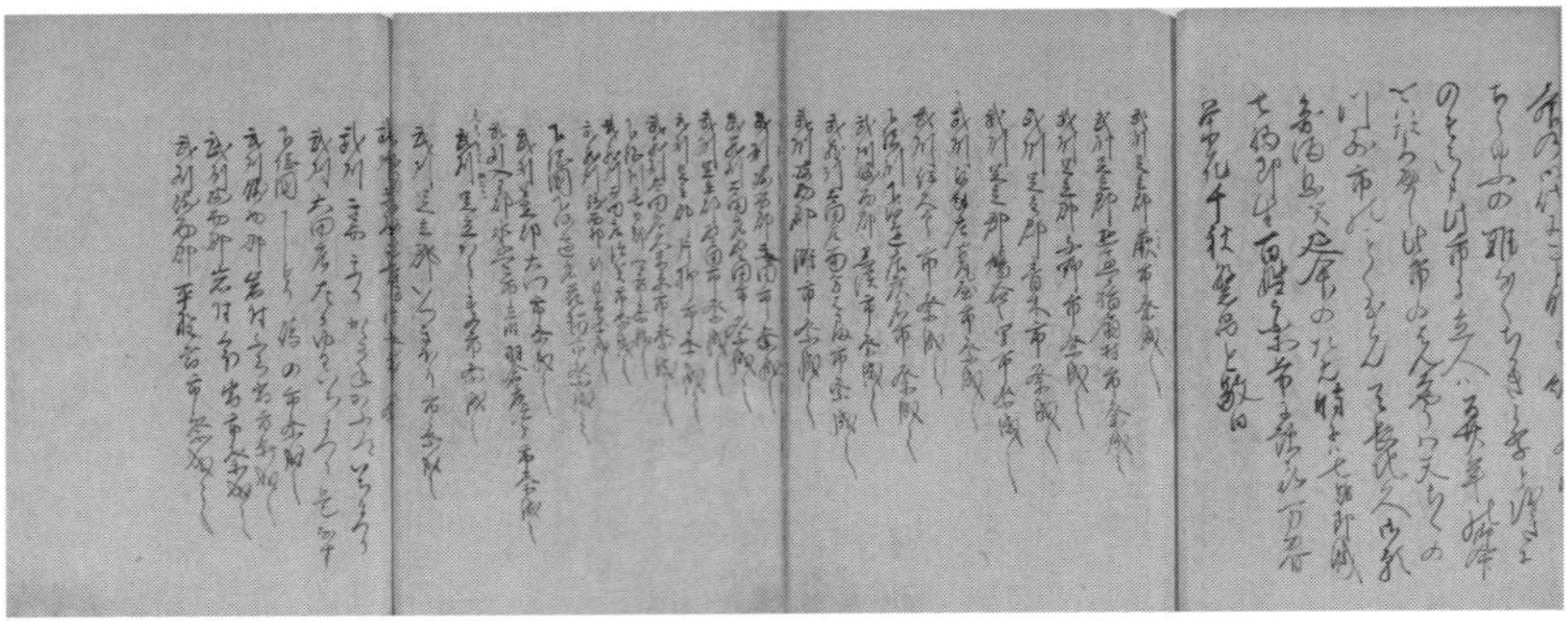

写真5　「市場之祭文（写）」（『武州文書』15 埼玉郡／国立公文書館デジタルアーカイブ）

野信仰を広めた修験者や山伏はまた、市の開設という役割も担っていたのである。(5)

「市場之祭文」（『武州文書』）という史料がある。これは、市を開くにあたって行われる市祭の際、修験者や山伏が市神に捧げた祭文で、市の無事と繁栄を祈って読み上げられたものである。祭文では、市の由来を天竺の門前市を日本に移したこととし、市を立てれば神の加護があり、国家の安泰につながり、飲食衣服の売買は富をもたらすものであるとその功徳が述べられる。そして、日本の市の起源は大和国宇陀《うだ》郡の三輪市として、日本の代表的な市があげられた後、武蔵国東部と下総国西部にかけて分布する三三か所の市宿が記載されている。その作成は、「本書者、延文六（一三六一）年辛丑九月九日　今書、応永廿二（一四一五）年七月廿日」とあり、一四世紀なかばの南北朝期に作成され、一五世紀初期の室町前期に書写したものとなる。しかし、それより後期に確認される市宿の名も見えることなどから、戦国期の書写とされている（写真5）。

ところで、「市場之祭文」であげられた日本の代表的な市には、住吉の浜、常陸国鹿島大明神、尾張国熱

（5）大山喬平「本領安堵地頭と修験の市庭―越中国石黒庄弘瀬郷地頭藤原氏―」（日本海史編纂事務局編『日本海地域の歴史と文化』文献出版、一九七九年）、網野善彦『増補無縁・公界・楽』（平凡社、一九八七年）。

田大明神、信濃国諏訪大明神のほか、下野国日光権現、出羽国羽黒権現など修験に関する社とともに、武蔵国六所大明神（東京都府中市）、氷川大明神（さいたま市大宮区）が記載されている。また、最後に列挙された三三か所の市宿は、氷川神社や牛頭《ごず》天王《てんのう》を勧請した地域であることから、氷川神社の修験を中心とするネットワークと考えられている。(6) 地図上から確認すると、富士見市水子と足立区伊興《いこう》を除けば、隅田川・入間川を境とした北部地域となり、鳩ケ谷や岩槻、野田など鎌倉街道中道に沿った地域や、荒川や利根川などの河川流域に展開していることがわかる。ここからは、埼玉県東南部の低地帯地域は、氷川神社を中心とした修験者のネットワーク（祭祀圏）の存在が考えられる（写真6）（図1）。

（6）杉山正司「中世末武蔵東部の市における諸問題—岩付を中心として—」（『埼玉県立博物館紀要』七号、一九八〇年）、鈴木哲雄「古隅田川地域史における中世的地域構造」（『中世関東の内海世界』岩田書院、二〇〇五年）。

秩父札所の成立

そして、埼玉県北西部へ眼を向けると、秩父三十四観音霊場が成立していたことがわかっている。長享二（一四八八）年付「長享二年秩父観音札所番付」（「法性寺文書」、以下「番付」）によれば、一五世紀の後半には、秩父地域に観音の霊場の存在が確認できる。秩父霊場は、西国三十三観音、坂東三十三観音と合わせて百観音と称される。そもそも、観音霊場は、平安末期の西国巡礼に端を発し、それが鎌倉期に坂東巡礼として東国に移された。その後、地方へ伝播していくが、秩父の観音霊場もそうした地方霊場の一つであった。

では、その成立について見てみよう。「秩父札所番付」は、「長享二（一四八八）年戊申五月二日」の年紀を持つ一紙ものの状形式であり、現在の秩父札所三二番にあたる法性《ほうしょう》寺《じ》（秩父郡小鹿野町般若）に伝わる。

はじめに、一～三三番までの札所の寺名と観音像名が連なり、奥書にその縁起が記され

写真6　氷川神社

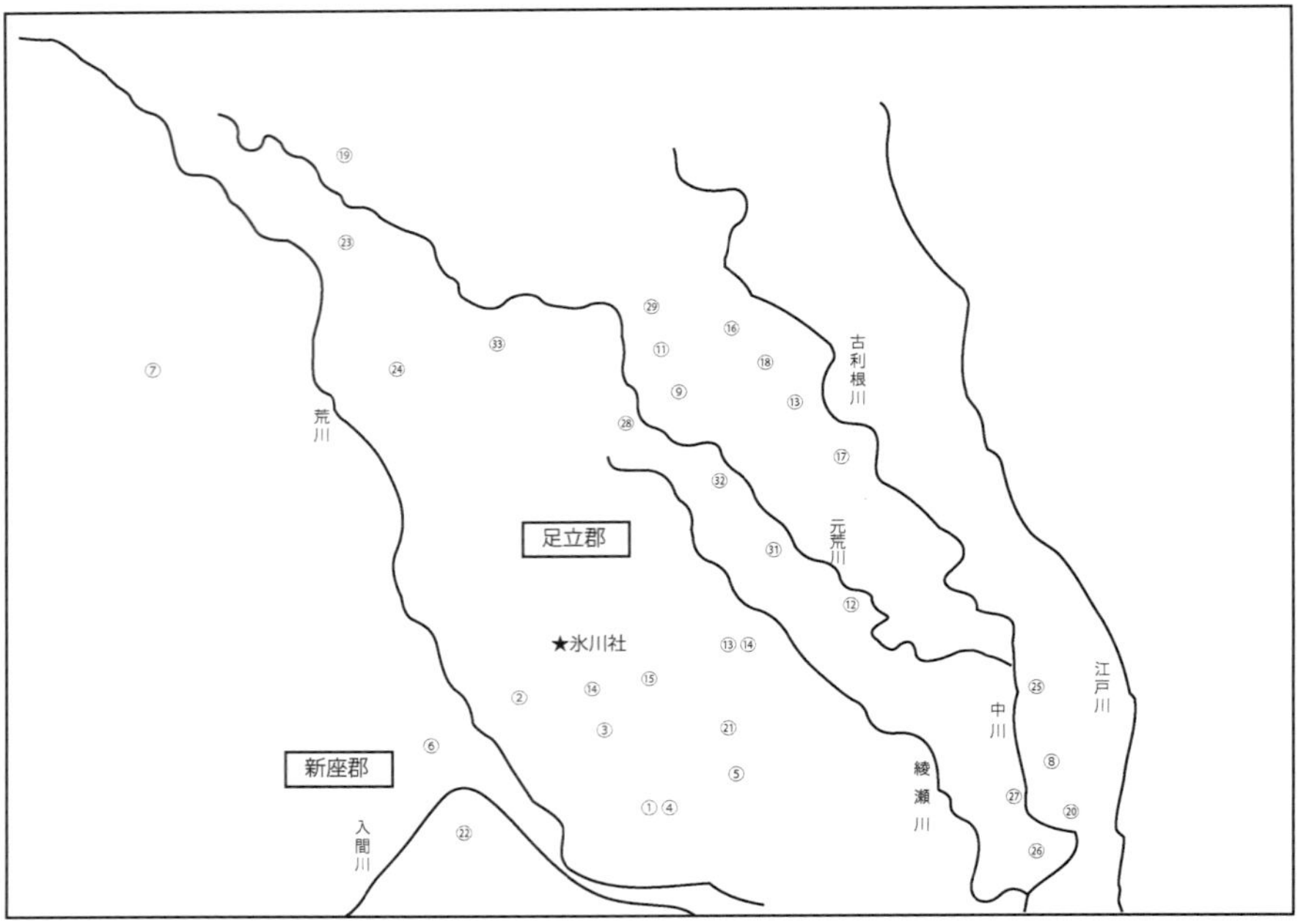

「市場之祭文」記載市

番号	国郡名	市	現在地（比定）
①	武州足立郡	蕨市	蕨市蔵
②	武州足立郡	遊馬郷指扇村市	大宮市指扇
③	武州足立郡	与野市	与野市与野（さいたま市中央区）
④	武州足立郡	青木市	川口市青木
⑤	武州足立郡	鳩谷之里市	鳩ヶ谷市鳩ヶ谷（川口市鳩ヶ谷）
⑥	武州	川越庄古尾屋市	川越市古谷
⑦	武州	伊久佐市	比企郡川島町上伊草 八潮市伊草
⑧	下総州	下河辺庄彦名市	三郷市彦名
⑨	武州騎西郡	黒浜市	蓮田市黒浜
⑩	武蔵州	太田庄南方はさま市	騎西町羽佐間（加須市騎西町）
⑪	武州騎西郡	灘市	菖蒲町野田（久喜市菖蒲町）
⑫	武州騎西郡	未田市	岩槻市未田（さいたま市岩槻区）
⑬	武蔵州	太田庄野田市	白岡町野田（白岡市上野田）
⑭	武州足立郡	野田市	浦和市野田（さいたま市浦和区）
⑮	武州足立郡	片柳市	大宮市片柳（さいたま市大宮区）
⑯	武蔵州	太田庄久米原市	宮代町粂原（南埼玉郡宮代町）
⑰	下総州	春日部郷市	春日部市粕壁
⑱	武蔵州	太田庄須賀市	宮代町須賀（南埼玉郡宮代町）
⑲	武蔵州騎西郡	行田市	行田市行田
⑳	下総国	下河辺庄花和田市	三郷市花和田
㉑	武州足立郡	大門市	浦和市大門（さいたま市浦和区）
㉒	武州入間郡	水子郷市	富士見市水子
㉓	武州足立	かう之すの市	鴻巣市鴻巣
㉔	武州足立郡	いつきほり市	桶川市壱騎堀
㉕	下総国	下河辺吉河市	吉川町吉川（吉川市吉川）
㉖	武州	伊草市	比企郡川島町上伊草 八潮市伊草
㉗	武州き西こふり	八十市	八潮市八条
㉘	武州き西こふり	かかさねかふ道いち	岩槻市金重
㉙	武州	太田庄たかゆわいち	白岡町高岩
㉚	下総国	十もり嶋の市	不明
㉛	武州騎西郡	岩付ふち宿市	岩槻市富士宿（仲町）（さいたま市岩槻区）
㉜	武州騎西郡	岩付くぼ宿市	岩槻市久保宿（本町）（さいたま市岩槻区）
㉝	武州騎西郡	平野宿市	蓮田市平野

杉山正司「中世末武蔵東部の市における諸問題—岩付を中心としてー」（『埼玉県立博物館紀要』7号、1980年）をもとに作成。

図1　武蔵国北東部概念図

る。まず、その開創については、性空上人が地獄で七日間説法を行い罪人を救った布施として、閻魔王より「第一秩父巡礼、第二坂東巡礼、第三西国巡礼」に導かれたことに求める。性空は、播磨邦書写山円教寺を開山した人物で、西国巡礼の縁起にも登場する。秩父巡礼の縁起には、性空の記述など西国巡礼と共通する要素が多く描かれており、秩父巡礼が西国巡礼の影響を受けて成立したことを物語っている。

「番付」からは、記された一五世紀後半の段階で、すでに秩父巡礼が三三番までの霊場として成立していることがわかるが、やがて大永五（一五二五）年頃には三四番となったとされる[7]。

ところで、秩父霊場は、近世には江戸からの参詣者を意識した順番となっていたため、妙音寺（四萬部寺／中世二四番）から始まっており、中世の札所とは大きく異なるものとなっていた[8]。中世の秩父霊場の巡礼は大きく四ブロックに分かれていたことが指摘されている[9]。まず大宮郷（秩父市の市街地周辺）中心の定林寺を一番に、武甲山麓を流れる荒川上流沿いの札所をめぐって大宮郷中心の一二番白山別所へ戻るルートである。ついで、やはり大宮郷中心の一三番西光寺から、三峰山方面へ南下し、赤平川流域を北上して二〇番岩上へ戻るルートとなる。そして、大宮郷北部の二一番瀧岩寺から横瀬川を下って大宮郷の二七番大慈寺まで戻るルート、最後は、大宮郷の二八番坂郡から横瀬川を下って武甲山へ上り、三二番の大宮郷へ戻るルートである。そして、最終的には、大宮郷北部の日野沢の三三番水込が結願所となるとされている（図2）。

これらのルートからは、秩父霊場が、大宮郷のある秩父盆地を起点としながら、秩父神社（妙見宮）を境に東西のブロックに分かれていること、そして、武甲山を拝して谷や河

（7）佐藤久光「秩父札所の三十四カ所制」（『秩父札所と巡礼の歴史』岩田書院、二〇〇九年）。

（8）小野澤眞「武蔵国秩父札所三十四観音霊場の形成にみる中世後期禅宗の地方展開―特に曹洞宗陸奥国黒石正法寺末、広見寺とその末寺を中心に―」（『国史談話会雑誌』五三号、二〇一二年）。なお、秩父札所と禅宗系寺院に関する記述については、小野澤論文による。

（9）『歴史の道研究報告書　第十五集　秩父巡礼道』（埼玉県教育委員会、一九九二年）。

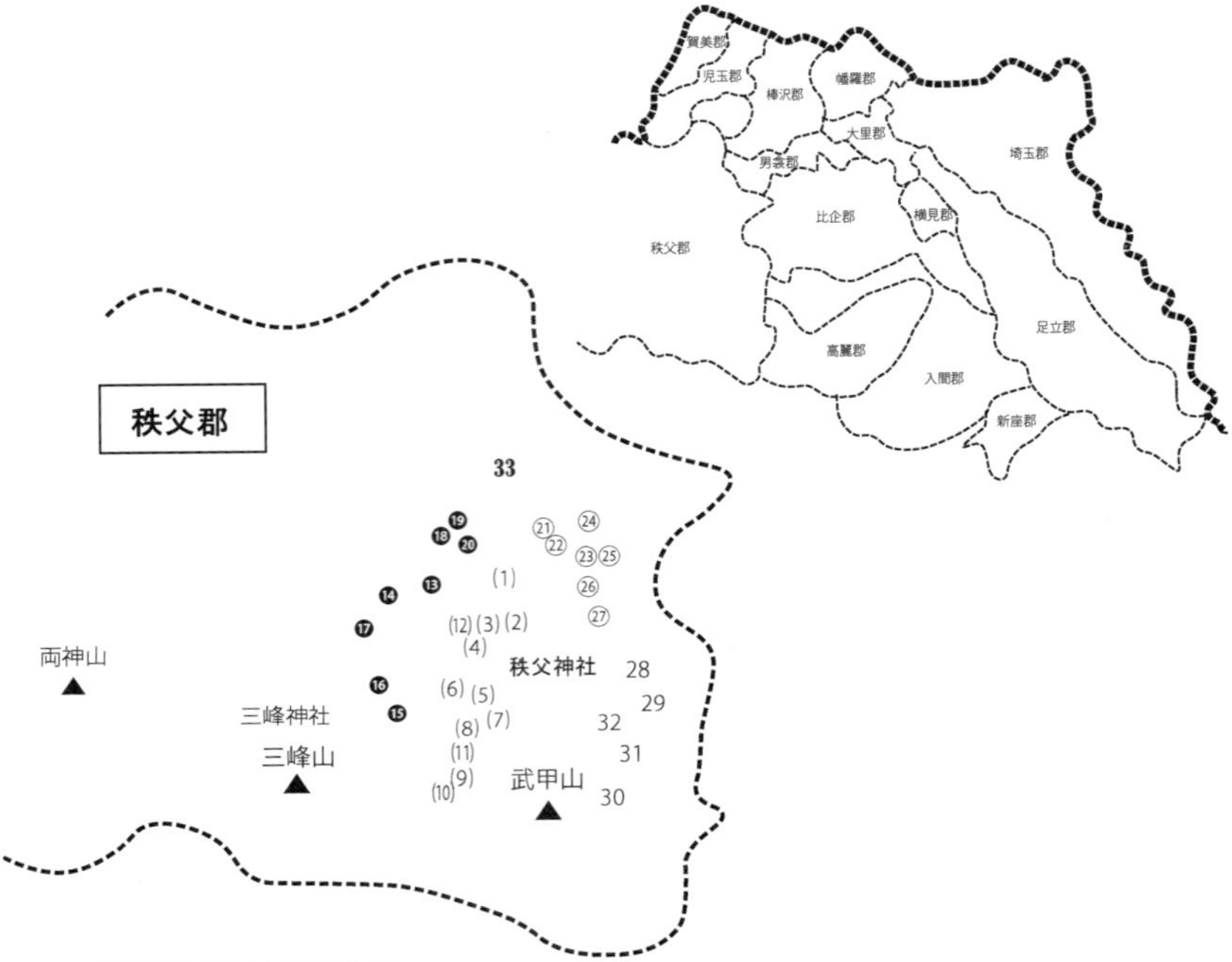

「秩父札所番付」記載札所

番号	番付	観音	現在地（比定）
1番	定林寺	正観音	秩父市桜木町
2番	蔵福寺	十一面観音	秩父市番場町
3番	今宮	十一面観音	秩父市中町
4番	壇之下	正観音	秩父市東町
5番	野坂堂	正観音	秩父市野坂町
6番	岩井堂	正観音	秩父市下影森
7番	大淵庵	正観音	秩父市上影森
8番	橋立寺	馬頭観音	秩父市上影森
9番	篠戸	正観音	荒川村上田野
10番	深谷寺	如意輪観音	荒川村白久
11番	岩屋堂	正観音	秩父市久那
12番	白山別所	十一面観音	秩父市別所
13番	西光寺	千手観音	秩父市中村町
14番	小鹿坂	正観音	秩父市寺尾
15番	般若岩殿	正観音	小鹿野町般若
16番	鷲岩殿	正観音	小鹿野町飯田
17番	小坂下	正観音	秩父市下吉田桜井

番号	番付	観音	現在地（比定）
18番	童部堂	正観音	秩父市蒔田
19番	谷之堂	正観音	秩父市蒔田
20番	岩上	正観音	秩父市寺尾
21番	瀧岩寺	千手観音	秩父市大畑町
22番	神門	正観音	秩父市下宮地町
23番	岩本	正観音	秩父市山田
24番	四萬部	正観音	秩父市栃谷
25番	荒木	十一面観音	秩父市山田
26番	五閣堂	十一面観音	横瀬町下郷
27番	大慈寺	正観音	横瀬町川西
28番	坂郡	正観音	秩父市熊木町
29番	明地	如意輪観音	横瀬町中郷
30番	萩堂	十一面観音	横瀬町苅米
31番	西禅寺	十一面観音	横瀬町横瀬
32番	牛伏	十一面観音	横瀬町苅米
33番	水込	千手観音	皆野町日野沢

『歴史の道研究報告書　第十五集　秩父巡礼道』（埼玉県教育委員会、1992年）をもとに作成

図2　秩父巡礼概念図

川に沿って巡礼されるように構成されていることがわかる。振り返って、「番付」の縁起を確認すると、秩父霊場の開創である性空は、阿弥陀の化身とされ、熊野権現や伊勢諸神とともに祈念すれば、現生の安穏や後生の菩提が得られると説いていることからは、熊野信仰や修験者の関与が窺える。

また、「番付」には、明確な寺社名のみではなく、祠や堂などの記載も少なくない。これは、寺院の体裁を持たない施設を観音信仰をもとに編成したためとされ、初期の秩父霊場の成立には、武甲山への信仰にもとづいた修験者や山伏の関与が考えられている。

さて、現在の秩父霊場の札所を確認すると、禅宗系寺院の多さが目を引く。これは、一四世紀末に天光良産《てんこうりょうさん》という僧侶が、大宮郷に広見寺《こうけんじ》という曹洞宗寺院を創建したことをきっかけに、「番付」にある札所寺院を末寺化していったことによるとされる。中世後期になると、曹洞宗が地域社会へ進出し、彼ら禅僧は、治水や土木技術に長けていたことから、地域の寺院を末寺化していく傾向が指摘されている。秩父霊場においてもこうした動向にもとづいていたと考えられ、地域のいち霊場であった秩父霊場が、西国霊場や坂東霊場と比肩しうるほどの勢力を持った背景には、中世後期の曹洞宗の影響が指摘されている。

おわりに

山伏の集団化

鎌倉期に地域に根差した熊野信仰は、中世後期には修験者や山伏による広範囲なネットワークを生み出し、彼らは伊豆・箱根の二所、富士、白山などの大規模な山岳信仰や伊勢信仰にまつわる活動を兼帯するとともに、地域の山岳信仰をも取り込み、「国峰」と呼ばれる霊場を形成する。武甲山を中心とした秩父霊場のほか、越生では本山派系修験山本坊による活動もあり、両神山や三峰山にもそうした動きはあったはずである。

このように地域に拠点を持つ修験者や山伏たちは、一四世紀半ばから一五世紀にかけて熊野三山検校職を重代職化した聖護院門跡《しょうごいんもんぜき》を棟梁とした本山派系修験道へ集団化する傾向を見せ始める。当初は、旦那を熊野へ導引した際に生じる利益について、先達を単位に「熊野参詣先達職」として補任した。しかし、戦乱状況による「路次不通」によって旦那の参詣が滞ると、先達が代わりに参詣する代参が流行する。やがて、補任対象は旦那個人から地域を対象とした「年行事職」の補任へと変化する。[10]

年行事職は、郡単位で配下の修験を束ねており、一六世紀には、武蔵国をはじめ、関八州の本山派系修験は、小田原の玉瀧坊と春日部市小淵にあった幸手不動院によって統括された。不動院は、聖護院門跡とともに武田氏や後北条氏から年行事職を認められており、天正二〇(一五九二)年には徳川家康からも先例を認める朱印状を得ている。その後、不動院は、明治五(一八七二)年の修験道廃止令によって衰退し、大正五(一九一六)年までの間に砂村(東京都江東区南砂)へ移転したため、残念ながら、現在小淵の地にその痕跡は残されていない。その後、昭和二〇(一九四五)年三月一〇日の東京大空襲によって不動院は焼失した。

(10) 近藤祐介『修験道本山派形成史の研究』(校倉書房、二〇一七年)

熊野から富士へ——現在に引き継がれる祈り

このように民衆階層へも広く受容された熊野信仰だが、近世に入ると、伊勢信仰や高野山参詣などの遠隔地参詣も盛んになり、中世ほどの隆盛を見せなくなる。一方で、戦国期から近世にかけて人々の心をつかんだ山岳信仰は、富士山であった。

古来から存在した富士山に対する信仰は見られ、各地に浅間神社が建立された。戦国期になると富士山で修行した行者長谷川《はせがわ》角行《かくぎょう》を開祖として江戸に富士信仰が広まり、やがて富士講が結成された。江戸時代の富士信仰は、加持祈祷による治病や占いなどの現世利益の側面も強かったが、江戸では八百八講と呼ばれるほど盛んに受け入れられた。

一八世紀後期以降は、各地に身近に参詣できるミニチュアの富士山として富士塚が築かれ、祀られるようになる。富士塚は、富士山を模してその溶岩を積み上げて作られており五合目までの合目石や、胎内樹型を模した洞穴、前鬼後鬼や役小角《えんのおづぬ》の石造などが配されるものもあり、山開きの儀式なども行われた。埼玉県にも、鵜森富士塚（本庄市）、大我井《おおがい》富士塚（熊谷市）、木曽呂《きぞろ》富士塚（川口市）、水角富士塚・宝珠花富士塚（春日部市）、杉戸富士塚（杉戸町）、瀬崎富士塚（草加市）、第六天神富士塚（さいたま市岩槻区）、田子山富士塚（志木市）、戸崎富士塚（上尾市）、広瀬富士塚（狭山市）などがある。特に田子山富士塚（国重要有形民俗文化財指定）は、「志木のお富士さん」と親しまれ、現存する富士塚では九メートルと最大級の大きさを持つ。二〇一一年三月一一日の東日本大震災で損壊したが、二〇〇五年に地域の人々によって結成された保存会により修復され、維持されている。

写真7　志木の田子山富士塚（国重要有形民俗文化財）／敷島神社（志木市本町2-9-40）境内
明治5（1872）年6月、後に富士講の先達となった高須庄吉を発起人として、「田子山塚」の上に築造された富士塚（志木市教育委員会提供）。

［訪］

秩父の修験

小山貴子

名だたる山岳の連なる場には信仰が生まれる。それら山岳信仰は、宗教者を媒介として、人々に広まり霊場化していく。その担い手は多くは山伏や修験者であり、戦国期以降は修験とも称され、近世には在地修験として活動する。

秩父地域の熊野信仰

近世の秩父地域の修験については、一九世紀初期に編纂された地誌『新編武蔵風土記稿』から概観すると、その八〇％が聖護院門跡を棟梁とする本山派修験の配下であることがわかる。中世から近世にかけての修験は、各地の山岳霊場を拠点に集団化していたが、最も大きな組織は本山派と醍醐寺三宝院を棟梁とした当山派であり、特に本山派は熊野三山検校職を保持したため、熊野参詣にまつわる職によって修験の配下を形成した。では、秩父地域には、どのような修験が活動したのだろうか。

秩父地域に広まった熊野信仰は、やがて民衆レベルに浸透した。参詣によって得られる利益は、既得権として先達職や年行事職などとして聖護院門跡から補任された。秩父地域には、一五世紀初期には、「武蔵国ちちふの道者」が熊野御師間で売買されていた。鎌倉期の有力な旦那であった「党」的武士団は、一般的には一四世紀後半には解体する傾向があるが、ここからは、その後も秩父の熊野信仰が寺社や宗教者を拠点に定着していたことがわかる。

在地修験・山本坊

では、彼らを熊野まで導いた宗教者は、何ものであったのだろうか。大永八（一五二八）年、聖護院門跡の院家である乗々院は、「武州父母（秩父）六十六郷熊野参詣先達職」の知行をある在地修験に対して認めている。その修験の名は、山本坊。山本坊は、秩父山地の東縁、越辺川沿いの山裾を拠点とした。応永五（一三九八）年に栄円という宗教者が越生郷黒山（現越生町）に熊野神社（現黒山熊野神社：入間郡越生町黒山六七四）を開き（写真1）、熊野三山を模した関東の熊野霊場として「山本坊」を整備したと伝わる（写真2）。現在、天狗滝裏の大平山にある宝篋印塔《ほうきょういんとう》は栄円の供養塔とされており、表に「山本坊開山権大僧都栄円和尚」、裏に「応永二十（一四一三）年癸巳十月日」の銘がある（写真3）。一五世紀末から一六世紀初頭に越生郷西戸（入間郡毛呂山町西戸）に移転した後も[1]、越生山本坊と通称した。

山本坊の具体的な活動については不明な点が多いが、残された古文書からは、越生黒山を拠点として、一六世紀初期までの段階で、小用・赤沼・奥田（鳩山町）・高萩（日高市）などの鎌倉街道沿い、また川越市西部まで

写真1　黒山熊野神社

写真2　大平山の役行者像

写真3　太平山栄円の墓
（写真１〜３は越生町教育委員会提供）

の範囲が霞場《かすみば》（旦那）として確認できる。そして、それら各地域の寺社に所属する先達によって旦那を知行していたと思われ、山本坊の霞場は、配下のコアな地域的信仰圏の集合体であったと考えられる。そして、一六世紀初期には秩父六十六郷の熊野参詣先達職、後半には秩父郡年行事職を補任され、その影響力は、秩父郡のみならず、越後国（新潟県）や常陸国（茨城県）にも及んでいた。戦国時代には、関八州の修験は、小田原玉瀧坊と幸手不動院によって統括されるが、山本坊は秩父の年行事職を補任され、幕府からも彼らに比肩する存在として認識されているのである。江戸時代になると、山本坊の霞場は、次第に三峰山に移っていくが[2]、戦国期には秩父郡を統括する修験であったといえよう。

〔注〕
（1）「伊奈忠次・大久保長安開発手形」（宇高良哲編『武蔵越生山本坊文書』一三号、東洋文化出版、一九八五年）。
（2）三木一彦「秩父地域における三峰信仰の受容と展開」（『歴史地理学調査研究』第六号、一九九四年）。

3 江戸から明治へ――埼玉県の誕生と近代化の諸相――

井上智勝

はじめに

近世から近代へと移り変わる埼玉のあゆみを記すのがこの章の目的である。とはいえ、産業、鉄道、実業家など、埼玉の近代化の重要な項目は他の章で詳述されているので、それを細説することは本章の役割ではない。ここではそこから漏れるが、しかし埼玉を語る上で外せない近代化の様相をいくつか取り上げて記してみたい。

まず、埼玉県の誕生。現在、一般的に「埼玉」と言った場合、現在の埼玉県の管掌区域を指すことがほとんどであろう。映画『翔んで埼玉』の「埼玉」も、『大学的埼玉ガイド』の「埼玉」も、現在の埼玉県域を対象にしている。ただ、そのような「埼玉」が成立したのは明治九(一八七六)年であった。その経緯と、県名をめぐるねじれ現象をお伝えしよう。

次に、埼玉県域の文明開化。「埼玉」にも、文明開化の波は及んだ。しかし明治時代は西洋化一辺倒の時代ではなかった。そのことを「埼玉」の事例に即しながらお話ししよう。

文明開化の一コマとして、教育の近代化を小学校草創期の実情から窺い見てみることもしたい。

最後に、秩父事件。明治一七（一八八四）年に起こった、埼玉県域を主な舞台にした、歴史の教科書にも出てくるこの事件と、その背景には何があったのか、それをお示しすることとする。

一　埼玉県の誕生

現在の埼玉県が誕生したのは、明治九（一八七六）年、およそ一五〇年前のことだ。江戸時代までの埼玉県域は、武蔵国《むさしのくに》という、奈良時代の律令制の時代に全国を六八に分割して定められた行政区画「国」の一つに属していた。武蔵国は、現在の埼玉県域のほか、島嶼部を除く東京都、神奈川県川崎市・横浜市の大部分を包含していた。国内は二一の郡に分けられており、埼玉県域には埼玉郡・足立郡・入間郡など一五の郡があった。足立郡はその南端が東京都に跨がっており、現在足立区となっている。江戸時代に隣の下総国《しもうさのくに》から武蔵国に編入された葛飾郡もその大部分は埼玉県域であるが、やはり南端は東京都に入っていて、現

図1　武蔵国郡図（『国分寺市の今昔』国分寺市・国分寺市教育委員会、2015年）

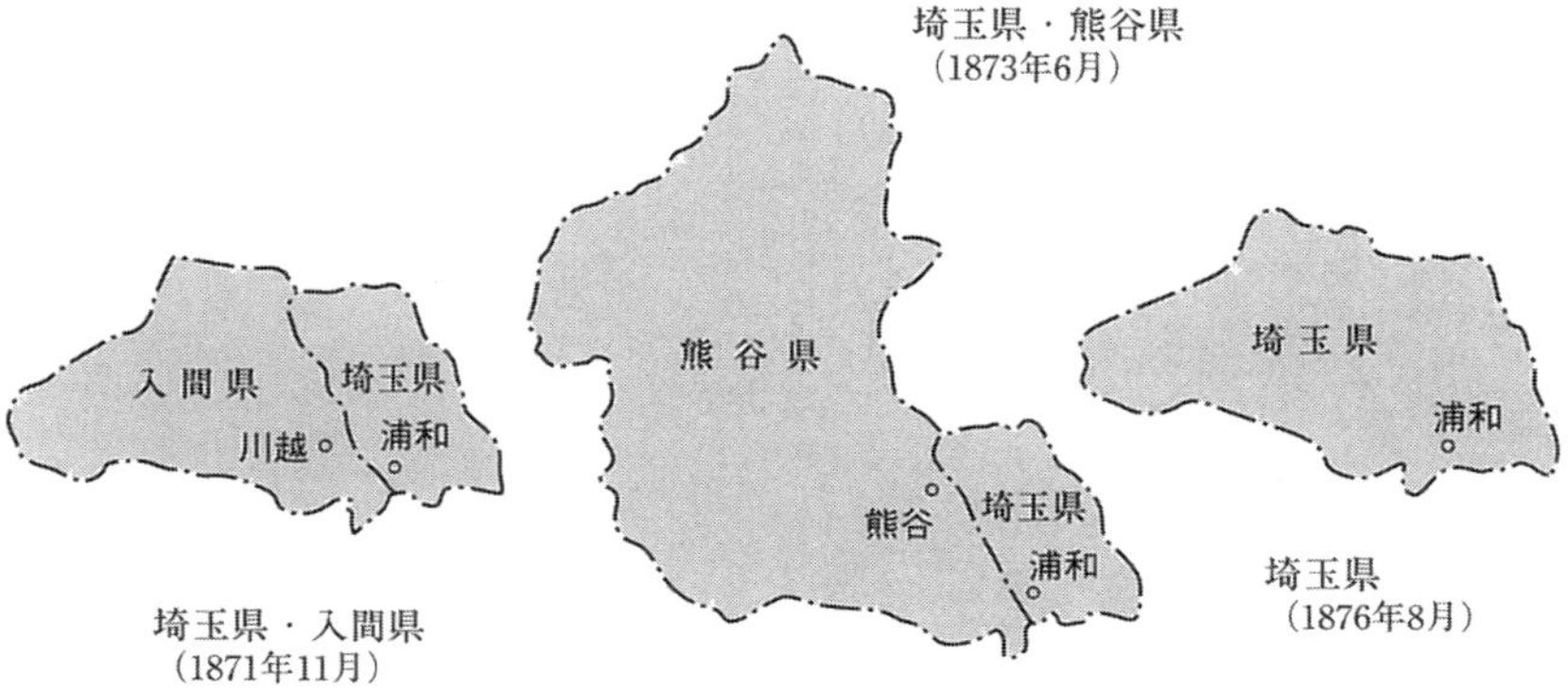

図2　埼玉県域の変遷（『みて学ぶ埼玉の歴史』山川出版社、2002年）

在の葛飾区などとなっている。だから埼玉だ、いや東京だ、と騒ぐことはあまり意味がないかもしれない。ただ、江戸・東京にはその時代の先進的な文化がいち早く入ってくるが、それが埼玉にまで波及するには時間がかかった、という点で東京憧憬が生まれてくるのだろう。

国や郡にはもともと国司・郡司などの役人がいたが、律令制の衰退とともに有名無実となり、武士たちが国内を分割領有するようになっていった。江戸時代の埼玉県域には、忍《おし》・岩槻・川越・岡部の諸藩と幕府領・旗本領、小規模な寺社領に加え、他国に藩庁を構える藩の飛び地などがあった。このうち、岡部藩は明治元（一八六八）年に藩庁を県域外に移した。明治に入ってこれらが整理され、現在の県域が成立する。県域の成立はかなり複雑な経緯を辿るので、以下に詳細を省き煩雑にならない範囲で整理しておく。

明治維新期、版籍奉還によって忍・岩槻・川越の三藩は維新政府に接収されるが、旧藩主を知藩事という明治政府の地方官吏に任じることで、引き続き従来の領地の統治を担わせた。幕府領・旗本領・寺社領などは、政府直轄の浦和県にまとめられた。

明治四(一八七一)年七月、廃藩置県によって三つの藩は廃止され、それぞれ県となった。一一月には県の統廃合がなされ、浦和県管轄地域を主とする県東部一円が埼玉県となり、県庁は浦和に置かれた。現埼玉県域の西部一円は入間県となり県庁を川越に置いた。

明治六(一八七三)年、入間県は旧上野国《こうづけのくに》を管轄した群馬県と合併して熊谷県となり、県庁が熊谷に置かれた。熊谷県は現埼玉県西部と群馬県全部を統治する巨大な県であったが、明治九(一八七六)年に解体されて群馬県が再置され、旧入間県域は埼玉県に編入された。こうして、現在の埼玉県が誕生した。

二　ねじれた県名

埼玉県という県名は、かなり不自然な県名である。「埼玉」という地名は現在の行田市にある地名である。ここを含む南北に長い地域が、律令制の時代「埼玉郡」と定められた。確かに埼玉県の母体の一つになった忍《おし》藩は埼玉郡の忍(行田)に藩庁を置いていたが、埼玉県の県庁は県の成立当初からずっと浦和にある。浦和は埼玉郡ではなく、足立郡に属していた。

県名は①県庁が所在する街の名前をとったもの(青森県、長野県など)、②県庁が所在する街が属した郡名をとったもの（宮城県、群馬県など）、③その他（愛媛県・沖縄県）に分類できる。②の県は、例えば群馬県は県庁が置かれた前橋が上野国群馬郡にあったから、宮城県は県庁が置かれた仙台が陸奥国《むつのくに》宮城郡にあったから、それぞれ命名されたもので、他にも茨城県、愛知県などにその例がある。入間県も県庁のあった川越が入間郡に属していたからの命名である。反対に浦和県や熊谷県は、県庁所在地の街の名前をとった①の例となろう。埼玉県はこのうち②に該当するのだが、浦和は埼玉郡ではなく足立郡に属していた。他県の例に照らせば足立県となるはずである。しかし、そうはならなかった。

　その理由は、埼玉県の県庁は岩槻に置かれるはずだったからである。岩槻は岩槻藩の居城があった城下町で、行田と同じく埼玉郡に属した。そのため、県の名称は埼玉県と決められた。しかし、県を治める長官らが、岩槻には県庁にふさわしい建物はなく不便であると主張したため、ひとまず浦和に仮県庁を定めて、県名は埼玉県のまま県政が遂行された。そして、そのままになった、という経緯である。このような県名のねじれ現象は三重県など他県に見られることもあるが、あまり多くはない。いずれ天皇は京都に戻ると言って、結局東京に居付いてしまった件と同じく、明治の初めらしい出来事である。

　こうして、行田の一地名に過ぎなかった埼玉の地名は県名となり「埼玉」として全国に知られるようになっていった。

三　和魂洋才の時代——文明開化と儒教精神

明治時代の前期というと、生活やインフラの西洋化、いわゆる文明開化の時代としてイメージされることが多い。確かに、埼玉でも西洋化は進んだ。明治一八（一八八五）年に刊行された錦絵「武州川口鉄橋図」（図3）では、東京上野と高崎を結ぶ鉄道路線を走る列車が、荒川を渡る橋として架設された川口鉄橋を高崎方面に蒸気を上げながら走る様子を描いている。

鉄製の堅牢な橋を支える橋脚はオレンジ色に彩色されており、煉瓦《れんが》造りであることがわかる。川口側の河原には人力車や、ザンバラ髪の男たちの姿が見える。女たちは相変わらずの日本髪であるが、洋傘である蝙蝠傘を手にしている者がある。手前中央少し左の、子守をしている女の子にも注目しておこう。

同じ頃に作成されたと考えられる錦絵「高崎乗（蒸）汽車往復之図」（図4）では、熊谷付近を走る蒸気機関車の近景が描かれる。操縦士は洋装で、客車の後ろには貨物を積んだ車両も見えている。時刻表も載せられており、上り・下りそれぞれ三本ずつが運行されていたことがわかる。沿線の人々は、いやが上にも新時代の到来を意識せざるをえなかったであろう。

文明開化の様相をもう一つ。明治一一（一八七八）年、埼玉県師範学校の校舎として建てられた建物は、左右対象の洋館で見る者を圧倒した。同じ年、明治天皇が北陸・東海道

図3　武州川口鉄橋図（東京都公文書館蔵）

方面に巡幸の途次、ここを行在所《あんざいしょ》として使用した。この時、随行していた太政大臣三条《さんじょう》実美《さねとみ》はこの建物が伝説上の大鳥「鳳凰」が羽を広げたように見えることから「鳳翔閣《ほうしょうかく》」と名付けた（図5）。この時の明治天皇は馬車に乗り、断髪・洋装の多数の従者を伴った。民衆が直接見ることはできないが、天皇の出で立ちも、断髪・洋装であったろう。明治天皇はその初期から積極的に洋装で各地を巡幸したが、それは各地の民衆に洋装などの西洋文化を浸透させるという目的もあった。天皇自身は、維新直前までは伝統的な装束に身を包み、お歯黒をしていたが、文明開化の推進を図る政府の要人たちから、その廃止と洋装を強要された。天皇は、自らが文明開化の体現者となって、その普及に務めるいわば広告塔でもあった（図6）。

しかし、明治時代を西洋化一辺倒で捉えるのは誤りである。明治天皇が埼玉県域に足を踏み入れたのはこれが最初ではなかった。天皇は、京都から東京に入った明治元（一八六八）年の一〇月に、大宮の氷川神社に自ら足を運んで参拝した。去る七月に江戸を東京と改め、武蔵国一宮と呼ばれていた氷川神社をその守護神に定め、自らが直接祀る勅祭の神社としての格式を与えたのである。以降、明治政府は神道を国家の精神的な支柱に据えてゆく。いわゆる国家神道である。このような措置は西洋化とは、ある意味真逆である。

政府による神道の振興は、神道と仏教との峻別を伴った。そのため、埼玉県域でそれまで普通に見られた、僧侶や山伏が運営する神仏習合形態の神社は否定された。それらの僧侶や山伏は神職になるか、さもなくば寺と神社を分けて、神社を他の神職に任せるほかなかった。現在、埼玉県域では寺院と神社が隣り合っていることがよくあるが、これらは神仏習合の名残であることが多い。

図4　高崎蒸汽車往復之図（『新編埼玉県史　通史編5　近代1』埼玉県、1988年）

図5　鳳翔閣（『新編埼玉県史図録』埼玉県、1993年）

国家神道では、天皇への忠、親への孝などが美徳とされた。天皇への忠は、徴兵令によって国民一般から兵士を徴用し、西洋諸国に負けない強い軍隊を作るために不可欠であった。親への孝は、天皇を頂点とした家族的国家を目指す明治政府にとって有効な徳目であった。皇居にはその模範となるべく、天皇が祖先の霊を祀って孝を尽くすための皇霊殿という施設が設けられた。

忠や孝という徳目は、日本を含む東洋で共有されてきた道徳である儒教に由来する。当時の神道は儒教と徳目を共有していたわけである。明治においても儒教的な精神性が重視されたことは、埼玉出身の文明開化の旗手、渋沢栄一が儒教の聖人孔子の言行録『論語』を重んじたところからも理解されよう。西洋の優れた文明は採り入れるが、魂までは染まらない。日本人あるいは東洋人という矜恃を抱きながら、西洋列国に伍することを目指したのが明治日本であった。明治時代は文明開化の時代というより、和魂洋才の時代と捉えるべきであろう。

四　教育の文明開化——明治前期の小学校

埼玉県師範学校の校舎「鳳翔閣」がそうであったように、近代教育を象徴する学校はしばしば文明開化の風を地域にもたらす先駆けとなった。明治一一（一八七八）年に開校した幸手小学校の校舎は、瓦葺きながら洋風建築の校舎であった（写真1）。明治一四（一八八一）年に完成した川越小学校の校舎もまた、洋風建築であった（図7）。学校制度もまた、

図6　断髪・洋装の明治天皇（『明治天皇と氷川神社』埼玉県立歴史と民俗の博物館、2018年）
明治15年（1882）川越小学校の上棟式に掲げられたという。

西洋のそれを取り入れたもので、文明開化そのものであった。

江戸時代までの教育は初等教育を担う寺子屋や、やや高度な教育を授ける藩校や郷学などによって担われていた。教育内容や生徒の年齢もまちまちで、全国一律に体系的な教育が行われていたわけではなかった。明治政府は欧米に伍する国を創ってゆくために、このような教育のあり方を改め、全国一律の制度を作り、国民に斉しく教育を授けることを目指した。明治五（一八七二）年に制定された「学制」は、西洋の教育制度を参考に、その方針が具体化されたものである。

学制は、全国を八の大学区に分け、大学区を各々三二の中学区に、さらに中学区をそれぞれ二一〇の小学区に分けて、全国にあまねく、均等に教育を行き渡らせるための制度であった。これにもとづき全国各地に小学校が設けられてゆく。現在の埼玉県域には明治九（一八七六）年までに六四七の小学校が開設された。学制では小学校は下等と上等の二段階に分けられており、修学年限はそれぞれ四年であった。下等は六歳から九歳、上等は一〇歳から一三歳までを対象学齢としていた。学習内容は、「読本」「算術」「習字」「書取」など、いわゆる「読み書きそろばん」を基礎としながら、地理・歴史・理科、修身すなわち道徳などを学んだ。

この時期、小学校の多くは自前の校舎を持たなかった。発足して間もない新政府には全国に校舎を建設する財政的余裕はなかったからである。それゆえ、小学校は今のように無償ではなく、学費が徴収されていた。校舎として使用されたのは多くの場合、法要や祭事などでたくさんの人が集まれる堂舎を持つ寺院であった。明治九（一八七六）年の状況を示せば、実に小学校の八割が寺院に開設されていた（表1）。校舎を新築した地域もあるが、

図7　川越小学校（『新編埼玉県史　通史編5　近代1』埼玉県、1988年）

写真1　幸手小学校（『埼玉県教育史　3』埼玉県教育委員会、1970年）

表1　使用校舎別に見た学校規模（『埼玉県教育史　3』埼玉県教育委員会、1970年）

文部省第四年報（明治九年）により作製

	就学生徒人数／使用校舎	1～50人	51～100人	101～150人	151～200人	200人以上	計
埼玉県	寺院（廃寺も含む）	15校	154校	71校	18校	6校	264校
	民家	2	12	8	4	2	28
	新築	2	8	6	4	6	26
	計	19	174	85	26	14	318
熊谷県	寺院（廃寺も含む）	86校	126校	28校	9校	3校	252校
	民家	15	11	12	0	3	41
	新築	13	12	3	5	3	36
	計	114	149	43	14	9	329

一割にも満たなかった。新築の場合、経費を担ったのは地元の有志たちであったから、よほどの篤志家がいなければ実現は困難だった。同年の一校あたりの生徒数を見れば、五一から一〇〇人のものが最も多く全体のおよそ五割を占めている。続いて五〇人までのものが二割である。二〇〇人を超える規模の学校も二三校ある。それだけの人数を収容できる既存の施設といえば、当時、寺院が最もふさわしかったのである。

明治一〇年代になると、文明開化を象徴する専用校舎を持つ小学校は徐々に増えてくる。先に紹介した幸手小学校や川越小学校は、その例である。しかし、それらはなお少数派で、寺院を校舎とする小学校が多数に上っていた。

小学校の教育は、校舎が確保されれば始められるというものではない。教育を施す教員が不可欠である。政府は明治五（一八七二）年、学制発布に先立ち東京に師範学校を設けて教員養成を開始したが、それだけではとうてい全国の小学校を賄うことはできない。そこで埼玉県は明治六（一八七三）年に「学校改正局」を、熊谷県は「暢発学校《ちょうはつがっこう》」を設けて小学校教員の育成を始めた。とはいえ、わずかな時間で、一から教員を養成することは難しい。現実的には、江戸時代の寺子屋の師匠や藩校の教員であった者に頼らざるをえず、実際そのような経歴を持つ者が多く小学校教員になっている。教育制度自体は、西洋のそれを模した文明開化であったが、それは急速には進まなかった。

しかも、それは国民皆学の理念とはほど遠かった。再び明治九（一八七六）年を例に取れば、対象学齢児童のおよそ四割しか就学していなかった。中でも女子は二割に満たず、男子の六割が就学していることと対象的であった。就学しない理由は、病気のほか、子守を含む家事その他労働への従事であった。先に川口鉄橋の図で子守に勤しむ女の子を見たが、おそらく彼女も小学校には通っていなかっただろう。

五　秩父事件と埼玉の絹産業

明治一七（一八八四）年一一月二日、秩父大宮郷の街は「困民党」と呼ばれる武装農民たちによって占拠された。彼らは、富裕な商家や高利貸を襲撃し、借金証文を奪ったり、店舗や家屋を打ち壊したりしたほか、警察や郡の役所、裁判所などを攻撃して書類を焼き捨てるなどした。その規模は数万に及んだと評され、四〇〇〇人を超える逮捕者を出した。「秩父事件」として世に知られる、明治前期の大規模な反政府武装蜂起であった。政府軍によってわずか数日で鎮圧されるものの、その勃発の背景には埼玉の近代化の本質が見え隠れする。なお、この事件には、自由民権運動に共鳴する人々が参加していたことから、当該運動の激化事件と見る向きもあるが、ここではそのような政治思想は一旦横に置いて、経済的な側面から事件をとらえることとする。
近世の日本では、商品経済が広く農村を巻き込んで展開した。そのため、販売によって利益を得られる商品作物の生産が盛んになり、各地でその地域の特性に合わせたさまざまな特産物が産み出されていった。例えば埼玉県域の秩父郡では、江戸時代の中頃から絹の生産が盛んに行われており「秩父絹」の名で知られていた。郡内四か所に絹市が立って生糸や絹織物などの絹製品が取引されたが、そのうち最も大きな市場が今の秩父市の中心に当たる大宮郷だった。大宮の名は、妙見宮（秩父神社）が大宮と呼ばれていたことに由来する。

生糸や絹織物は、江戸時代の初期までは日本で良質なものを大量に作ることができなかったため、中国などからの輸入に頼っていた。だが、商品作物として生糸や絹織物の生産が盛んになった江戸時代の中頃以降その品質は磨かれてゆき、幕末の開港時には一転して優れた輸出品としての位置を占めるに至っていた。信州・上州などとともに絹製品の一大生産・集散地となっていた秩父の絹製品は横浜に運ばれ、ここから海外に向けて輸出されていった。生糸は、輸出総額の実に七〜八割をも占めたという。ヨーロッパでの蚕の伝染病流行によって、養蚕産業が盛んなフランスなどが深刻な打撃を被っていたことも追い風となった。秩父の大宮郷は、その富によって大いに繁栄してゆくことになる。なお、生糸とともに主要輸出品となったのが茶で、やはり江戸時代から商品作物として作られていた狭山茶も輸出され、その発展の契機となった。埼玉の農産業は、幕末期以降、世界経済の一角をなしていたのである。

しかし、そのことには良い面もあれば、悪い面もある。輸出頼みの経済は、相手国

写真2　秩父の機織（『銘仙』埼玉県立歴史と民俗の博物館、2021年）
明治初年の写真ではないが伝統的な技法で織られている。

写真3　旧本庄商業銀行煉瓦倉庫
繭や生糸を保管するため明治29（1896）年に建てられた

の事情によって暗転する危険性をはらむ。生糸の輸出先であった欧米市場は、明治一五（一八八二）年フランスでの株の大暴落に端を発する恐慌などにより縮小してしまった。加えて国内では、西南戦争以降進行したインフレを収束させるために、明治一四（一八八一）年以降、大胆なデフレ政策がとられることになる。これによって絹製品を含む物価が軒並み下落するという不運が重なった。秩父の絹産業に従事していた農民は窮乏して、高利貸しなどから多額の負債を負うことになった。大宮郷を占拠した「困民党」は、このような幕末から明治にかけての、経済のグローバル化に翻弄された人々であった。

ただその後、埼玉の絹産業は回復し、秩父郡や児玉郡を中心に主力産業として県経済を牽引した。秩父では、屑糸を使った「銘仙《めいせん》」（写真4）が人気を博すようになってゆく。

おわりに

以上、近世から近代へ、時代を移り変わる「埼玉」の様子を県の誕生、文明開化、小学校、秩父事件などいくつかの断面から眺めてきた。変わったようで、変わってない、そんな印象ではなかっただろうか。明治維新というと、日本が劇的に変化したと思われがちであるが、実はそれほど劇的な変化ではなかったともいえる。農業県であった埼玉県では、明治六（一八七三）年の太陽暦改暦以降も、農業と密接に関わっていた月を基準にした太陰太陽暦――いわゆる旧暦――が、その後も重宝された。鉄道の敷設や電信の普及などで、確かに生活は便利になったが、生活のリズムの根本は、なお大きく変わらなかった。

写真4　秩父銘仙（『銘仙』埼玉県立歴史と民俗の博物館、2021年）

とはいえ、秩父事件の背景で見たように、埼玉の農村はもはや自閉した牧歌的な農村ではなかった。それは世界とつながり、世界経済の影響をじかに受ける、グローバル経済の一角をなしていた。新しい時代は、確かに到来していたのである。

〈参考文献〉

『新編埼玉県史　通史編五　近代一』埼玉県、一九八八年
『埼玉県教育史　三』埼玉県教育委員会、一九七〇年

［究］

埼玉の高等教育
――埼玉大学・三つの源流――

井上智勝

母体としての三つの国立学校

『大学的埼玉ガイド』で埼玉の大学を語らないわけにはいかないだろう。埼玉県に本部を置く大学は令和六年五月現在で二六に上り、学部や附属施設を置くものを含めれば四五を数えることになる。この『大学的埼玉ガイド』の執筆陣も、多くは埼玉にある大学に籍を置く者である。しかし埼玉県にはじめて大学が設置されたのは意外に遅く、敗戦後の昭和二四（一九四九）年であった。埼玉県に初めて設置された大学は、国立の埼玉大学である。以下、いささか手前味噌になるが、埼玉大学の歴史を述べてゆくことにしたい。それは自ずと、埼玉における高等教育の前史を語ることとなろう。

敗戦後の教育改革の中で、各県に一つの国立大学が設置されることとなった。埼玉大学は、そのようにして誕生した。とはいえ、大学を設置するためにはキャンパスも、学舎も、図書も、実験器具も、教員も要る。まったくのゼロから何から何まで揃えることは、敗戦で疲弊した日本の社会にはたいへんな重荷になってしまう。そこで既存の教育機関を包摂する形で、新しい大学を創ってゆくことになった。埼玉大学の場合、埼玉師範学校・埼玉青年師範学校・旧制浦和高等学校という、戦前に存在した三つの国立学校が母体となっている。

埼玉師範学校は、明治五（一八七二）年学制の公布を受けて、明治六年浦和に開設された県立の学校改正局に源流を持つ伝統校である。学校改正局は、学制によって定められた初等教育のための教員を養成する機関で、翌年には埼玉県師範学校と改められた。学校改正局では、後に第二三代内閣総理大臣となる若き日の清浦奎吾《きようらけいご》が学務に携わっていた。埼玉県師範学校に入学できたのは、男子のみであった。

明治一一（一八七八）年天皇が北陸・東海道方面に行幸の途次、この年に落成した師範学校の校舎を行在所《あんざいしょ》として使用した。新築の校舎は左右対象の洋館で、伝説上の大鳥「鳳凰」が羽を広げたように見えるので、随行していた太政大臣三条実美《さんじょうさねとみ》によって「鳳翔閣《ほうしょうかく》」（第Ⅰ部3参照）と名付けられ、三条はその名を大書して師範学校に与えた。以後、鳳翔閣は埼玉県師範学校の象徴となり、徽章や明治三一（一八九八）年に制定された校歌の歌詞にも現れている。しかし師範学校は、生徒が増えて手狭になってきたため、その直後には町外れに土地を購入し、移転している。主を失った鳳翔閣であったが、明治三四（一九〇一）年に設立された埼玉県女子師範学校の校舎として、大正一三（一九二四）年同校が移転するまで利用された。埼玉県女子師範学校は、女子教育への関心の高まりを受けて設立された師範学校の女子版である。

実は、浦和を本拠地とするサッカークラブ浦和レッドダイヤモンズのエンブレムの上部に、鳳翔閣が描かれている（第Ⅱ部5参照）。これは明治四一（一九〇八）年、師範学校に着任した細木志朗が蹴球部を設立したのが埼玉県におけるサッカーの始まりとされていることによる。ただ、細木の赴任は師範学校の校舎移転後で、鳳翔閣は女子師範の校舎時代であるのだが……。

昭和一八（一九四三）年、戦時色が強くなってくると、師範学校と女子師範学校は統合され、県の手を離れ、国の直轄学校となった。官立埼玉師範学校である。ただ、旧師範学校は男子部、旧女子師範学校は女子部として、男女は峻別された。

埼玉県師範学校・女子師範学校は初等教育の教員養成を目的とした学校であったが、これとは別に埼玉青年師範学校という教員養成のための学校が存在した。この学校は大正一一（一九二二）年に熊谷に設立された埼玉県実業補習学校教員養成所に始まる。実業補習学校とは、小学校を卒業し職業に従事している者向けに職業に関する簡易な技能や知識と、小学校の補習教育を施すことを目的に設置された学校である。その教員を養成するのが、実業補習学校教員養成所であった。昭和一〇（一九三五）年には実業補習学校が青年学校として再編されることとなり、三月に廃止された埼玉県実業補習学校教員養成所の校舎を引き継いで四月、新たに埼玉県青年学校教員養成所が設置された。昭和一九（一九四四）年に至ると、師範学校・女子師範学校同様、県から国に移管され、官立埼玉青年師範学校となった。

旧制官立浦和高等学校

埼玉大学のもう一つの源流、旧制官立浦和高等学校は、初等教育や勤労青少年の再教育を担う教員養成を目的とした師範学校系の学校とは、かなり趣を異にしている。戦前の旧制大学に進むためには、旧制中学から旧制高等学校や、大学予科と呼ばれる附属校に入り、卒業しなければならなかった。師範学校系からは、旧制大学には進学できなかったのである。旧制高等学校の定員と旧制の官立大学の定員はほぼ一致していたから、旧制高等学校を卒業すれば、どこかの大学には必ず進学できる制度であった。師範学校系の学校がもともと県立であったのに対し、旧制官立浦和高等学校は設立当初から官立、つまり国直轄の学校だったのである。

　旧制高等学校は、現在の高等学校とは違う。現在の高等学校は中等教育機関であるが、旧制高等学校は高等教育機関で、旧

写真1　旧制官立浦和高等学校本館（『瑤沙原誌』旧制浦和高等学校同窓会、1973年）

写真2　旧制官立浦和高等学校記念室（埼玉大学図書館内）

植民地を含めて全国に四〇校ほどしかなかった。戦前までの旧制と現行の教育制度は大きく異なるが、ごく大雑把に言えば、現在の高等学校は旧制でいえば中学校に相当し、旧制の高等学校は現在の大学の低学年時に当たる。旧制大学は現在の大学の高学年次だ。かつて一九九〇年代まで大学には「教養部」という一・二年次で学ぶ一般教養課程があったが、旧制高等学校はまさにそこに相当しよう。だから旧制官立浦和高等学校と、現在の県立・市立の浦和高等学校との間には、一切の関係はない。

旧制官立浦和高等学校は大正一〇（一九二一）年一一月、全国で二〇番目の高等学校として設置され、翌年初めての入学者を迎えて開校した。新設校でありながら、伝統校の第一高等学校（現在の東京大学）、第三高等学校（現在の京都大学）に匹敵する難易度で、卒業生の多くは東京帝国大学に進み、政界・学界をはじめ各界で活躍した。

埼玉大学は、以上の三つの学校を母体として誕生した。師範学校系の伝統は教育学部に、旧制官立浦和高等学校の伝統は教養学部・経済学部・理学部・工学部に引き継がれている。

〈参考文献〉
埼玉大学50年史編纂専門委員会編『埼玉大学五十年史』埼玉大学50年史刊行会、一九九九年

4 「ブラタモリ」で紹介された武甲山の石灰岩——秩父のセメント産業——

小幡喜一・澤本武博

はじめに

現在の私たちの暮らしに欠かせない建物や橋、ダム、道路などのインフラの多くは、セメントを結合材としたコンクリートが用いられている。コンクリートは、セメント、水、細骨材（砂）、粗骨材（小石）および混和材料からできており、砂と小石をセメントペースト（セメントと水）で固め、強度と耐久性に優れている。また、施工性に優れ、さまざまに造形ができ、さらに安価であるため広く使用されている。大学の授業では、学生に興味を持ってもらうため、コンクリート一立方メートル当り一万円程度で、五〇〇ミリリットルのペットボトルに換算すると五円と安く、さらに現場まで運んでくれると説明していた。現在は一立方メートル当り二万円程度まで高騰しているが、それでもペットボトルに換算すると一〇円となる。

コンクリートの結合材としてのセメントを製造するためには、良質な石灰石が必要である。おもに炭酸カルシウムからなる鉱業資源としての石灰石は、地質岩石学的には石灰岩と呼ばれている。秩父の武甲山は豊富な石灰岩に恵まれ、古くからセメント産業が発展してきた。

埼玉県は現在のセメント工場数が、福岡県の五工場、山口県の四工場に続き、三工場と全国三位である。セメント工場とは、クリンカー焼成設備を保有し、セメントを生産出荷できる事業所と定められており、熊谷市と日高市にそれぞれ太平洋セメント㈱熊谷工場及び埼玉工場、秩父郡横瀬町にUBE三菱セメント㈱横瀬工場が操業している。写真1は関東地方最大級の規模を誇る熊谷工場で、写真2のロータリーキルンでセメントを焼成する。セメント工場数には含まれないが、秩父市に特殊セメントを製造している秩父太平洋セメント㈱の工場もある。

ここでは、武甲山の生いたちからセメントの歴史、秩父の発展までを解説する。

一　武甲山の地質

武甲山は、秩父盆地の南にそびえ、龍神様が宿るとされる、神奈備山である。しかし、採掘により階段状の白い岩肌を見せている。

武甲山は全山石灰岩といわれることもあるが、石灰岩は最大七〇〇メートルの厚さで、秩父盆地側の北斜面に、四五度～六五度傾いて存在している。南側には、海洋に噴出した火山の玄武岩が分布し、石灰岩はその上に載っている（図1）。この玄武岩と石灰岩の境

写真1　太平洋セメント熊谷工場（太平洋セメント提供）

写真2　ロータリーキルンによる焼成（太平洋セメント提供）

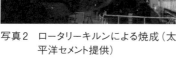

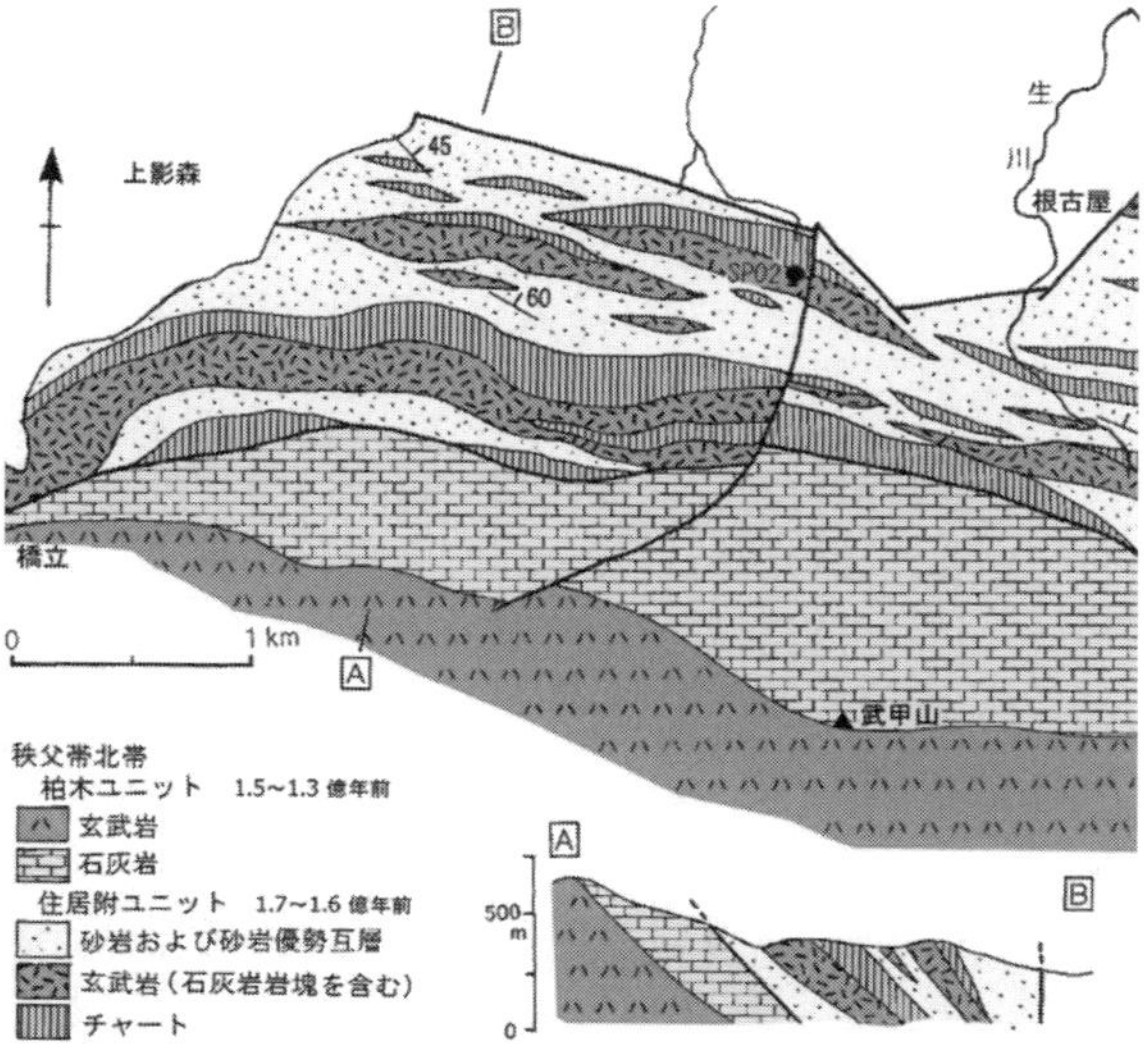

図1　武甲山の地質図（松岡ほか文献を調整）

界は、橋立の札所二八番の観音堂の裏で見ることができる。

また、武甲山の山頂付近の玄武岩と石灰岩の間にはさまる凝灰質泥岩から中生代中～後期三畳紀、二・四億年～二・三億年前頃の二枚貝化石、橋立付近の武甲山石灰岩の最上部からは後期三畳紀、二・三億年～二・一億年前頃のコノドント化石[1]が発見されている。

図2　武甲山の山頂付近から発見された貝化石
5. *Gruenewardia wöhrmanni* (Bittner),
6. *Entorium subdemissum* Münster.
（Tamura et al.（1978）を調整）

二　武甲山の生いたち（図3、表1）

①中生代中期三畳紀の二・四億年前頃

南の海で現在のハワイ島のようにホットスポット[2]から、熱い玄武岩質マグマが吹き上げ

（1）　〇・二～一ミリメートル程度の大きさの微化石。原始的脊椎動物の歯のような器官と考えられている。

（2）　高温の地点。マントル内の上昇流（ホットプリューム）によりマグマが発生し、プレート（リソスフェア）を突き抜けて火山活動が起こる。

て、火山島が生まれた。

②後期三畳紀から後期ジュラ紀の二・三億年〜一・五億年前頃

火山島は海洋プレートに乗って移動し、ホットスポットから離れると、火山活動が終わり、海洋プレートが次第に冷えて沈んでいくために、火山島は沈水し、サンゴ礁[3]の島になり、裾礁、堡礁、環礁と変化した。やがて、サンゴ礁は水没し平頂海山（ギョー）になった。プレートは一年に数センチメートルの速度で移動する。これは爪の伸びる速さ程度である。約一億年かかって、海洋プレートに乗った海山は数千キロメートル移動して海溝に達した。

③④後期ジュラ紀から前期白亜紀の一・五億年〜一・三億年前頃

（3）強い波にも破壊されない骨格をもったミドリイシ、ノウサンゴ、キクメイシなどの造礁サンゴ群落が海面近くまで高まりを作る地形。造礁サンゴが生育するのに最適な環境は水温摂氏二五〜二九度、塩分濃度三・四〜三・六%、およそ二〇メートル以浅の澄んだ海。

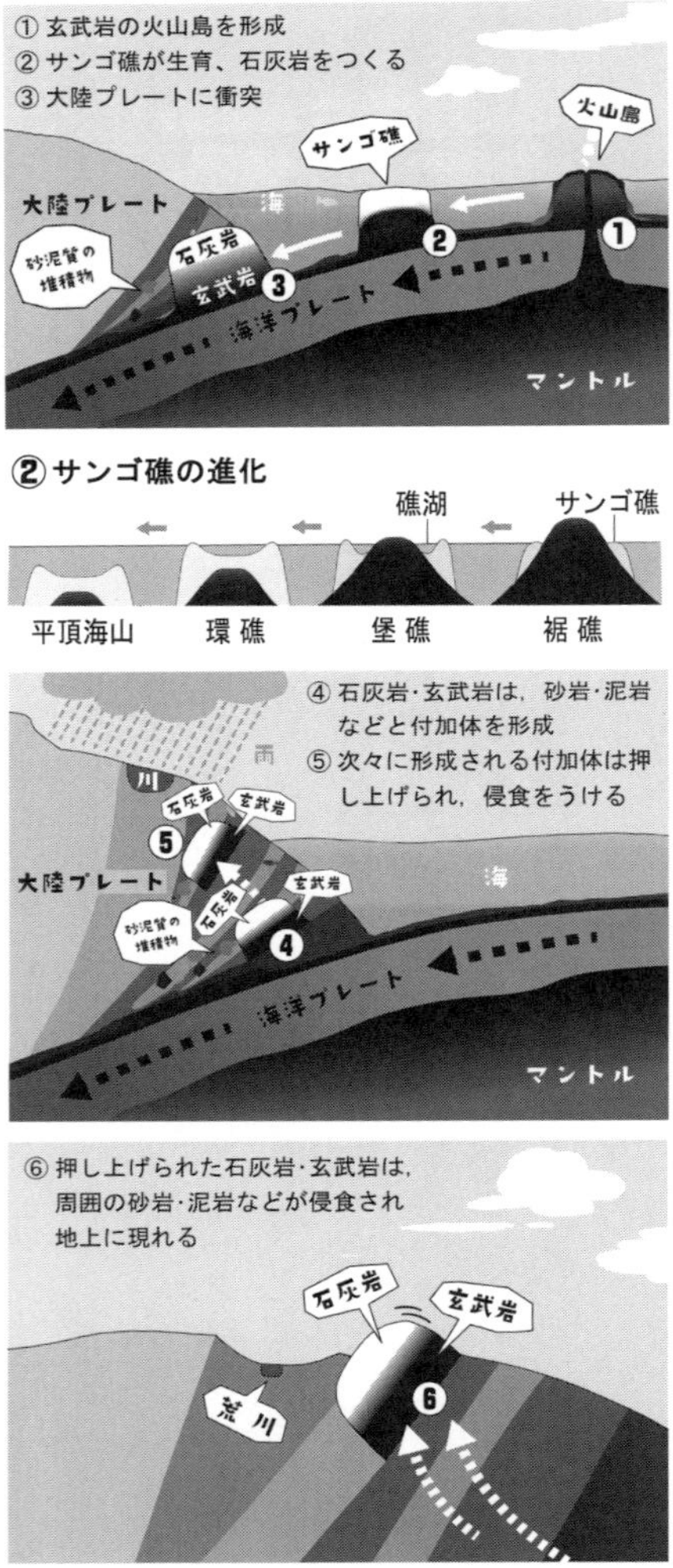

図3　武甲山の生いたち（筆者原案作成）（秩父まるごとジオパーク推進協議会を調整、サンゴ礁の進化を追加）

表1　秩父地域の地質

地質年代				地質系統	おもなできごと
			現在		
新生代	第四紀	完新世	1.17万年前	段丘・鍾乳洞	
		更新世	258万年前		伊豆半島の衝突
	新第三紀	鮮新世	533万年前		
		中新世	2300万年前	古秩父湾堆積層	丹沢山地の衝突 武甲山の石灰岩が地表に露出
	古第三紀	漸新世	3390万年前		
		始新世	5600万年前		
		暁新世	6600万年前		
中生代	白亜紀	後期	1.005億年前	四万十帯の付加体	三波川変成作用 秩父帯の付加体を押し上げる
		前期	1.45億年前	山中白亜系	武甲山の石灰岩・玄武岩が付加
	ジュラ紀	後期	1.62億年前	秩父帯の付加体	
		中期	1.75億年前		
		前期	2.01億年前		
	三畳紀	後期	2.37億年前		武甲山の石灰岩形成（サンゴ礁）
		中期	2.47億年前		武甲山の玄武岩形成（火山島）
		前期	2.52億年前		

海溝で、マントルの中に沈み込んでいく海洋プレートから、平頂海山の石灰岩と玄武岩が剥ぎ取られて、陸地から運ばれてきた土砂（砂岩・泥岩）と一緒に、プレート境界に楔状に入り込んで、大陸プレートの下に付け加えられた。このような地質体を、付加体という。中生代ジュラ紀から前期白亜紀前期、二億年～一億三〇〇〇万年前頃につくられた付加体を、秩父帯と呼んでいる。

⑤⑥後期白亜紀以降の一億年前頃～現在

秩父市大滝の南西部や奥多摩には、秩父帯[4]の後から、中生代後期白亜紀の一億年前以降、四万十帯[5]の付加体が押し

（4）　日本列島の西南日本外帯に属す地体構造区分の一つ。埼玉県秩父地方より命名。房総半島から関東山地、赤石山脈、紀伊山地、四国山地、九州山地を経て沖縄本島までの長さ一五〇〇キロメートルにわたり帯状に分布。古生代の化石が含まれることから、一八八七（明治二〇）年に大塚専一が「秩父古生層」と命名したが、一九七〇年代以降の研究で古生代石炭紀以降の地質体がおもに中生代ジュラ紀に付加されたものであることが明らかになった。

（5）　日本列島の西南日本外帯に属す地体構造区分の一つ。秩父帯の南に接して分布。一九二六（大正一五）年に江原真伍によって四万十川流域に分布する地層群を「四万十統」と命名。後に日本列島南部に分布する中生代白亜紀以降に形成された付加体からなる地層群の総称として用いられるようになった。

付けられ、秩父帯は押し上げられた。陸地では、付加体が風雨などにより侵食され、地表に石灰岩と玄武岩が現れた。秩父市の久那橋下の荒川河床には、新生代新第三紀中期中新世、約一五〇〇万年前の地層のなかに、崩れた石灰岩の礫が見られるので、この頃武甲山の石灰岩が地表に現れていたことがわかる。(6)

さらに、後期中新世、六〇〇万年前頃に丹沢山地、新生代第四紀前期更新世、一〇〇万年前頃には伊豆半島が衝突して、秩父山地は押されて、現在のように高くなった。五〇万年前頃に荒川の川原だった尾田蒔丘陵（ミューズパーク、長尾根）は今、荒川より二〇〇メートルほど高いところまで、一三万年前頃に荒川の川原だった羊山丘陵は今、荒川より一〇〇メートルほど高いところまで押し上げられている。秩父地域は今も、年間〇・四〜〇・八ミリ押し上げられている。

三　セメントの製造方法

セメントを製造するためには、石灰石のほかに、粘土、珪石、酸化鉄(7)が必要になる。これらを細かく砕いて混ぜ合わせ、背の高いタワーのプレヒーターで九〇〇度まで仮焼きされ、ロータリーキルンという回転窯に入れられる。ここで一四五〇度の高温で焼かれてクリンカーという小さな泥団子のような鉱物の塊がつくられる。そのクリンカーを冷まし、石膏などを加えて、細かく砕いてセメントに仕上げる。

一トンのセメントをつくるには、石灰石一二〇〇キログラムと、粘土二五〇キログラム、

(6)　現在の秩父盆地には約一七〇〇万年前〜約一五〇〇万年前に南東に開いた「古秩父湾」といわれる海が入り込み，その海底に積もった地層は「古秩父湾堆積層」と呼ばれる。約一五〇〇万年前には東側の外秩父山地や南側の武甲山などが隆起し，周囲から供給された土砂の埋め立てにより「古秩父湾」は消失した。

(7)　焼成過程で，各材料が化学的結合を容易にする溶融材としての働きをしている。セメントの色が石灰石の白色ではなく灰色であるのは，この鉄によるもの。

珪石七〇キログラム、酸化鉄二〇キログラムが必要になる。これは、石灰石を焼くと四四％が二酸化炭素になってしまい、また水分が蒸発するからである。

四　世界から見た石灰石ベースの最も古いセメント

セメントの歴史は意外に古く、九〇〇〇年前頃、イスラエルのガリラヤ地方のイフタフで発掘された住居の床や壁に、石灰石ベースの最も古いセメントが使用されていた。五〇〇〇年前頃には、中国の大地湾遺跡で、炭酸カルシウムと粘土を主成分とする岩石を焼成したセメントが使用されていた。四五〇〇年前頃には、エジプトのピラミッドで、焼石膏と石灰を混合した気硬性(8)のセメントが充填材として使用されていた。

現在残っている建物で最も古いものは、二〇〇〇年前頃にイタリアのローマに建設されたパンテオン(9)である。古代ローマの神殿に水硬性(10)のセメントを使用していたとされている。

(8)　空気中の二酸化炭素と反応して固まること。

(9)　ローマ市内のマルス広場に建造された神殿。構造は、円形の壁と半球形のドームで構成する本堂と、一〇本の柱で構成するポーチ、柱廊を主要な建築要素としている。七世紀に教会として転用し、現在もキリスト教の礼拝の場として使用されている。

五　近代ポルトランドセメントの工業化

コンクリートの製造には、ポルトランドセメントと言われるセメントが用いられている。このポルトランドセメントは、一八世紀の産業革命の時代に、イギリスで発明されたものである。

(10)　水と反応して固まること。

一七五九年に、世界で初となる土木技術者のジョン・スミートン[11]によって、焼失したエディストーン灯台の再建のため、基礎の石と石の接合に水硬性のセメントが使用された。ジョン・スミートンは、これまでの常識を覆し、純粋な石灰石を焼成して作った石灰よりも、粘土分を含んだ石灰石から作った石灰の方が水中で使える水硬性のセメントとなると結論付けている。

一八二四年には、煉瓦職人のジョセフ・アスプディン[12]により、ポルトランドセメントの製造法の特許が取得された。イギリスで建築用に使用されていたポートランド島で産出する石灰石の石材の色調は灰白色であり、これに似ていることからポルトランドセメントと名付けた。

(11) 一七二四年～一七九二年。イギリスの土木工学者であり、橋、運河、泊地、灯台などを設計したことで知られ、「土木工学の父」とも呼ばれる。

(12) 一七七八年～一八五五年。英国のリーズに住むれんが職人の六人の子の長男として生まれた。一八二四年一〇月二一日にポルトランドセメントの特許を取得したセメント製造業者。

六　日本でのポルトランドセメントの製造

日本にポルトランドセメントが輸入され、一八六一（文久元）年に煉瓦の接着に使用したのが最初といわれている。当時の輸入セメントは高価であり、現在の値段で一トン当り五〇万円程度であったと推定される。現在の国産のセメントは一トン当り一万六〇〇〇円程度に比べて、かなり高価である。

横須賀造船所第二ドッグ建造の責任者であった平岡通義[13]は、同工事に際して輸入された建設材料に係る出費が膨大であり、その中でもセメントの価格が高いことから、国内生産の必要性を痛感したという。平岡通義は、セメント製造を官業で始めるべきことを伊藤博

(13) 一八三一（天保二）年～一九一七（大正六）年。明治時代の官僚、建築家。もと長門（山口県）萩藩士。維新後、明治政府の工部省にはいり建築を担当、営繕局長となる。のち宮内省営繕御用掛として皇居の建築に従事した。

文[14]に建議し、その意見が採用されて、大蔵省土木寮建築局の手によって、東京府下深川清住町仙台屋敷跡に摂綿篤（セメント）製造所が建設されることとなった。摂綿篤（セメント）製造所は一八七二（明治五）年七月に着工され、翌年末に竣工したと言われている。

その後、幾度の失敗を繰り返し、宇都宮三郎のもと新たな設備を導入した工場が一八七五（明治八）年に完成し、五月一九日に初めて少量のセメントが生産された。わが国で初めて外国品に比べほとんど遜色のないセメントが製造されたのであった。その後、この日を記念して五月一九日はセメント記念日とされ、この前後に一般社団法人セメント協会が主催するセメント技術大会が開催されることとなった。

一八八四（明治一七）年に官営模範工場の売却が行われ、深川セメント製造所も対象となった。製造所は、浅野総一郎[15]らに売却され官営製造所の歴史を閉じた。浅野総一郎はセメントが建設資材の柱になることにいち早く着目し、官営深川セメント製造所を好条件で払い下げられ、これが浅野セメント（後の日本セメント、現在の太平洋セメント）の基礎となった。この払い下げには取引で浅野の仕事ぶりを見込んだ渋沢栄一の後ろ盾があった。

七　武甲山の開発と秩父の発展

最初に武甲山の石灰岩に注目したのは、埼玉県出身の林学者、本多静六[16]である。本多が欧米視察から帰国した一九〇七（明治四〇）年、渋沢栄一は埼玉県出身の親しい友人を私邸に集め、晩餐会を催した。そこで、本多は「埼玉県を発展させるには、秩父の水力によ

(14)　一八四一（天保一二）年～一九〇九（明治四二）年。明治時代の日本の政治家。大久保利通らの路線を受け継いで初代内閣総理大臣に就任し、近代立憲主義社会の基礎を築いた。初代・五代・七代・一〇代の内閣総理大臣。

(15)　一八四八（嘉永元）年～一九三〇（昭和五）年。富山県出身。日本におけるセメント産業を軌道に乗せ、浅野セメントを最大手企業に育成した手腕から「セメント王」と呼ばれる。一九一四（大正三）年に鶴見で東京湾の埋め立てを始めるなど、京浜工業地帯の形成に寄与し「京浜工業地帯の父」「日本の臨海工業地帯開発の父」とも呼ばれる。

(16)　慶応二（一八六六）年～昭和二七（一九五二）年。林学者、造園家、株式投資家。日本の「公園の父」と呼ばれている。

る発電、石灰岩によるセメント製造、木材が重要である」と説いた。すぐさま渋沢は、諸井恒平(17)・山中隣之助(18)に武甲山の石灰岩を調べさせた。

その結果を見て、秩父地域の開発に不可欠な上武鉄道（現秩父鉄道）の取締役に諸井と山中が就任し、渋沢と山中らの資金援助により一九一四（大正三）年、鉄道が秩父に乗り入れた。その翌年には、武甲山の石灰岩採掘がはじまり、一九二三（大正一二）年、諸井により秩父セメント㈱が創立された。

戦後復興期から高度成長期にかけて、一九五五（昭和三〇）年に日本セメント埼玉工場（日高市）、一九五六（昭和三一）年に秩父セメント第二工場（秩父市）、一九六二（昭和三七）年に秩父セメント熊谷工場（熊谷市）、一九六九（昭和四四）年に三菱セメント横瀬工場（横瀬町）と、次々にセメント工場が操業した。このため、武甲山の石灰岩が分布する北斜面全域に鉱区が設定され、年間一〇〇〇万～一二〇〇万トンが採掘された。一九八一（昭和五六）年には三社協調による山頂からの採掘が始められた。

旧秩父町（秩父市中央地区）の人口を見ると、一九二〇（大正九）年は一万二〇八八人であったが、一九三五（昭和一〇）年には二万二七〇三人となり、秩父セメント創業前後の一五年間で約二倍になっている。さらに、秩父セメント第二工場操業後の一九六五（昭和四〇）年には三万六二七五人に達している。

武甲山の開発エリアを図４に、開発の年表を表２に示す。

(17) 一八六二（文久二）年～一九四一（昭和一六）年。埼玉県本庄市出身。多くの事業を進め、セメント製造事業の開拓を手掛けたことから「セメント王」とも呼ばれた。一八八七（明治二〇）年、親戚の渋沢栄一の推薦により日本煉瓦製造㈱に勤務、一九〇一（同三四）年には社長に就任。さらに、一九一〇（同四三）年に上武鉄道（後の秩父鉄道㈱）取締役、一九二五（大正一四）年には秩父鉄道㈱社長に就任。

(18) 一八四〇（天保一一）年～一九一九（大正八）年。埼玉県秩父郡小鹿野町出身。慶応元（一八六五）年、江戸に出て銃砲を製作。戊辰戦争で銃器弾薬を製造・販売、巨万の富を築いた。その後、明治政府の兵部省、会計局などの御用達を勤め、多様な事業の経営に関わり、日本鉄道など、鉄道建設に尽力。一八九〇（明治二三）年、第一回衆議院議員総選挙で埼玉県第五区から出馬して当選。一九一〇（同四三）年に秩父鉄道株式会社取締役に就任。

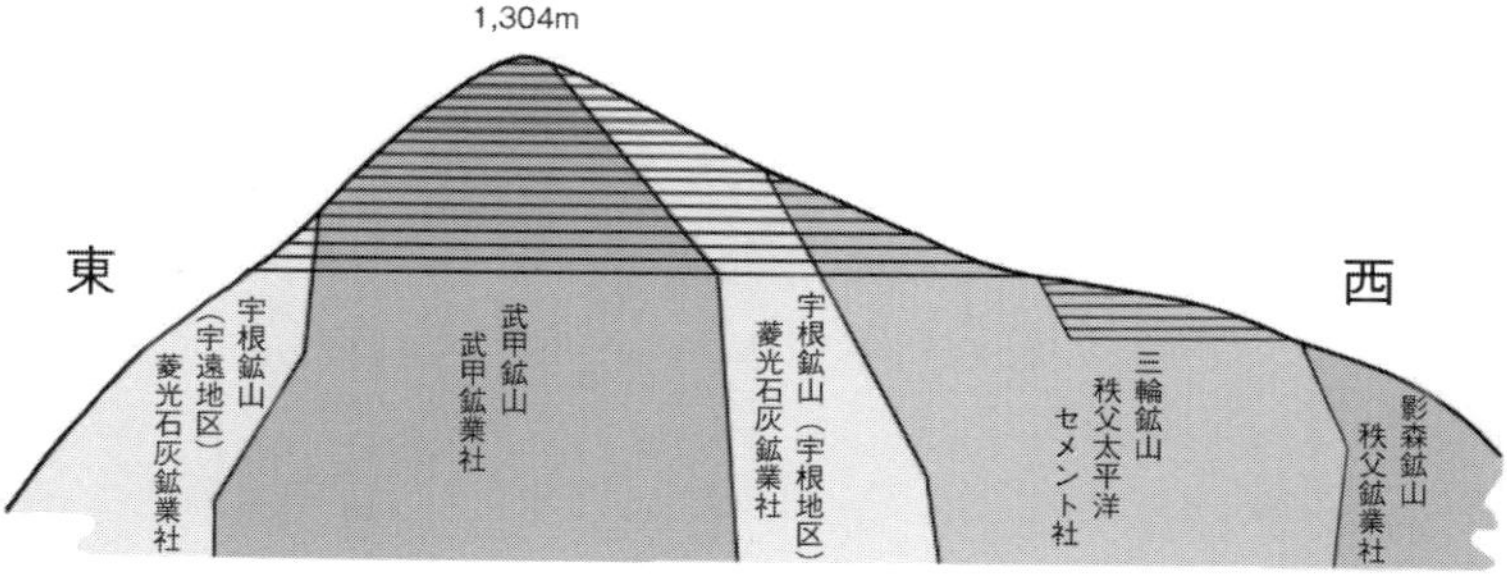

図4　武甲山の開発エリア（武甲鉱業㈱のホームページ・緑化を調整）

表2　武甲山の開発年表

1907（明治40）年	本多静六、渋沢栄一邸で講演　秩父の石灰岩と水力、木材の開発を示唆
1908（明治41）年	渋沢栄一の指示で、諸井恒平・山中隣之助が武甲山を調査
1910（明治43）年	諸井恒平・山中隣之助、上武鉄道（現秩父鉄道）の取締役に就任
1914（大正3）年	上武鉄道（現秩父鉄道）秩父駅開業
1915（大正4）年	影森鉱山開発（上武鉄道の柿原定吉社長と中村房五郎取締役が、個人名義で影森共有林の20年間採掘権獲得） 浅野セメントに石灰岩を販売　後に、浅野セメントに譲渡 1972（昭和47）年終掘
1918（大正7）年	秩父鉄道武甲線開通（影森鉱山から石灰岩を搬出）　1984（昭和59）年廃線
1922（大正11）年	秩父鉄道全線電化、輸送力増強
1923（大正12）年	秩父セメント創立
1924（大正13）年	三輪鉱山開発（秩父セメントに供給） 三輪鉱山線開通（三輪鉱山から秩父セメントに石灰岩を搬出）
1925（大正14）年	秩父セメント第一工場操業　1996（平成8）年閉鎖
1940（昭和15）年	宇根鉱山（宇遠地区）の下部を開発（秩父産業、1969（昭和44）年宇遠鉱山と合併、1973（昭和48）年宇根鉱山と合併）
1949（昭和24）年	武甲鉱山開発（日本セメントに供給）
1955（昭和30）年	日本セメント埼玉工場創業（→太平洋セメント埼玉工場）
1956（昭和31）年	秩父セメント第二工場操業（→秩父太平洋セメント工場） 基本設計：谷口吉郎　日本建築学会賞　昭和31年度 DOCOMOMO JAPAN（日本におけるモダン・ムーヴメント建築）平成11年選定
1960（昭和35）年	宇根鉱山（宇根地区）開発（三菱セメントに供給）
1961（昭和36）年	西武秩父線の路線建設免許認可
1962（昭和37）年	秩父セメント熊谷工場操業（→太平洋セメント熊谷工場）
1966（昭和41）年	宇根鉱山（宇遠地区）の上部を開発（1973（昭和48）年宇根鉱山と合併）
1969（昭和44）年	三菱セメント（→UBE三菱セメント）横瀬工場操業、西武秩父線開通
1974（昭和49）年	3社『強調採掘に関する基本協定書』を締結
1981（昭和56）年	山頂部からベンチカット方式による3社強調採掘を開始
1983（昭和58）年	武甲鉱山—日本セメント埼玉工場間ベルトコンベア完成

八　地元ガイドと歩く！　ミニ秩父旅――日本を支える白い岩

・「ブラタモリ」で紹介された武甲山の石灰岩

一般社団法人秩父地域おもてなし観光公社では、ちちぶ案内人倶楽部ガイド付きツアーで、「日本を支える白い岩――『ブラタモリ』でも紹介された武甲山の石灰石」を開催している。観光公社ホームページ(19)から申し込むことができる。ガイドはＮＰＯ法人秩父まるごと博物館が担当している。主コースは、影森駅から浦山口駅まで約二・六キロメートル、所要時間九〇分程度で、①～⑨を見学する（図５）。

(19)「ちちぶ案内人倶楽部ガイド付きツアー」または「地元ガイドと歩く！ミニ秩父旅」で検索。https://www.chichibu-omotenashi.com/guidetour/minichichibu/

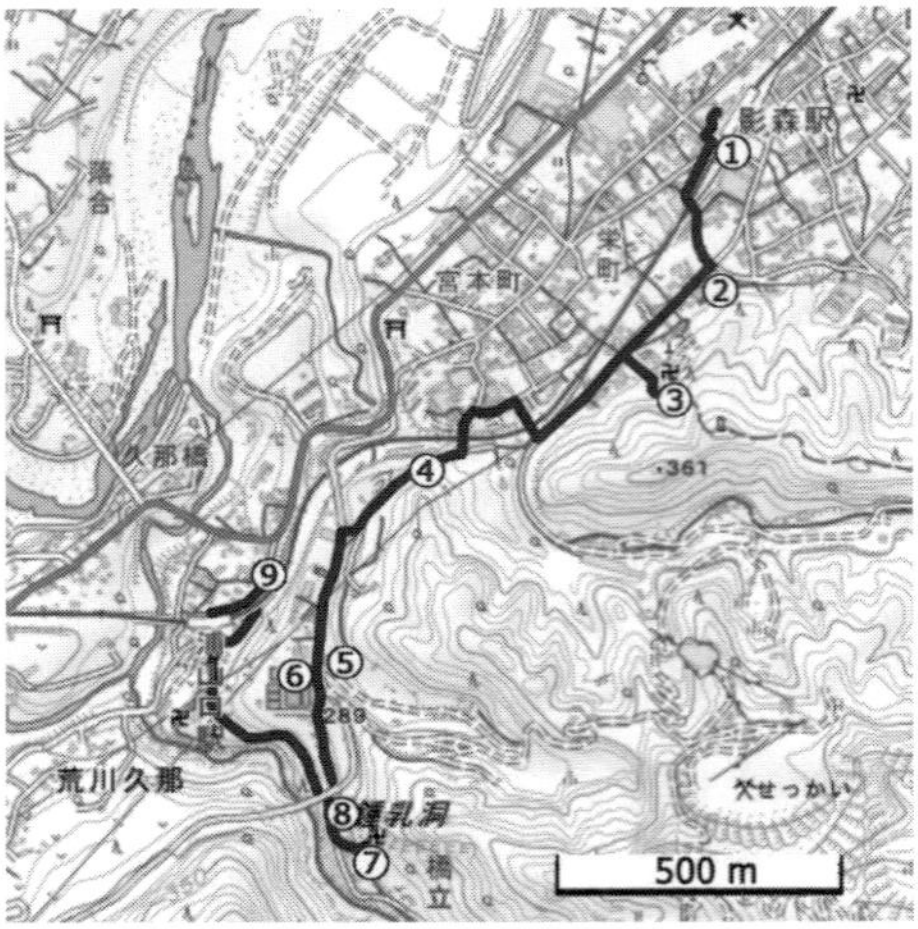

図５　地元ガイドと歩く！　ミニ秩父旅　武甲山コースのルート（地理院地図を利用）

①秩父鉄道影森駅

秩父鉄道は、一九一七（大正六）年九月に影森駅まで延伸。翌一九一八（大正七）年九月には石灰石運搬専用の武甲線が開業した。影森鉱山で採掘された石灰石を浅野セメント工場への輸送を開始した。さらに、一九二二（大正一一）年には荒川の水力発電により全線が電化された。

一九二三（大正一二）年に秩父セメントが設立され、翌年一一月、三輪鉱山線が開業した。一九二五（大正一四）年、秩父でのセメント生産が始まった。さらに、一九二八（昭和三）年五月、秩父電気工業（現レゾナック秩父事業所）専用線も開業し、影森駅は秩父鉄道一のターミナルとなった。一九三〇（昭和五）年三月には影森から三峰口間も開通した。写真は影森駅を発車した二〇両編成、積載合計七〇〇トンの石灰石を積んだ貨物列車で、駅からは武甲山の北側からの全景がよく見える（写真3）。

②影森用水

影森は厚い段丘礫層（影森砂礫層）のために地下水が深く、地表水は乏しく、「嫁に行くなら影森およし、米がないのに水もない」と言われた。一八五七（安政四）年、上影森の名主関田宗太郎は私財を投じ、三輪谷より水路を設け、毎戸に給水。さらに、一八六〇（万延元）年、大野原の萩原佐伝次と協力して、橋立川・湯ノ沢から大野原の蓼沼に至る約一一キロメートルにおよぶ用水路を完成させた。

③札所二七番竜河山大渕寺月影堂

斎所山《いわいどやま》の麓に建つ観音堂（写真4）。延命水として知られる湧泉は、山の斜面に崩れてたまった砂利に浸透した地下水が湧出したもの。裏山に建つ白衣（護国）観音は一九三五（昭和一〇）年の開眼。チャートの岩峰に建つ、鉄骨コンクリート製。

④武甲線の跡

一九一八（大正七）年から一九八四（昭和五九）年まで石灰岩の積み出し専用線として運行された武甲線の一部は、琴平ハイキングコースになっている。架線柱には、一八八〇年から一九一二年製の欧米製の古レール[20]が使われている。写真はアメリカのカーネギー社製

写真3　石灰石を積んだ貨物列車（2024年5月　筆者撮影）

写真4　竜河山大渕寺月影堂（2024年5月　筆者撮影）

写真5　架線柱（2024年5月筆者撮影）

の古レールである（写真5）。

⑤秩父鉱業㈱秩父鉱業所　浅野総一郎翁像

一九一五（大正四）年、秩父鉄道の柿原定吉社長・中村房五郎取締役の個人名義で影森共有林の二〇年間採掘権獲得、武甲山の本格的な石灰岩採掘がはじめられた影森鉱山。最初は馬で秩父駅まで輸送したが、一九一八（大正七）年九月に武甲線が完成、鉄道輸送を開始。同年一二月に浅野セメントに採掘権を譲渡し、秩父鉄道は運搬のみに関わる。

一九七二（昭和四七）年、石灰石採掘を終了し、石灰石を搬入して、石灰・中和などの工業原料や、建設土木資材として石灰石製品の製造販売を行っている。玄関脇に、浅野総一郎の銅像[21]がある。

⑥橋立浄水場と影森用水之碑

一九二二（大正一一）年一一月に埼玉県内で最初の近代水道として、橋立浄水場から給水を開始。近くには、影森用水之碑・影森簡易水道之碑・影森水道記念碑が建つ。

⑦札所二八番石龍山橋立堂

橋立堂は、武甲山の石灰岩体の西端、南向きの高さ約六五メートルの大岩壁の下に建つ（写真6）。岩壁の下部は、えぐれたように凹み、およそ七万年前に河岸段丘の影森面が形成されたときの侵食によると考えられる。その岩陰からは縄文時代草創期（約一万五〇〇〇年前）、弥生時代などの遺物が発掘されている（埼玉県選定重要遺跡「橋立岩陰遺跡」、秩父市指定史跡「岩かげ遺跡」）。

(20)　架線柱に使用されている古レールには、独ダーテホアヌングスヒュッテ一八八〇年製、独クルップ一八八一年製、英プレナボン一八八一年製、米メリーランド一九〇〇年製、米カーネギー一九一二年製が認められる。中山道鉄道（現 高崎線）上野—熊谷間が一八八三年開業、上武鉄道（現 秩父鉄道）熊谷—寄居間が一九〇一年開業、同宝登山（現 長瀞）—秩父間が一九一四年開業のそれぞれ直前の製造なので興味深い。

(21)　浅野の銅像は、横浜市鶴見区の海岸埋立や鶴見臨港鉄道などの工事現場を視察した時の姿である。同じ姿の大きな銅像が横浜の浅野学園、東京都江東区清澄のアサノコンクリート深川工場（旧官営深川セメント製造所）、横浜市鶴見区安善町の東亜建設工業技術研究開発センター、生地である氷見市などにある。

写真６　石龍山橋立堂の石灰岩壁（2024年５月　筆者撮影）

写真７　橋立堂の観音堂裏に見られる玄武岩右下（2024年５月　筆者撮影）

白い石灰岩の崖下には、黒い玄武岩が見られる。石灰岩は二・三億～二億年前頃のサンゴ礁、玄武岩はそれ以前につくられた火山島の溶岩である（写真７）。

⑧橋立鍾乳洞

北に急傾斜する石灰岩の割れ目系にできた鍾乳洞。県指定天然記念物、県内唯一の観光洞[22]。見学路の総延長は約一四〇メートル、比高約三〇メートル（写真８）。

石灰岩は、地下水と土壌生物から供給される二酸化炭素に反応して、水溶性の炭酸水素カルシウムになり、鍾乳洞ができる。鍾乳洞に外気が入り、石灰岩を溶かした地下水から二酸化炭素が抜けると、方解石が晶出し、洞窟生成物をつくる。

$H_2O + CO_2 + CaCO_3 \rightleftarrows Ca(HCO_3)_2$

札所二八番橋立堂の『観音霊験記』では「昔、この村の領主の郡司が悪龍になって人や馬を喰うので、村人がこの堂に祈念したところ、御堂の中から白馬が現れ、この龍に呑まれた。ついにその悪龍は悟りを得て、洞内の石となった」という。

⑨浦山口　不動名水

浦山口駅近くの不動尊には、江戸時代の地図にも記され

写真８　橋立鍾乳洞入口（2024年５月　筆者撮影）

（22）入洞料金は大人二〇〇円、小人一〇〇円。見学所要時間約一五分。洞内は狭く、腰をかがめてくぐったり梯子をも登ったりするため、荷物は受付に預ける。営業時間は八時半～一六時半、冬期（一二月中旬～二月末）は閉鎖。

ていく湧泉がある（写真9）。橋立浄水場のある影森面の段丘堆積物中の伏流水が、その基底から湧出する。

おわりに

埼玉秩父のセメント産業について、セメントの主原料である石灰岩の豊富な武甲山の地質及び生い立ち、世界から見たセメントの歴史、日本さらには秩父のセメントの歴史、秩父の発展、最後に「ブラタモリ」でも紹介された武甲山石灰石の生い立ちの謎を探るツアーの紹介を行った。読者には、埼玉秩父のセメント産業を世界の歴史から学び、そして秩父旅をすることにより肌で感じてもらえると幸いである。

写真9　浦山口駅近くの不動名水
（2024年5月　筆者撮影）

〈参考文献〉

猪郷久義「関東山地の地質」『日本地方地質誌関東地方改訂版』朝倉書店、一九八〇年

一般社団法人セメント協会ホームページ「セメント産業の概要」

松岡喜久次・長谷川美行・沖村雄二・八尾昭「埼玉県秩父市影森～横瀬町芦ヶ久保の秩父帯北帯の地質と産出したフズリナ類と放散虫化石」『埼玉県立川の博物館紀要』二〇一六年、一六号

一般社団法人カーボンフロンティア機構ホームページ「石炭灰とは　有効利用先と利用状況　セメント原材料」

公益社団法人日本コンクリート工学会「コンクリートなんでも一番」『コンクリート工学』二〇〇二年、四〇巻九号

太平洋セメント㈱ホームページ「国内におけるポルトランドセメントの工業化」

小幡喜一「武甲山麓の秩父札所と石灰岩開発」『地学団体研究会第七七回総会（ちちぶ）講演要旨集』二〇二三年

岡田昌彰『日本の砿都 石灰石が生んだ産業景観』創元社、二〇一七年

恩田睦『近代日本の地域発展と鉄道』日本経済評論社、二〇一八年
秩父まるごとジオパーク推進協議会『ジオパーク秩父 公式ガイドブック 秩父に息づく大地の記憶』さきたま出版会、二〇二一年
NHK「ブラタモリ」制作班監修『ブラタモリ　一八　秩父　長瀞　大宮　室蘭　洞爺湖　宮崎』KADOKAWA、二〇一九年
Tamura, M., Kawada, S., Takeda, A., Oguchi, H., Saito, T., Tsuchida, K., and Inoue, M. A「Find of Triassic Molluscs from the Buko Limestone Formation, Chichibu, Saitama Prefecture.」『Proc. Japan Acad.』五四巻、一九七八年
武甲鉱業㈱ホームページ「緑化」

[訪]

歴史的建造物

近藤照夫

誠之堂・清風亭

埼玉県の歴史的建造物として筆者が最初に思いつくのは、埼玉県深谷市起会一一〇番地一の大寄公民館敷地内に存在している「誠之堂《せいしどう》」と「清風亭《せいふうてい》」であり、「誠之堂」はレンガ造で「清風亭」は鉄筋コンクリート造である。二〇二四年七月に登場した新一万円紙幣の肖像である渋沢栄一の別邸として、東京都世田谷区瀬田の第一国立銀行（後の第一銀行、現在のみずほ銀行）敷地内に建築されたものを一九九八年二月から一年半ほどを要して、渋沢の出身地である現在の場所へ移築復原されたものである。

筆者が二〇〇一年にものつくり大学の教員に転ずる前に所属していた企業がこの二つの建築物の移築復原工事

写真1　移築復原された誠之堂

写真2　深谷市での組立てがほぼ終了した誠之堂のレンガ壁

写真3　切断して深谷市へ輸送された清風亭のベランダアーチ部材

をしており、筆者が前職において担当していた業務の中で、歴史的建造物の保存に関わる最後の業務となったものである。

「誠之堂」の原設計は清水組（現在の清水建設㈱）の技師長で大正時代に活躍した建築家である田辺淳吉で、第一銀行の初代頭取であった渋沢の「喜寿」を記念として第一銀行から発注され、施工は渋沢が経営に関与していた清水組が担当して一九一六年に竣工している。レンガの外壁には色調が異なるレンガを組み合わせて「喜寿」の文字が積まれており、当時使用されたレンガは地元深谷市に存在した日本煉瓦製造㈱で製造されたもので、それを示す「上敷免製《じょうしきめんせい》」と刻まれたレンガが複数使用されている。移築復元工事に際して、レンガ造の移築は当時では施工例が少なく、躯体を複数のブロックに切断して現在の地に輸送して、現地で復原施工した後に切断によって生じた目地にはシーリング材が充填されている。意匠的な配慮から、顔料で色調調整した珪砂によってシーリングの跡が目立たないように化粧をすることも検討されたが、指導を仰いだ歴史意匠の専門家である当時の東京大学・鈴木博之教授（故人）による「傷跡が残ることも移築復原の証し」との判断がされたことから、現在でもレンガの外壁に目地を確認することができる。移築後の二〇〇三年には、国の重要文化財に指定されている。

写真4　移築復原された清風亭

一方、「清風亭」は鉄筋コンクリート造であり、移築復原は当時でも施工例は見られたが、「誠之堂」と同様に躯体を複数のブロックに切断して現地への輸送がされた。原設計は、多くの銀行建築を設計したことで知られる西村好時であり、第一銀行二代目頭取を務めた佐々木勇之助の「古希」を記念して、一九二六年に「誠之堂」の隣に建築されたものである。移築後の二〇〇四年に、埼玉県指定有形文化財とされている。

日本煉瓦製造㈱旧煉瓦製造施設

明治時代の日本政府は、富国強兵のスローガンの下に都市を整備する目的で日本に招聘したドイツ人建築家のヴィルヘルム・ベックマンとヘルマン・エンデから、「都市を整備するには良質なレンガ、およびレンガを製造する工場が必要である」旨の進言を受けた。これを受けて、渋沢らによって日本煉瓦製造㈱が設立されて、その工場が埼玉県榛沢郡上敷免村（現在の深谷市上敷免）に建設された。

上記「誠之堂」に使用されたレンガの一部に「上敷免製」の刻印が見られるのは、ここで製造されたことを示している。ドイツ人技師チーゼを招いて、一八八八年には日本初の機械式レンガ製造工場として創業した。東京駅や東宮御所（現赤坂迎賓館）、司法省（現在の法務省旧本館）、日本銀行旧館など多くの建築物に使用されて、日本の近代化に大きく貢献した。しかし、時代の変遷とともにレンガの需要が減少し、安価な海外産レンガの市場が拡大して、二〇〇六年には約一二〇年の歴史を有した日本煉瓦製造㈱の自主廃業が決定して、清算された。それを受けて、埼玉県深谷市に設置されていた工場の諸施設は、一九九七年に国の重要文化財に指定されていた「ホフマン輪窯」、「旧事務所」、「旧変電室」などを含めて深谷市へ寄贈されて、現在も保存・整備されている。

また、歴史的建造物ではないが、ＪＲ東日本高崎線の深谷駅は一九九六年七月に現在の橋上駅舎に改修されて、上述のように東京駅が深谷市に所在した日本煉瓦製造㈱産のレンガを使用していることにあやかり、東京駅を模した外観にされている。

写真５　日本煉瓦製造㈱の旧煉瓦製造施設（ホフマン輪窯６号窯）

写真６　JR東日本高崎線深谷駅舎正面

りそなコエドテラス（旧第八十五国立銀行本店本館）

埼玉県川越市は、文化財保護法および川越市伝統的建造物群保存地区保存条例にもとづいて、川越市幸町の全部、元町一丁目、元町二丁目および仲町の各一部に対して、「川越市川越伝統的建造物群保存地区保存計画」を一九九九年に策定して、文部省告示第一九七号において「重要伝統的建造物群保存地区」に選定されている。一八九三年に発生した大火災後の復興にあたり、上記地区の商人たちは揃って防火性が高い蔵造りを取入れ、一九〇七年頃までに重厚な蔵造り町家が立ち並ぶ町並みを形成した。その中で、異彩を放つのが一九一八年に旧第八十五国立銀行本店として完成した近代洋風建築である。一九九六年には、「あさひ銀行川越支店（旧第八十五国立銀行本店本館）」として国の登録有形文化財に登録されて、二〇二〇年までは埼玉りそな銀行川越支店として使用されていた。しかし、同支店が移転したのを受けて、二〇二四年五月一五日に複合施設「りそなコエドテラス」としてリニューアルオープンして、新たな観光名所になっている。

写真7　りそなコエドテラス（ものつくり大学・澤本教授提供）

〈参考文献〉
埼玉県ホームページ「埼玉県の文化財」
深谷市ホームページ「誠之堂・清風亭のご案内」
深谷市ホームページ「旧煉瓦製造施設」
川越市ホームページ「川越の歴史年表」
NHK 首都圏 NEWS WEB（二〇二四年五月一一日）「元銀行の建物を地域振興の拠点施設にリニューアル 埼玉 川越」

［究］

埼玉に海があった頃

土居浩

かつて埼玉に海があった。日本列島誕生の頃、縄文海進の頃、そして現代、それぞれの時代の海があった。

古秩父湾があった頃（日本列島誕生）

かつて秩父盆地の西縁が、海岸線だったという。日本列島の原型が、ユーラシア大陸から離れ始めた頃、およそ一七〇〇万年前から一五〇〇万年前にかけての二〇〇万年間の話である。古秩父湾と呼ばれるその湾は、二〇〇万年間のうちでも深くなったり浅くなったりしたことが、出土した化石から推定されている。その後、湾の東側が隆起を続けたことで、古秩父湾は閉ざされた。

写真１　パレオパラドキシア

古秩父湾があった頃の、海中で堆積した地層（海成層）が観察できる六つの露頭と、そこで棲息していた大型海獣の化石群（パレオパラドキシア化石六点とヒゲクジラ化石三点）については、二〇一六年に「古秩父湾堆積層及び海棲哺乳類化石群」として国の天然記念物に指定された。このうち、ギリシア語の「古い」と「奇妙」に由来する学名のパレオパラドキシアは絶滅した哺乳類で、北太平洋東西両岸の、約二〇〇〇万年前～一一〇〇万年前の地層から化石が発見されている。柱を束ねたような歯（臼歯）が特徴的で、その歯と骨格から、水陸両棲の草食動物であったと考えられている。日本国内からは三七か所から化石が発見されているが、八か所が埼玉県に位置している。そのうち東松山市葛袋では歯の化石が三五点発見され、一か所での数としては世界一とされる。また秩父市大野原で一九七二年に発見された全身骨格は世界で二例目であり、秩父地域では一九八一年に小鹿野町般若でも全身骨格が発見されている。このように埼玉県は、世界で一番パレオパラドキシアの化石が発見されている土地であり、二〇一六年に日本地質学会が「県の石」を選定した際には、埼玉県の化石として選ばれている。

奥東京湾があった頃（縄文海進）

時代は一気に跳んで、約七〇〇〇年前の縄文時代早期、いわゆる縄文海進の頃である。その当時、海水面が現在よりも二～三メートル高かったと考えられている。関東平野の各地は複雑な入り江となり、その最奥部は中川低地を遡り、現在の渡良瀬遊水池付近まで、つまり現在の埼玉と栃木・群馬・茨城の県境あたりまで海域が広がっていた。また荒川低地では、上尾市平方や川越市仙波まで海域が入り込んでいた。かつて存在したこの内湾を奥東京湾と呼ぶ。また荒川低地の側を古入間湾とも呼ぶ。

奥東京湾の沿岸となる現在の台地には、縄文時代の貝塚が多く分布する。この貝塚から発見された貝の種類から、奥東京湾の様子を推定することができる。たとえば、七〇〇〇年前～五〇〇〇年前の遺跡である黒浜貝塚（蓮田市）では、マガキとともに、現在の関東地方では見られない、亜熱帯種のハイガイが出土した。当時の海そして気候が、現在よりも温暖であったことが推定される。また、三八〇〇年前～三五〇〇年前の遺跡である神明貝塚（春日部市）から出土したヤマトシジミは汽水域に棲む貝であるが、一緒にコイやウナギの淡水魚、そして汽水域にも棲むイワシやフグなどの海水魚が発見されており、近くの谷から舟で、汽水域まで漁に出ていたのではないかと考えられている。

さいたま水上公園があった頃（現代）

さらに時代は跳び、現代である。「海なし県に海を」の声に後押しされ、一九七一年に埼玉百年記念事業の一つとして、既存の上尾運動公園を拡張する形で開設された県営のさいたま水上公園は、「さいたまの海」として造波プールを含む複数のプールを備えた大型レジャープール施設である。開設当初は東洋一の規模と称され、ひと夏で八〇万人以上が訪れた大人気施設だった。その後、しらこばと公園（一九七九年／越谷市）、川越公園（一九八八年／川越市）・加須はなさき公園（一九九二年／加須市）と、県営の水上公園が続々と開設された一方で、さいたま水上公園の来場者数は減少した。二〇一〇年代に入ってからは、老朽化に伴い一部のプールが廃止され、二〇一五（平成二七）年秋には「さいたま水上公園のあり方検討委員会」が設置され、検討が重ねられた。最終的に二〇二二年二月二七日、プール区域の全面的営業終了に伴い、現代の「さいたまの海」の一つが消滅したのである。

写真2　さいたまの海・水上公園
（出典）埼玉地理学会編『風土記埼玉』さきたま出版会、1977年

〈参考文献〉
埼玉県立自然の博物館『古秩父湾』二〇一六年
一木絵里「奥東京湾」『日本における縄文海進の海域環境と人間活動』東京大学博士論文（環境学研究系）二〇一二年
春日部市文化財課文化財担当「神明貝塚と縄文人の暮らし」春日部市公式サイト（ページID：5808）、二〇二二年四月二〇日
高橋快多「埼玉県における水上公園についての基礎的研究」ものつくり大学建設学科卒業論文、二〇一八年三月

5 「国道一六号線」から考える

柳瀬博一

はじめに

国道一六号線は、東京の中心部から三〇キロ外側、東京湾をふちどるようにぐるりと回る、実延長約三二六キロの環状道路だ。

三浦半島に位置する神奈川県横須賀市走水《はしりみず》から、神奈川、東京、埼玉、千葉の四都県二四の市と町を抜け、房総半島の富津《ふっつ》まで、東京から名古屋までとほぼ同距離を繋いでいる。埼玉県では、入間、狭山、川越、さいたま、上尾、春日部が一六号線の通る都市だ。開通したのが高度成長期を迎えた一九六三年ということもあり、国道一六号線は戦後日本の「郊外」を象徴する道路、というイメージが強い。

確かに一九五〇年代以降、工業地帯が発達し、サラリーマン社会が巨大化した首都圏において、新興住宅地と目されたのが一六号線沿いだった。首都圏の巨大ニュータウン一三のうち六つが一六号線の通る地域＝一六号線エリアにある。(1)

(1)　一六号線の通る二四市町自治体の人口総計は二〇一八年時点で一一八五万人。東京二三区九八四万人(二〇二四年)を上回る規模となる。

図1　国道16号線が通る首都圏（新潮社提供）

二〇〇〇年代以降、日本全国で進んだ都市のモータウン化も一六号線エリアが発祥と言える。イオンは千葉・幕張に本社を置き、自動車で来店する客を前提としたモール開発を一六号線沿いで積極的に行った。三井不動産は二〇〇〇年代、「ららぽーと」と「三井アウトレットモール」を積極展開したが、首都圏のアウトレットモール五店すべてが一六号線エリアにある。

写真1　上空から見た国道16号線エリア

一　知られざる一六号線の実像

こうした一六号線エリアは、良くも悪くも「歴史がない」イメージが強い。実際、ニュータウンを結ぶ道路であり、画一的なショッピングモールやチェーンレストランが並び、自動車ばかりが目立つ。

対比されるのは、東京都心だ。一五九〇年、徳川家康が江戸城に入城し、一六〇三年江戸幕府が成立以来、関東の中心であり、明治維新で天皇が京都から東京に居を移して以来、日本の中心でもある。日本の政治・経済・教育・文化の中心が東京都心であることは間違いない。

かくして首都圏においては、東京都心が歴史的にも経済的にも政治的にも文化的にも最上位にあり、郊外に行くほどヒエラルキーが下がる。都心から三〇～五〇キロ郊外を走る国道一六号線エリアは、「都心より下」というわけである。

中でもイメージダウンを喰らった一六号線エリアの代表格が埼玉県だろう。象徴的なのが、埼玉県に冠せられた「だ埼玉（ださいたま）」というあだ名である。

「埼玉＝ダサい＝ださいたま」は、一九八〇年代初頭、ラジオ番組「オールナイトニッポン」やフジテレビ「笑っていいとも！」を介して、タモリが広めた。毒舌コメディアンとして頭角を表していたタモリのメディア発信力は凄まじく、「埼玉＝ダサい」イメージは、あっという間に世間に定着した。

図2　魔夜峰央の漫画『翔んで埼玉』（『このマンガがすごい!comics 翔んで埼玉』／宝島社）

ちょうど同時期、一九八〇年代初頭、埼玉に関する漫画が発表された。『パタリロ！』で著名な魔夜峰《まやみね》央《お》の『翔んで埼玉』である。魔夜によれば、執筆のきっかけは、新潟から上京してきた際に漫画雑誌の編集長らの甘言に騙され、編集長の自宅がある所沢に居を構えさせられたことだったという(2)。

「埼玉＝ダサい」イメージは四〇年経った二〇二〇年代も変わらず残っている。同漫画を映画化し、二〇一九年大ヒットした『翔んで埼玉』と二〇二三年公開の『翔んで埼玉〜琵琶湖より愛をこめて』がその証拠である。映画については、武内英樹監督のインタビューを後段で別途紹介する。

ただし、埼玉を含む一六号線エリアの郊外が、東京都心に比べ「歴史がなく、文化レベルも低い」というのは、事実として間違っている。

江戸時代以前の一六号線エリアの歴史、さらには明治維新以降現代に至る一六号線エリアの歴史を眺めれば、このエリアがあってこその首都圏そして日本の繁栄だったことが明白である。

そもそも、埼玉を含む一六号線エリアには三万年以上前から、人々が居住してきた。旧石器時代、縄文・弥生時代、古墳時代の遺跡や古墳が多数発見されている。また、埼玉は

（2）　四年間の所沢生活で「恐ろしい所沢、ひいては埼玉県全体をおちょくったらおもしろい作品ができるのではないかと思いついたのです」（このマンガがすごい！comics『翔んで埼玉』宝島社刊　本人「あとがきに代えての作者の身勝手な作品紹介」より）。

古墳時代の関東の重要地域だったことはよく知られている。

埼玉の地名由来となった「さきたま」は、日本最大の円墳もある行田市の埼玉《さきたま》古墳群だ。その中の稲荷山古墳からは、国宝となっている一一五の漢字が刻まれた金錯銘《きんさくめい》鉄剣が出土しており、四〇〇年代、すでに埼玉の地にヤマト王権と繋がりのある首長と一族が存在していたことが示唆されている。徳川家康が江戸城に入城する一二〇〇年近く前の話である。

さらに徳川を含む武士社会をもたらしたのは、平安時代における関東武士団の台頭であるが、その主な起源は、埼玉県の秩父を拠点とした秩父平氏を出自とする関東平氏だ。利根川、荒川、多摩川、相模川がそれぞれ形成した下総台地、大宮台地、武蔵野台地、相模原台地の縁は、馬の育成に適しており、また水運を利用した物流も発達し、一六号線エリアには多数の武士たちが力を蓄えた。鎌倉幕府の中心を支えた武士たちの多くは、北条氏を筆頭に関東平氏であり、彼らの力がそのまま室町時代に拡張し、戦国時代へとつながる。

江戸時代を経て幕末から明治維新にかけては、一六号線エリアの生糸・絹産業が日本の近代を支え、外貨の大半を稼ぐようになった。一六号線の通る台地とリアス式海岸は、航空基地と軍港・貿易港となり、富国強兵と殖産興業を体現する場となった。

戦後、米軍・進駐軍が進駐して、米国文化が雪崩れ込み、芸能や音楽、ファッション、家具、自動車、外食などの文化が、一六号線沿いから東京を経て日本に広がった。そして二一世紀、日本の消費社会は、都心を例外として、自動車で買い物に行く自動車社会に変貌したが、先駆けが一六号線エリア、というわけである。

そして、埼玉県は、以上のような一六号線エリアから眺めた日本史において極めて重要な位置にある。ただし、現在の道をただ通り過ぎるだけでは、見えてこない。何を見るべ

写真2　行田市の埼玉《さきたま》古墳群全景

きか。
地形である。地形を気にしながら、埼玉の一六号線を旅してみよう。

二　一六号線を走ってみる

横須賀・走水を起点に西から横浜、町田を抜けて、八王子から米軍横田基地がある福生と瑞穂町を超えると埼玉県入間市である。

入間には、埼玉の一六号線エリアの今と歴史が道を隔てて向かい合っている。

東京側から走ってくると、右手に三井アウトレットモールが見えてくる。隣にはコストコ入間店。ＨＯＹＡの工場跡地である。どちらも二〇〇八年にオープンした。目の前には首都圏中央連絡自動車道（圏央道）のインターチェンジがつながる。週末ともなると首都圏各地からの買い物客が集まり、自動車の大行列が凄まじい。典型的な一六号線的風景だ。

一六号線をそのまま直進し、西武池袋線を越えると左手の道沿いに緑青色の屋根を乗せた煉瓦壁の瀟洒な洋館が見えてくる。入間市旧石川組製糸西洋館だ。国道一六号線は、幕末から昭和初期に至るまで、日本の外貨獲得手段として最重要ビジネスの道だった。「生糸」である。八王子を中継地点として、現在の一六号線に上書きされる浜街道を通り、横浜港から輸出された国内の生糸は、殖産興業の中心商品だった。

埼玉もまた生糸生産と加工の重要拠点だった。その中心にあったのが石川組製糸だった。一八九三年創業で日清戦争と日露戦争を経て一気に成長し、最盛期には国内六位の生糸出

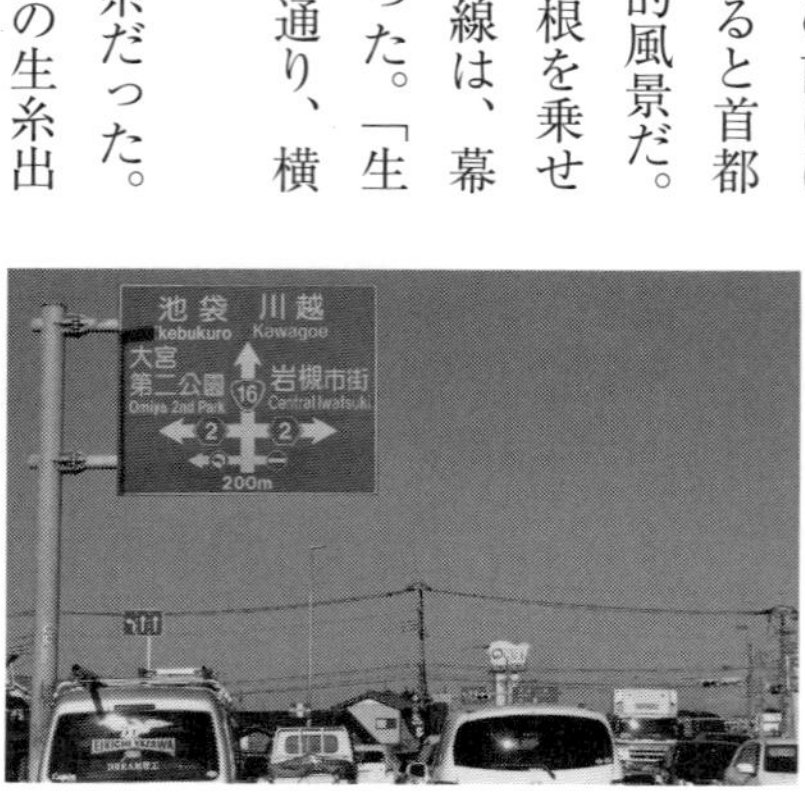

写真3　埼玉の16号線エリア

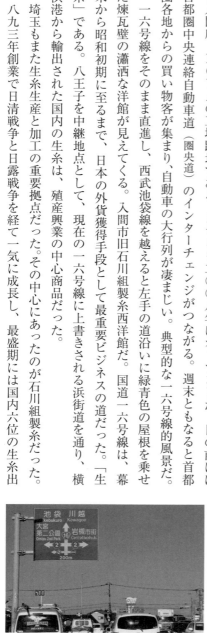

荷量を誇り、入間市内に三つ、全国各地に複数の工場を有していた。先進的な経営でも知られており、創業者の石川幾太郎はキリスト教に入信し、苛烈で知られていた生糸製造の女工待遇を大幅に改善した。石川組製糸の歴史については、三井アウトレットパークのほぼ向かいにある、入間博物館で知ることができる。

ちなみに明治期に発達した鉄道の多くが、当初、生糸輸送を目的の一つとしていた。日本屈指の製糸工場である富岡製糸場にほど近い群馬県高崎から埼玉県大宮を抜けて赤羽から上野を繋ぐ現在の高崎線は、生糸輸送が重要な役割だった。高崎線と現在の山手線がつながることで、横浜までの鉄道輸送ルートが確立したわけである。

関東の生糸集積地だった八王子と横浜を結ぶ横浜線（現ＪＲ横浜線）も一九〇八年に開通。一六号線と並行して走るこの鉄道もまた生糸を運ぶ鉄道だった。さらに、八王子と日本屈指の製糸工場である富岡製糸場にほど近い群馬県高崎を結んだのが一九三四年開通の八高線である。

埼玉の一六号線エリアは、日本の近代を支えた生糸の生産地であり加工地であり中継地点でもあった。入間の街を散策すると見えてくる。

入間市の隣は狭山市である。その狭山には、現在、航空自衛隊入間基地がある。二〇二一年夏の東京オリンピックの会場の空に五輪マークを描いたブルーインパルスが発進したのもこの基地だ。入間基地の歴史は、日本の軍事飛行場の歴史の縮図である。一九三八年に元々すぐ隣の所沢陸軍飛行場にあった陸軍の航空士官学校が移転してできた[3]。一九四五年の終戦とともに米軍が接収して、ジョンソン基地となる。

ジョンソン基地は、埼玉発の戦後文化に大きな影響を及ぼす。米軍が駐留した横須賀や

（3）　そもそも日本の航空の歴史が、一九一九年に一六号線エリアの所沢にできた航空機飛行場から始まることも記憶に留めておくべきだろう。

横浜には進駐軍クラブができ、そこでは日本の若手ミュージシャンたちが軍人相手に演奏し、戦後の日本芸能界の基礎を築いた。渡辺晋（渡辺プロダクション）、堀威夫（ホリプロ）、相澤秀禎（サンミュージック）、田邊昭知（ザ・スパイダーズ、田辺エージェンシー）は、いずれも基地のクラブで演奏していたミュージシャンである。

ジョンソン基地の将校クラブで早稲田大学の現役学生でありながら流暢な英語を操り、支配人を務めていたのが永島達司だ。後に、ザ・ビートルズを呼び寄せ、キョードー東京を設立し、海外アーティストの日本公演の市場を作り上げたのが彼である。

ジョンソン基地及びその周辺には米軍家族が住まう白い壁に広い庭のついた米国式の住宅が多数作られた。が、時代を経てジョンソン基地が縮小し、一九七三年に大部分が返還、一九七八年に完全返還され、自衛隊基地へと変貌する。その過程で、米軍住宅が一般に貸し出されるようになるが、アメリカの匂いがする一六号線沿いの広い家に目をつけたのが、若いミュージシャンたちだった。

そのうちの一人が、後にYMOを結成する細野晴臣である。大瀧詠一、松本隆、鈴木茂と組んだバンド「はっぴいえんど」を解散した細野は、港区白金の自宅を離れ、かつてジョンソン基地内にあった「ハイドパーク」（現在の稲荷山公園）周辺に点在していた米軍ハウスの一つに居を構える。

ここで、細野を中心に若手ミュージシャンやデザイナー、写真家たちが集まった。松任谷正隆、小坂忠、浅田浩、吉田美奈子、奥村靫正《ゆきまさ》などなど。ここで細野は、ソロアルバムを完成させ、さらに松任谷らとバンド「キャラメルママ」を結成する。後の「ティン・パン・アレー」だ。そして彼らがバックとなり、デビューしたのが、やはり国道一六号線沿

写真4　今もアメリカの匂いが残る一画

いの街、八王子生まれで米軍基地文化を浴びて育った多摩美術大学の学生、荒井由実＝ユーミンである。現代につながる日本のポップミュージックと海外音楽輸入の歴史は、埼玉県狭山と入間から始まっているのだ。

三 「江戸風情」の残る川越

一六号線の狭山市の道沿いにはホンダ狭山工場があるが、川越市に近づくにつれて、物流センターが目立つようになる。アマゾンやヤマト運輸の物流センターも一六号線沿いだ。そして川越市である。

一六号線の重層性を見るのであれば、川越市に行くのが一番だ。

第二次世界大戦の空襲で都市部の大半が焼け野原になった首都圏において、川越は数少ない「江戸風情」が残る街である。武蔵野台地の縁にある小江戸は、漆喰壁の商家が並び、平日から国内外の観光客でごった返す。先には川越城。一方、国道一六号線の通っているところは「小江戸＝川越」をかすりもしない。武蔵野台地の下、荒川の河川敷から低地を走っている。ラブホテルとゲームセンターと地元ショッピングモール・ウニクス、地元スーパーのヤオコーが並ぶ。

川越には、一六号線エリアの歴史的、文化的、経済的なキャラの大半がつまっている。そのキャラとは、台地と河川がセットとなった地形。古代から人が住まう。関東武士が台頭し、城や寺社が目立つ。近代は生糸・綿産業が発達。軍用地としても重要な地位を占め

写真5　川越は江戸風情漂う

る。高度成長期には第二次産業の集積地。ベッドタウンとして人口が増大。二一世紀は郊外文化の拠点となる。以上である。

川越は武蔵野台地の北端に位置し、眼下には荒川、入間川が流れる。旧石器、縄文、弥生、古墳と人々の営みがあり、平安時代には河越氏が活躍。室町時代には、太田道灌が河越城を江戸城、岩槻城と同時につくり、首都圏の地政学的な基礎を固める。江戸時代には譜代大名が河越城に入り、街は賑わう。明治以降は生糸、絹、綿といった重要輸出産業が発達、一九六三年に国道一六号線が開通すると川越から狭山にかけてが工業地帯となり、いま旧市街は観光地として人気を博す。

都心に向かう通勤客と観光客の五〇%以上は、川越を訪れるときに鉄道を使う。一方で、地元住民の足は自動車が主体だ。国道一六号線に加え、市内を走る国道二五四号＝川越街道が東京都心と松本とを結ぶ。高速道路も二つ。練馬を起点とする関越自動車道は、一六号線との交差点に川越インターチェンジを設けている。ホンダやロッテなどが入居する川越狭山工業団地の目の前だ。外側には圏央道が通る。関越自動車道と交差する鶴ヶ島インターチェンジは市街から数キロ圏内だ。

自動車と鉄道が交錯するのは、一六号線沿いの都市構造の大きな特徴である。それがわかりやすく可視化されているのが川越である。

荒川を越えると、埼玉県の県庁所在地、さいたま市だ。一六号線は、東京を除くと神奈川は横浜、千葉県は千葉と県庁所在地を縦断する。東京都以外において一六号線は「郊外の道」だけではない。むしろ「都市幹線道路」でもある。

さいたま市から上尾市、春日部市を通るルートにおいて、注視すべきは、実は「川」で

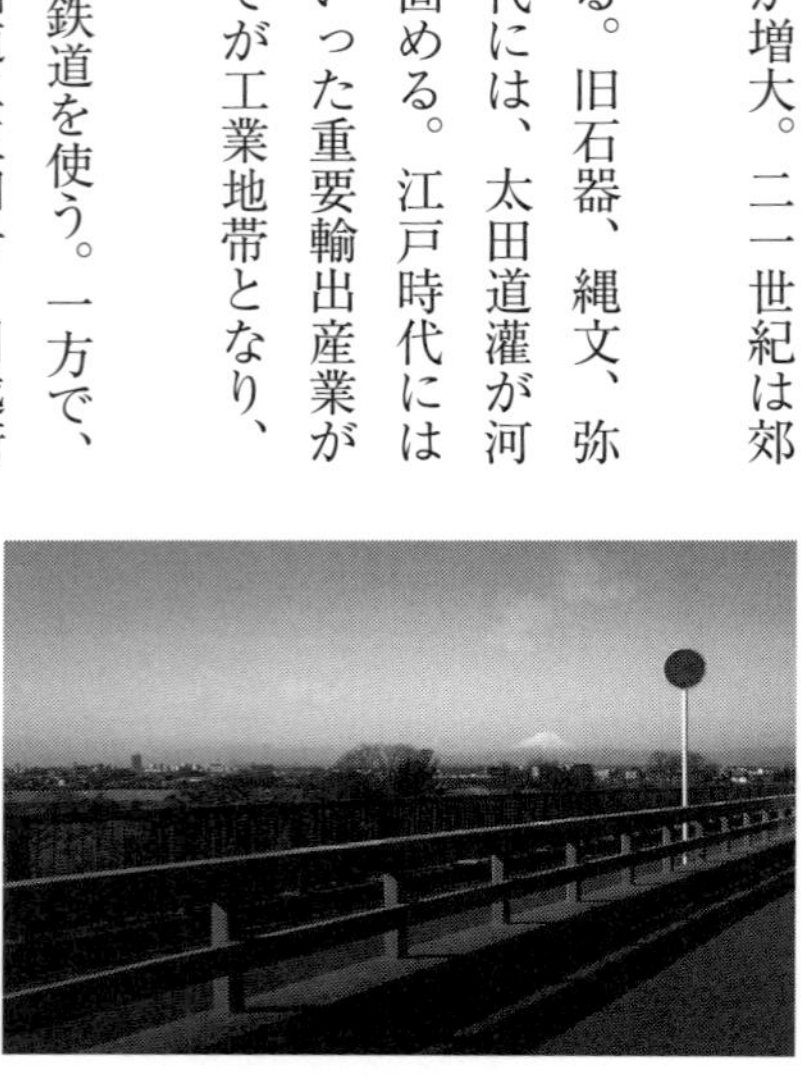

写真6　郊外の道。遠方に富士山が浮かぶ

ある。約二〇キロの間に、鴨川、芝川、見沼代用水、綾瀬川、元荒川、古隅田川、大落古利根川、幸松川、倉松川、中川、一八号水路、そして無数の農業用水と、実に多数の川が流れている。

そしてこの多数の河川を御している「装置」がある。二〇〇六年に完成した、春日部市の一六号線の地下に設けられた世界最大級の地下放水路「首都圏外郭放水路」（通称「地下神殿」）だ。(4)

一六号線の地下五〇メートルには、直径一〇メートル全長六・三キロのシールドトンネルがつくられている。先ほどの川の上流部が豪雨に見舞われて増水すると大落古利根川、幸松川、倉松川、中川、一八号水路の脇に設けられた高さ七〇メートル内径三〇メートルの立坑に水が流れ込み、シールドトンネルを伝い、江戸川沿いの地下に用意された長さ一七七メートル、幅七八メートル、高さ一八メートル、五九本の巨大なコンクリートの柱が林立する調圧水槽に流入する仕組みだ。

水は計画的に江戸川へと放水される。地下神殿の最大容量は東京ドームの半分、約六五万立方メートルある。見学可能なので足を運んでみるとよいと思う。埼玉県、茨城県、東京都の約三四七万人が暮らす中川・綾瀬川流域を守る役目をその目で確認できる。

おわりに

さらに言えば、この地下神殿は、さまざまな番組で「秘密基地」としてロケ地になって

（4）「地下神殿」については第Ⅲ部5で詳しく述べる。

いる。映画『翔んで埼玉』のラストシーンでは、埼玉県民たちが集まり、「世界埼玉化計画」を宣言する。その場所こそが、首都圏外郭放水路なのだ。

二〇一九年一〇月、関東地方に上陸し、数多くの爪痕を残した巨大な台風一九号の際も、地下神殿がフル稼働し、四日で東京ドーム九杯分、約一二一八万立方メートルの水を処理した。過去三番目に多い量だったが、見事に役目を果たし、下流部での洪水発生を防いだという。

この施設は江戸川のほとりにある。橋を渡れば、千葉県野田市だ。埼玉の一六号線を走るだけで、この県の深層に眠る歴史と価値に触れることができる。

interview

『翔んで埼玉』と日本埼玉化計画と国道一六号線

柳瀬博一

――その昔、埼玉県民は東京都民からそれはそれはひどい迫害を受けていた。通行手形がないと東京に出入りすらできず、手形を持っていない者は見つかると強制送還されるため、埼玉県民は自分たちを解放してくれる救世主の出現を切に願っていた。

（映画パンフレット『翔んで埼玉』より）

［解説］

一九八三年発表された魔夜峰央原作の『翔んで埼玉』は、当時席巻した埼玉県の「ダサいたま」イメージを強烈なギャグ漫画として提示した。そして四〇年前のこの漫画が、二〇一九年、実写化されて大ヒットした。二〇二三年には続編の『翔んで埼玉～琵琶湖より愛をこめて』も話題を呼んだ。関西に舞台を移し、関東における東京と埼玉の関係と相似形にある（という見立てで）大阪と滋賀＝琵琶湖を取り上げる。

主人公は二人、東京の超名門校白鵬堂学院を牛耳る都知事の息子にして生徒会長の壇ノ浦百美（二階堂ふみ）と、アメリカから転校してきた眉目秀麗な麻実麗（ＧＡＣＫＴ）。麻実は東京丸の内の大手証券会社の御曹司だが、その正体は埼玉県の大地主西園寺家の息子。将来都知事となって通行手形制度を撤廃し、埼玉県民が自由に東京に出入りできる未来をつくるのが、彼の秘めたる野望だ。

映画に登場する「埼玉的」な町は、いずれも一六号線エリアにある。埼玉県民である麻実の正体がばれたとき、彼が東京から逃げ込む春日部、埼玉県の大立者、麿赤兒演じる西園寺が居を構える所沢、さらに、劇中では東京都内でありながら「都会指数ゼロ」というポジションで語られる八王子に町田である。

一六号線らしき道も『翔んで埼玉』には登場する。東京から埼玉へと逃亡する麻実と壇ノ浦は、池袋から、埼玉と敵対する千葉県にいったん入る。そして、柏から野田、埼玉の春日部へとつながる草深い未舗装の「農道」を通る。ミノをかぶった農夫三人が引っ張る荷車（どうやらこれが公共交通機関らしい）に二人は身をひそめ、県境越えを目論む。荷車に下げられた行き先は「柏↓野田」とある。柏から野田、春日部に抜ける道といえば一六号線しかない。

極めつけは江戸川を挟んで埼玉県勢と千葉県勢が対峙する決闘シーンである。登場するのは、トラクターにヤンキーに暴走族に改造バイク、電飾が眩しいデコトラだ。おっかない車が走る道、一六号線のパブリックイメージがギャグの要素として利用されているわけだ。

『翔んで埼玉』『翔んで埼玉〜琵琶湖より愛をこめて』の監督である、武内英樹監督に伺った。

武内英樹監督に聞く
――微妙な郷土愛を描きたかった

聞き手／井坂康志

『翔んで埼玉』を撮るまで、埼玉県をちゃんと訪れたことがありませんでした。

埼玉を知ろうと思い、ロケバスで各地を訪れてみました。

草加に足を運んでみると、低層の建物が並ぶのっぺりとした風景がずっと広がっている。都会でもない、かといって田舎でもない。埼玉の中心である大宮駅前でいきなり目にしたのはジャージ姿でスリッパを履いている女の子。

最初の印象は、なんてつまらない風景なんだ、と、まだヤンキーがいる！　だったんです。

でも、さらに埼玉を調べていくうちに印象が変わりました。暮らす側に立つと、埼玉は最高の故郷ではないか。交通の便がいい。池袋にも新宿にも渋谷にも一本で行ける。新幹線が気軽に利用できる。軽井沢にも、金沢や新潟にも、東北にもすぐに行けるし、冬になればスキー場だってアクセスが楽。

さらに、多様性もある。一作目が上映されたとき、県内の複数の映画館でお客さんの反応を観察しました。街によってまったく異なる。浦和の映画館は、いささかシニカルな反応で、川口と所沢では爆笑の渦でドッカンドッカンと受けている。埼玉の人の郷土愛は、多様なのだ、と実感しました。

　でも、こうした「良さ」は住んでいないとわからない。

埼玉ポーズ

左から、井坂康志（ものつくり大学）、武内英樹（映画監督）、若松央樹（フジテレビジョン）、新井千里（テレ玉）

　僕自身千葉県千葉市出身なので、埼玉の一見中途半端な立ち位置は我が事のようでした。若いときは、東京にコンプレックスがあった。稲毛海岸があって、自然も近くにあって、千葉、東京・港区なんかより魅力的じゃないか、と思えるようになったのは、大人になってずいぶん経ってからです。

　『翔んで埼玉』シリーズでは、この微妙な郷土愛を東京との比較でお笑いにしながら描けるかどうかが勝負でした。

　ちょっとでもズレると悪口になるか、ぬるくなるか。匙加減が難しかったのですが、埼玉の人たちの「東京に馬鹿にされている」けど「うちらなりの誇りがある」意識を具現化しようと試みました。千葉県民の自分の感情を埼玉に置き換えて映画を作った感覚があります。

　『琵琶湖より愛をこめて』では、埼玉と東京の関係を琵琶湖＝滋賀と京阪神の関係に対比させることで、都会じゃない故郷への郷土愛を普遍化できたのでは、という思いがあります。

　最後に一つ懸念は、一作目に「日本埼玉化計画」を描いたのですが、この埼玉化が、「画一的な郊外の風景」に日本が染まることだとすると寂しい。

　埼玉に限らず、日本の郊外は、巨大モールが並ぶ同じ風景が目立ちます。東京に突っ込まれる微妙さこそ、埼玉も千葉も滋賀も、それぞれの郷土の価値だと思います。

［訪］

越谷レイクタウン

柳瀬博一

首都圏の消費の中心地

二〇〇八年から二〇〇九年にかけて、埼玉県東部地域が突然首都圏の消費の中心地としてクローズアップされるようになった。

二〇〇八年三月に越谷市内に越谷レイクタウンがオープンし、翌二〇〇九年九月に隣の三郷市内にららぽーと新三郷がオープンしたからである。

越谷レイクタウンの中心にあるイオンレイクタウンはその名の通り、事業主体がイオングループである。店舗面積は、kaze、mori、アウトレットの三つの棟を合わせると二四万五〇〇〇平方メートル、店舗数は七〇〇を超え、一商業施設として日本一の面積を誇る。

写真１　イオンレイクタウンの風景

ららぽーと新三郷の事業主体は三井不動産。店舗数は一八〇店程度、店舗面積は五万九〇〇〇平方メートルと、レイクタウンに比べるとこぢんまりとしているが、米国系のコストコホールセール新三郷倉庫店（店舗面積一万五〇〇〇平方メートル）、スウェーデン系のＩＫＥＡ新三郷（売り場面積二万七五〇〇平方メートル）が、隣接して出店しており、差別化が図られている。

どちらもＪＲ武蔵野線の越谷レイクタウン駅と新三郷駅が目の前にある。ただし、武蔵野線は、環状線であり、埼玉から千葉にかけての郊外を繋いでいるが、都心は通っていない。都心と二つの巨大商業施設を結ぶのは、高速道路、首都高速常磐道と東京外環道である。

つまり、どちらも首都圏において自動車で消費する人々を対象とした動線設計がなされているわけだ。だから駐車場面積がケタ違いである。イオンレイクタウンは一万四〇〇台の自動車が駐車可能で、新三郷の三店舗の駐車場の収容台数は二八〇〇＋九〇〇＋二五〇〇＝六二〇〇台。面積比で比べると、イオンを上回る規模である。ホールセールのコストコとＩＫＥＡは大量の買い物や大型商品を自分で運びたい人たちが顧客層なので、必然、自動車でのアプローチが標準となるからである。

そこは高度な車社会

日本の交通は電車が中心、と思っている人は多い。が、鉄道だけで不自由なく暮らせるのは、首都圏の一六号線の内側と京阪神の中心部に限られる。九六〇万人が暮らす東京二三区においても環状八号線を超えたあたりから、自動車の利便性が電車を圧倒的に上回るようになる。

一六号線の内側だが、越谷や三郷においては、地域住民の多くが日常生活に自動車を多用している。二〇〇八年の三郷市の代表交通利用分担率は、自動車が三七・九％、自転車（二一・七％）、徒歩（一七・五％）、鉄道（一六・九％）である。隣接する越谷も同様の傾向のはずである。

日本のモータリゼーションが本格化するのは、一九九〇年代に入ってから。トヨタ・カローラや日産サニーがデビューした一九六〇年代後半のイザナギ景気の時にモータリゼーションが起きたと言われるが、絶対台数は増えたものの、日本人が自動車を「足」で使うモータリゼーションが当たり前になる台数ではなかった。自家用乗用車の保有台数が三〇〇〇万台を超えるのは一九八九年であり、世帯当たり保有台数が一台を超えるのは一九九五年以降。二〇二三年の自家用乗用車の保有台数は六一九五万三一三五台で過去最高である。戦後、自家用乗用車数がマイナスに転じたことは一度もなく、いわゆる「車離れ」はデータを見る限り日本には存在しない。

さらに九〇年代前半は、米国との貿易摩擦の結果、大型店舗の出店をめぐる規制が撤廃され、外資系の進出や郊外への大型店舗設置が容易になったこと、バブル崩壊で高級消費からディスカウント消費に消費の性向が変化したこと、など複数の要因が同時に起き、二〇〇〇年代、自動車を「足」にした郊外消費が一気に広がった。越谷と三郷の大型商業施設はその象徴と言える。

共通点は「治水」機能

ただし、この二つの場所は、もう一つの側面を持つ。それは「治水」である。

越谷レイクタウンのレイク＝湖とは、敷地内の中心にある巨大な調整池のことである。面積は三九・五ヘクタール、調節水量は一二〇万立方メートル。新三郷にも新三郷らららシティ調整池ポンプが三か所に渡って設けられている。

写真2　元荒川

実は、越谷レイクタウンがあるのは、日本屈指の巨大な水害が起きる可能性がある場所である。レイクタインのすぐ東には元荒川が流れており、さらにその東には古利根川が流れており、レイクタウンの脇でこの二つの川が中川と合流する。新三郷はさらにその東で江戸川と挟まれている。元荒川も古利根川も、江戸時代初期まで、それぞれ荒川と利根川の本流だった。関東平野と秩父山系の流域の雨水がかつてこの越谷に集約されていた。結果、越谷から三郷にかけては、水害多発地帯だったのである。それを解消したのが実は徳川家康である。

江戸時代初期まで、荒川（現在の元荒川）と利根川（現在の大落古利根川）の本流が接するように大宮台地を刻んでおり、二本の川は下流の越谷で合流し、入間川（現在の荒川）と一緒になり、現在の隅田川の流路を辿って東京湾に流れ出ていたわけだが、荒川と利根川の二つの巨大河川を御さなければ関東平定はできない。

そこで、江戸時代初期に江戸幕府は一大治水事業を行った。河川改修にあたったのは関東郡代の伊奈忠次ら伊奈一族だ。利根川と荒川の流路を変えて東西に振り分けたのだ。大宮台地に今も流れるいくつもの川は治水対策「利根川東遷」と「荒川西遷」の名残だ。

ただしこれだけの治水を行っても、利根川や荒川の上流部に大雨が降ると下流部では水害が起きた。一九四七年のカスリーン台風は関東地方全域と東北の一部に大水害をもたらし、徳川幕府によって流路を変えられた利根川と荒川の堤防が決壊し、もともとの流れを伝って埼玉から東京の低地である足立区、葛飾区、江戸川区を濁流が襲った。

河川を付け替えても地形は変わらない。このため想定雨量を超えると水害が起きる。そこで、上流部の水量を調節すべく、一六号線沿いの地下を結界として首都圏下流部の水害を防ぐべく、二〇〇六年に設置されたのが、前述の首都圏地下放水路（通称「地下神殿」）であった。その二年後に、下流部で治水と地域振興を兼ねてオープンしたのが巨大な調整池を設けたレイクタウンであり、ポンプを備えた新三郷というわけである。商業施設の地下と足元に東京下町の水害を防ぐための機能を備えているわけだ。

埼玉の巨大モールは東京の守り神の顔を持つ。

第II部

埼玉の産業・文化——魅力の源泉

1 埼玉の産業集積

眞鍋伸次

はじめに

埼玉県は、都市部もあれば過疎問題に直面する中山間地域もあり、農業・工業からサービス業まで多様な産業が存在する。そのため「海がないことを除けば、埼玉県は日本の縮図」と言われることがある。とりわけ製造業は地域経済の基盤を支える重要な産業であり、埼玉県では戦後から高度経済成長期を経て京浜工業地帯の大企業を支える機械、部品、金属加工などの事業者が展開し、その後は首都圏の台所を支える食料品製造業をはじめ多様な業種の製造業により牽引されてきた歴史がある。

筆者は、長年、埼玉県内の企業支援や地域活性化に携わってきた経験から、埼玉県の産業には二つの特徴があると考えている。一つ目は、日本のものづくり産業を支えるものづくり基盤技術を持つ中小製造業が多いことである。もう一つは、食品産業が盛んで首都圏に向けた食料品供給の中心地としての役割を果たしていることである。食品産業で首都東京を支えている事象として「あの東京土産が実は埼玉県で製造されている」という事例もある。

埼玉県の特徴として、「特徴がないことが特徴」「自慢しない県民性」などといわれることがある。埼玉県のものづくり産業も食品産業も表舞台で主張することはせず、黒子的な役割でありながらも、日本や首都圏を支える産業となっている。本章では、このような埼玉県のものづくり産業と食品産業の奥深さを紐解いていきたい。

一　統計で見る埼玉の製造業

事業所数・製造品出荷額等の現在地

埼玉県の二〇二〇年現在の人口は約七三四万人であり、全国五位の規模を有している。一方、製造業の事業所数は一万三二一六事業所（二〇二一年）であり、大阪府、愛知県、東京都に次いで全国四位である。また、製造品出荷額等（二〇二一年）は一四兆二五四〇億円であり、愛知県、大阪府、神奈川県、静岡県、兵庫県に次いで全国六位の規模である。全国的に見ると、一事業所当たりの従業員数が少なく、中小製造業が多いことがわかる。

業種別の製造品出荷額等の構成比を見ると、輸送機械が一六・九％で一位、食料品が一四・二％で二位、化学が一二・〇％で三位となっており、これら三業種で全体の四三・二％を占めている。全国での順位は、輸送機械が全国八位、食料品が全国二位、化学が全国八位と食料品が全国上位に位置している。

一方事業所の構成比を見ると、金属製品が一六・七％で一位、生産機械が一一・一％で二位、印刷・同関連が七・八％で三位、プラスチック製品が七・八％で四位、食料品が六・八％で五位となっている。製造品出荷額等一位の輸送機械は事業所では七位となり、同四位の金属製品、九位の生産機械が事業所では各々一位、二位を占めている。

統計から埼玉県製造業の特徴としては、大手自動車メーカーや自動車部品メーカーを中心とする輸送用機械器具製造業と、首都圏の台所を支える食料品製造業が製造品出荷額の多くを占めており、それらを支える優れた技術力を持つ中小の金属製品製造業や機械器具製造業等が数多く立地していると読みとれる。

埼玉県は食料品の製造品出荷額等が全国二位で、「首都圏の食料供給基地」と称される。品目別でも、全国一位となっているものが多く存在する。例えばアイスクリーム、ビスケット類・干菓子、他に分類されない菓子類、和風めん、中華めん、総菜、すし・弁当・おにぎり、調理パン・サンドイッチなどがその中に含まれる。全国シェアでは香辛料が二七・〇％と最も高く、食料品の中でも特にスーパーマーケットやコンビニで販売されている商品が多いことが特徴である。

埼玉県の化学は、医薬品と化粧品が主力で、出荷額全国一位となった品目に、おしろい、化粧水、乳液などがある。やはり首都圏という巨大マーケットを背景に、生活関連の製品が発展している。

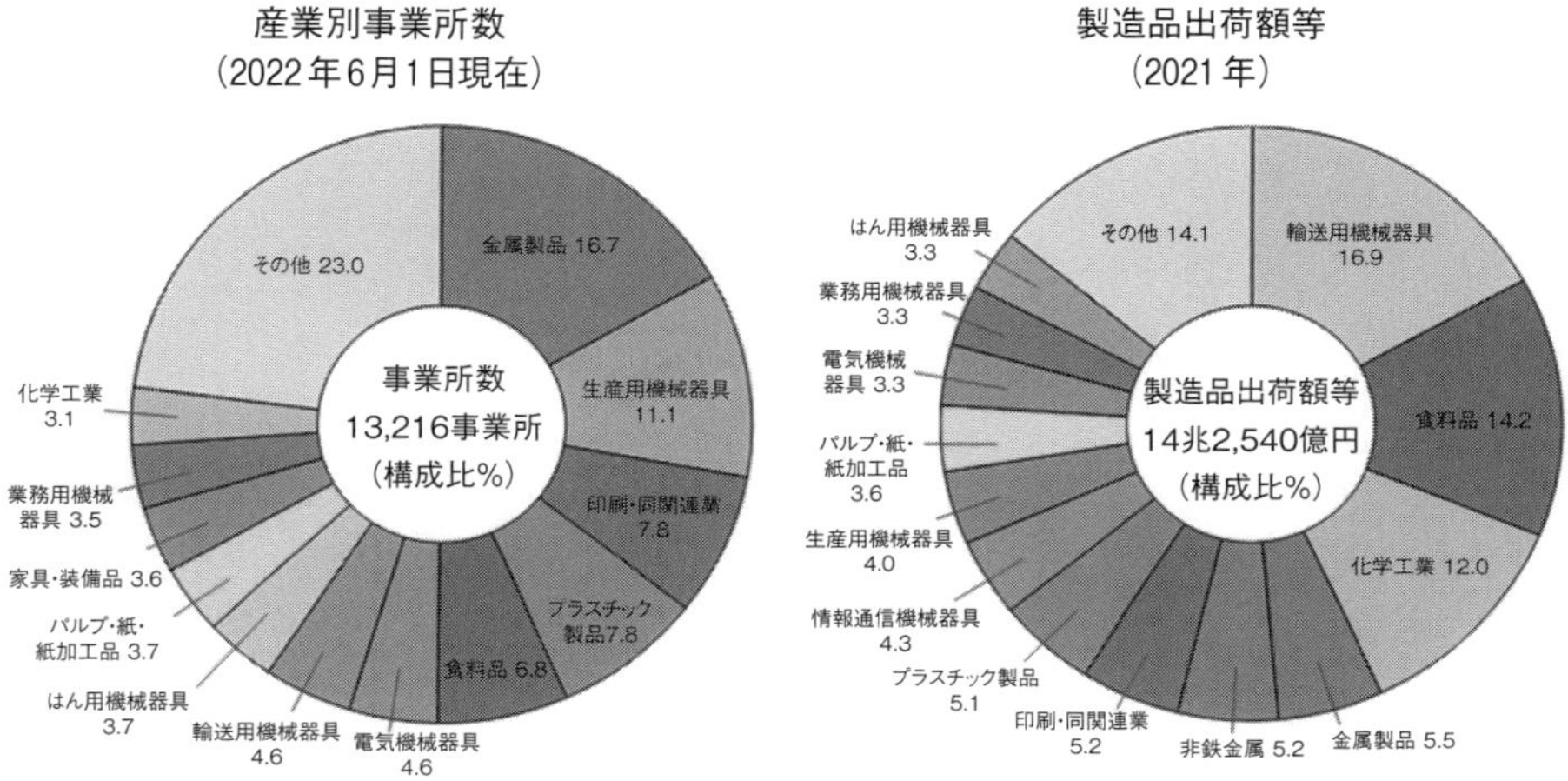

図1　埼玉県の製造業における産業別事業所数・製造品出荷額等の構成比

出典：埼玉県「統計からみた埼玉県のすがた 2024年版」（総務省、経済産業省「経済構造実態調査」）

金属製品としては、金・同合金展伸材、アルミニウム・同合金鋳物、亜鉛ダイカスト、非鉄金属鍛造品などが一位となっており、ものづくり産業を支える基盤産業が集積していることがわかる。

その他特徴的なところでは、製パン・製菓機械・同装置が一位となっており、双眼鏡が全国シェア六三・二%、節句人形、ひな人形が四四・六%、テニス・卓球・バトミントン用具が六三・一%で高いシェアを誇っている。

表1　埼玉県が全国シェア1位の主な品目

品目	出荷金額（百万円）	全国シェア（%）
アイスクリーム	95,275	23.8
香辛料（練製のものを含む）	44,632	27.0
精米（砕精米を含む）	83,393	12.1
ビスケット類、干菓子	68,279	15.2
他に分類されない菓子	108,917	15.4
和風めん	33,848	12.0
中華めん	37,064	16.9
そう（惣）菜	99,217	9.2
すし、弁当、おにぎり	122,653	11.1
調理パン、サンドイッチ	45,106	12.7
角底紙袋	16,329	29.5
段ボール箱	122,561	9.1
フォトマスク	22,652	27.8
一般インキ	88,835	34.1
おしろい	13,031	35.7
化粧水	43,052	17.2
乳液	24,266	20.2
プラスチック成形材料	93,298	20.1
金・同合金展伸材	75,509	60.2
アルミニウム・同合金鋳物	37,721	26.0
亜鉛ダイカスト	7,865	22.6
非鉄金属鍛造品	18,601	19.7
金属製サッシ・ドア	17,593	9.8
製パン・製菓機械、同装置	15,330	26.6
動物用医療機械器具、同部分品・取付具・附属品	1,755	45.7
双眼鏡	3,542	63.2
小形モータ（3W未満のもの）	7,961	26.4
特殊車(スポーツ、実用車を含む)	20,078	96.9
節句人形、ひな人形	3,422	44.6
テニス・卓球・バドミントン用具	14,802	63.1

出典：経済産業省「2022年経済構造実態調査（製造業事業所調査）」

二　日本のものづくり産業を支える「部品立県」

ものづくり基盤技術

中小の金属製品製造業や機械器具製造業などが持つものづくりを支える優れた技術のことを「ものづくり基盤技術」という。ものづくり基盤技術は、自動車や産業用機械、電気製品などの広範囲な産業分野に用いられている共通基盤的加工技術分野のことで、わが国製造業の国際競争力は、鋳造、鍛造、めっきなど、ものづくりの基盤となる優れた技術を有する中小企業に支えられてきた。

二〇世紀後半に、日本の製造業はその生産拠点を海外に移転させる動きが進み、その結果、国内のものづくり産業が空洞化していく中で、ものづくり基盤技術を有する産業の重要性が再認識され、一九九九年三月にものづくり基盤技術振興基本法が制定された。

行田市に立地する「ものつくり大学」は、その翌年に策定されたものづくり基盤技術基本計画に国の支援が明示され、二〇〇一年に設立された。一般の工科系大学では研究室での実験や座学が中心の教育であるが、ものつくり大学は、技能を身につけた技術者を育成することを教育理念として掲げ、実寸大のものづくりが可能な機械や装置を活用した実習を重視している。ものつくり大学が埼玉県に誘致されたのも、埼玉県にものづくり基盤技術を有する中小製造業が多く集積していることと関連しているといえる。

川口の鋳物

埼玉県を代表するものづくり基盤技術の産業として知られるのが、川口の鋳物である。映画『キューポラのある街』の舞台として全国的に知られ、また、一九六四年の東京オリンピックで使用された聖火台は、戦後の復興を象徴する日本のシンボルとして川口の鋳物を代表する作品として知られる。

川口の鋳物の起源は複数の説があるが、江戸時代には鍋や釜などの日用品鋳物から始まり、近代化が進むにつれて、京浜工業地帯の近くに位置することから、土木建築用鋳物や機械鋳物の生産が増加し、川口は鋳物を母体とした機械、部品、金属、精密加工などのものづくり産業が集積する地として発展してきた。

川口の鋳物は、消費者向けの最終製品ではなく、京浜工業地帯の工場の生産工程を支えるものづくり基盤産業として発展し、鋳物を母体とした機械や金属工業は、相互に結びつき、特定分野の関連企業等が集積する産業クラスター[1]を形成している。

埼玉の自動車産業

埼玉県は自動車産業において重要な役割を果たしている。大手自動車メーカーの工場だけでなく、多くの自動車部品メーカーも集積している。具体的には、本田技研工業㈱埼玉製作所が、寄居町に完成車工場、小川町にエンジン工場を置き、さらに埼玉県を拠点とする自動車部品製造業としては、㈱ジーテクト（さいたま市大宮区）、㈱エフテック（久喜市）、八千代工業㈱（狭山市）などが挙げられ、他にも多くの自動車部品製造業も埼玉県に集積している。

写真1　東京オリンピック聖火台の初号機（提供：川口市）

(1) 戦略論の大家マイケル・ポーターが提示した概念。「特定分野における関連企業、専門性の高い供給業者、サービス提供者、関連業界に属する企業、関連機関（大学、規格団体、業界団体など）が地理的に集中し、競争しつつ同時に協力している状態」を指す。

自動車産業は、メーカーだけでなく、サプライヤーやディーラーも含めた生態系で成り立っている。特にサプライヤーの中で、メーカーと直接取引する総合部品メーカーは「ティア1（Tier1）」と呼ばれ、その下には半導体、鍛造、プレスなどの部品を納品する「ティア2（Tier2）」、さらにその下に金型や素材を納品する「ティア3（Tier3）」が続いている。このように、自動車産業は階層構造のサプライチェーン[2]で製造されている。

特に埼玉県では、自動車産業を支える基盤技術を持つ中小製造業が集積しており、その存在が産業の発展に貢献している。

(2) 原材料の調達から生産、加工、流通、そして販売により消費者に提供されるまでの一連のプロセス（流れ）を指す。

埼玉の光学

埼玉県のさいたま市（旧大宮市）と東京都の板橋区周辺は戦時中、光学兵器生産の拠点があった。戦後、板橋区周辺にあった光学レンズ関連の工場が埼玉県に進出し、光学産業の集積が始まった。現在では一部の生産拠点は移転したが、光学レンズの製造品出荷額等が全国一位になったこともある。中心的な企業として、世界初の一眼レフカメラ用の交換マウントを開発した㈱タムロン（さいたま市見沼区）やガラス素材の開発から光ファイバー、レンズなどの加工を手がける㈱住田光学ガラス（さいたま市浦和区）が知られている。

タムロンは、ミラーレスカメラ用交換レンズ、一眼レフカメラ用交換レンズなどをカメラ愛好家やプロフェッショナルユーザーに提供し支持を得ている。同時に産業用に監視カメラ用レンズ、工業用マシンビジョンレンズを世界に展開し、近年では車載用レンズやドローンなどに組込み可能なカメラモジュールを開発するなど進化を続けている。

住田光学ガラスの製造している光学ガラスは、紫外から赤外まで高い透過率を持つ広帯

写真2　タムロンの車載用レンズ（提供：タムロン）

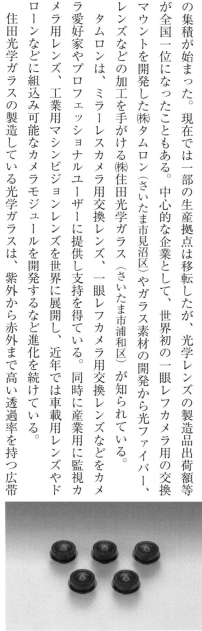

域ガラスをはじめ、目には見えない光を可視光に変換する機能性ガラスや非球面レンズなど、二〇〇種類を超える。各種カメラや光通信用のレンズ、内視鏡の光ファイバー、半導体装置向けの光学部材など、さまざまな製品の要となる部分に住田光学ガラスの製品が使われている。

埼玉県は、双眼鏡の品目別の出荷額全国一位でシェア六三・二％を占めている。鎌倉光機㈱（蕨市）は国内外の大手光学メーカーに双眼鏡をＯＥＭ[3]供給しており光学業界では名高い世界企業である。近年ではレーザーを使った距離計の販売が拡大し、独自開発の防振双眼鏡の販売も開始した。

川口の鋳物、自動車産業、光学などを例に挙げると、埼玉県のものづくり産業の特徴が浮かび上がる。埼玉県では、最終製品を製造する有名企業は少ないものの、ものづくり基盤技術を駆使して基幹部品や材料、ＯＥＭ供給を行っている製造業が集積している。このことから、埼玉県は「部品立県」として日本のものづくり産業を支えていると言えよう。

写真3　住田光学ガラスの機能性ガラス（出典：住田光学ガラスWebサイト）

（3）委託者のブランドでの生産。

三　首都圏の食料供給基地

成長を続ける食料品製造業

埼玉県の食料品の製造品出荷額等は全国二位であるが、この一〇年間で一兆四〇七四億円（二〇一一年）から二兆二七七億円（二〇二一年）と四四％増と大きく伸びている。その背景には埼玉県の高速道路網の充実がある。

埼玉県の高速道路網は、放射路線の常磐道、東北道、関越道と環状線の圏央道、外環道が走り、埼玉県を扇の要にして東北方面、北陸方面、関西方面への高速道路ネットワークが形成されている。首都圏で四〇〇〇万人の巨大市場に向けた食料品製造工場が多く立地している。「食料品製造業」と一言で言っても、その幅は広く、スーパーマーケットやコンビニで売られている惣菜、弁当、おにぎり、サンドイッチを供給するベンダー企業から、NB（ナショナルブランド）の加工品、お菓子や調味料などを作る大手食品メーカーの工場もある。埼玉県では大手食品メーカーの協力工場やOEM供給を行う中小製造業も多く、その裾野が広がっている。

コンビニとともに発展

埼玉県には大手食品メーカーの工場が多い一方、コンビニの拡大に伴い急成長した県内企業がある。その代表例が、「ガリガリ君」で有名な赤城乳業㈱（深谷市）と「ご飯がススム」で有名な㈱ピックルスコーポレーション（所沢市）だ。

「ガリガリ君」は一九八一年に販売されたが、当初は販売本数が思ったように伸びなかった。赤城乳業はメインの販売チャネルをコンビニに置き換えることで、販売金額は一〇年で約三倍にまで伸びた。ピックルスコーポレーションは、二〇〇九年一〇月に「ご飯がススムキムチ」を発売した。この商品は、キムチは辛いとされるイメージを覆すもので、発売当時は「常識を破る」というコンセプトが話題となった。

写真4　赤城乳業の「ガリガリ君ソーダ」（出典：赤城乳業Webサイト）

写真5　ピックルスコーポレーションの「ご飯がススムキムチ」（出典：ピックルスコーポレーションWebサイト）

東京土産「実は埼玉で作っています」

東京土産として知られる商品が実は埼玉で作られている。浅草の定番土産の一つ「常盤堂 雷おこし」は大宮工場（さいたま市西区）で製造されている。同様に東京土産と言われる「東京銘菓 ひよこ」も草加市にある東京工場で製造されている。

さらに、地元企業が黒子としてOEM供給するケースも見られる。一九九一年に誕生した『東京ばな奈「見ぃつけたっ」』は、所沢市にある食品機械メーカー㈱マスダックが「東京ばな奈ファクトリー」でOEM生産している。また、㈱シェリエ（本庄市）も有名ホテルのお菓子をOEM供給している。現在の食品表示法では、有名ブランドのお菓子であってもOEM供給されている場合、製造した企業の名称や所在地が表示対象となっている。パッケージの裏側を見ると「メイド・イン埼玉」のお菓子を発見できるかもしれない。

食品産業とものづくり産業の重合

埼玉県は、品目別の製造品出荷額等で「ビスケット類」「他に分類されない菓子」で全国一位、「菓子パン」で全国二位と、パンや菓子類の供給が多い。また、「製パン・製菓機械、同装置」の生産高も全国一位となっており、パンや菓子類を作る機械も埼玉県で多く製造されている。「食品産業とものづくり産業の重合」とは、食品を製造する過程で機械や装置、または加工技術などのものづくり産業が利用されることを意味する。この分野で注目される企業として、㈱愛工舎製作所（戸田市）と前述した㈱マスダックが挙げられる。

愛工舎製作所は、一九三八年に創業し、製パン・製菓用ミキサーのトップメーカーとして知られている。さらに、ミキサーの製造で培った「混ぜる」技術を他の産業にも展開し、

写真6　愛工舎製作所のミキサー（出典：愛工舎製作所Webサイト）

食品から化学産業まで幅広い分野に対応した製品を提供している。同社の本社ショールームでは、多種多様なミキサーや製造機械が展示され、テストルームでは実機を使用したテストや試作が可能となっている。

マスダックは、一九五九年に業界で初めて「自動どら焼機」を開発し、以来、さまざまな製菓機械の提供を行っている。同社は顧客の菓子生産をサポートする一環として、多種多様な菓子のOEM生産を手がけている。

こうした企業の存在により、埼玉県の食品産業とものづくり産業は密接に関連し、相互に補完し合っている。食品産業の成長に伴い、ものづくり産業も技術革新や製品の開発を進め、食品産業のニーズに応える製品を提供している。

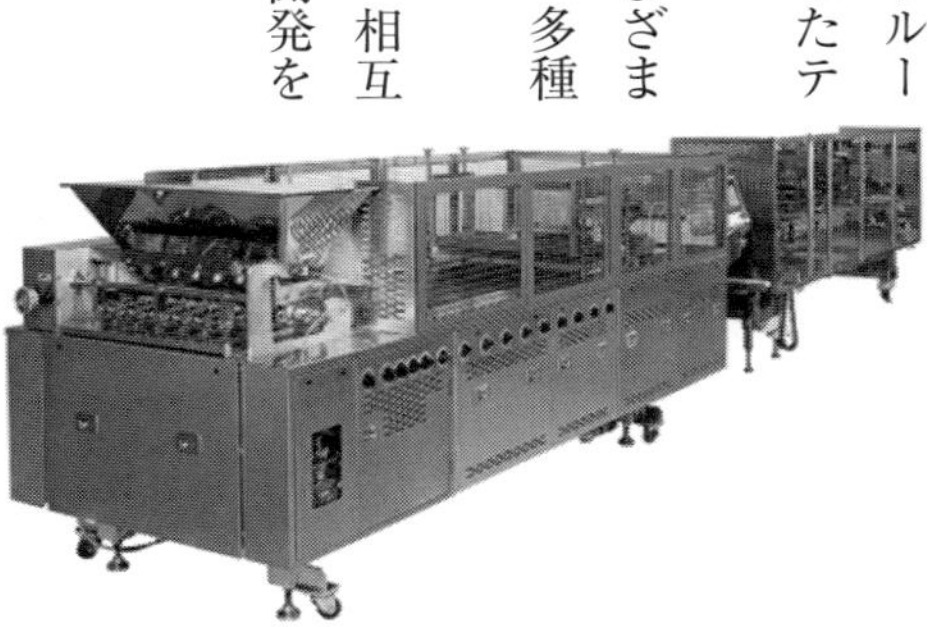

写真7　マスダックの全自動どら焼機（出典：マスダックWebサイト）

四　地域住民や消費者に主張を始めた県内企業

B to BからB to Cへの転換

埼玉県の特徴として、「特徴がないのが特徴」「自慢しない県民性」を冒頭に挙げた。産業面でも、ものづくり産業を支えるものづくり基盤技術を持つ中小製造業や自らの名を隠してOEM供給する企業、そして大手企業の協力工場が多く存在する。

近年、大量生産・大量消費の時代から持続的な循環社会に移行するなかで、埼玉県の中小企業も自社商品の開発に力を入れ、「直接消費者にその価値を伝えたい」「七三〇万人を超える県民に直接販売したい」という志を持つ企業が増えている。

筆者は「地域から愛され応援され、地域と共に発展する企業」を「ローカルブランド企業」と呼称し、食品関連企業の経営者で構成される研究会を主宰していた。このような経営者は、自社商品の価格を自分で自由に決めることのできない製造卸やOEMから脱却し、独自のブランド力を持つ商品を直接消費者に提供したいと考えている。

ときがわ町にあるとうふ工房わたなべは、かつては輸入大豆を使用し、スーパーマーケットなどに豆腐を卸していたが、学校給食向けに有機農法で作られた大豆を使用した豆腐作りをきっかけに工場直売に転換した。その結果、観光バスも立ち寄る人気の豆腐屋となった。

世界に発信する企業の誕生

埼玉県には世界に発信する酒造会社が二社ある。一つは日本でいち早くクラフトビールを展開したとされ、「COEDOビール」で知られる㈱協同商事（川越市）、もう一つは秩父市でウイスキー製造を行い、「イチローズモルト」で知られる㈱ベンチャーウイスキー（秩父市）である。

協同商事は、地元川越で一九八二年有機農産物の産地直送販売を手がける会社として設立された。後に、地元で栽培されていた麦や規格外のサツマイモを利用できないかと考え、地ビール「小江戸ビール」として販売した。しかし、地ビールブームの終焉後、現社長がクラフトビールのコンセプトで再構築し、「小江戸ビール」から「COEDOビール」にビール事業を進化させた。

ベンチャーウイスキーは、社長の肥土伊知郎氏の実家の酒造会社が経営危機で事業譲渡された際、四〇〇樽ものウイスキー原酒を引き取って販売するために二〇〇四年に設立された。二〇〇五年に新たにボトリングした「イチローズモルト」が販売され、二〇〇八年には秩父蒸留所が稼働を開始した。

両社に共通しているのは、世界的な品評会で高い評価を受けたことを機に、地元で再評価されていることである。「COEDOビール」はクラフトビールとして、「イチローズモルト」はシングルモルトウイスキーとしてリブランディングされ、多くの国際的なコンテストで高評価を得ている。ベンチャーウイスキーも地元での知名度を上げ、肥土社長が秩父市初の市民栄誉賞を受賞するなど、地元の誇りとなっている。

写真8　さつま芋からビール醸造した「COEDO 紅赤 -Beniaka-」（出典：コエドブルワリーWebサイト）

おわりに

埼玉県の製造業における特徴の一つは、ものづくりの基盤となる優れた技術を有する中小企業に支えられていることである。また、二つ目の特徴として、埼玉県が首都圏の食料供給基地として、首都圏の台所を支えている点が挙げられる。埼玉県民の特性として、「自慢しない県民性」があるが、産業もその特性を反映し、「黒子」として大いに貢献している。ただし、その存在意義はまだ十分に知られていない。

日本には、産業界になくてはならないBtoBの隠れた優良企業が多く存在し、最近ではBtoC企業への注目も高まっている。埼玉県のものづくり産業や食品産業も、産業ブランドとしてのブランディングをもっと意識してよい。

「ＣＯＥＤＯビール」や「イチローズモルト」のように、世界的な評価を受けることで地元から愛される企業となっている例もある。「特徴がないことが特徴」「自慢しない県民性」という呪縛が解かれ、埼玉を自慢できる企業がさらに増えることに期待したい。

〈参考文献〉

埼玉りそな産業経済振興財団企画・編集「日本の中の埼玉（二〇二三年版）」

埼玉県「統計からみた埼玉県のすがた 二〇二四年版」

川口商工会議所Webページ https://www.kawaguchicci.or.jp/brand/mono/index.html（最終閲覧日二〇二四年五月一日）

タムロンWebページ https://www.tamron.com/jp/company/（最終閲覧日二〇二四年五月一日）

ふくしまＷＯＲＫナビ企業紹介Webページ https://www.fwork-navi.com/company.html?company=20（最終閲覧日二〇二四年五月一日）

鎌倉光機Webページ https://www.e-kamakura.co.jp/（最終閲覧日二〇二四年五月一日）

赤城乳業Webページ https://www.akagi.com/company/index.html（最終閲覧日二〇二四年五月一日）

ピックルスコーポレーションWebページ https://www.pickles.co.jp/company/（最終閲覧日二〇二四年五月一日）

マスダックWebページ https://www.masdac.co.jp/company/（最終閲覧日二〇二四年五月一日）

愛工舎製作所Webページ https://aicohsha.co.jp/（最終閲覧日二〇二四年五月一日）

［探］

埼玉創業の大企業（上場企業）

眞鍋伸次

埼玉県内の上場企業

帝国データバンク（二〇二二年度決算結果集計）によると埼玉県に実質本社を置く上場企業は六四社（金融を除く）ある。その内訳は製造業三五社、非製造業（小売）一八社、非製造業（小売以外）一一社となっている。ここでは埼玉県以外にも広く店舗展開している埼玉創業の大企業について紹介したい。

・㈱しまむら（さいたま市大宮区／総合衣料品の販売）

㈱しまむらは、「ファッションセンターしまむら」を中心に全国四七都道府県に展開するアパレル小売業である。一九五三年、埼玉県比企郡小川町にて、呉服販売の個人商店「島村呉服店」から「㈱島村呉服店」として設立された。当時、急速に拡大していた既製服の需要に応え、商品の集中仕入れ制を導入し、新店舗を出店、一九八二年には、現在のさいたま市に本社を移転し、消費者のニーズに合わせたブランドとして「アベイル」「シャンブル」「バースデイ」などを展開し、国内二〇〇〇店舗以上有する企業に成長した。二〇二一年にはさいたま新都心に新本社ビルを建設し、現在ではECサイト上での販売も行っている。

しまむらは、業界一位であるユニクロのファーストリテイリングに次いで、アパレル小売業界二位である。ユニクロが企画から販売までを一貫して手がけるSPA型の少品種多量販売に対し、しまむらはメーカーからの買い取り品で品揃えを形成する多品種少量販売を行い、経営戦略の面でも比較されることが多い。消費者だけでなく経営戦略面で産業界においても知られる企業である。

・㈱ヤオコー（川越市／スーパーマーケット事業）

表１　埼玉県内上場企業の一覧

（単位：百万円）

企業名	所在地	業種	売上高（2022年度）	上場区分
＜製造業＞				
テイ・エステック（株）	朝霞市	自動車・二輪車内装品製造	409,200	東証プライム
（株）ジーテクト	さいたま市大宮区	金属プレス製品製造	314,312	東証プライム
（株）エフテック	久喜市	金属プレス製品製造	261,156	東証プライム
（株）エイチワン	さいたま市大宮区	自動車部品製造	225,655	東証プライム
サンケン電気（株）	新座市	半導体素子製造	225,387	東証プライム
八千代工業（株）	狭山市	自動車部品製造	188,243	東証スタンダード
ユー・エム・シー・エレクトロニクス（株）	上尾市	電子機器（基板）製造	161,706	東証プライム
新電元工業（株）	朝霞市	ＳＷ電源等製造	101,007	東証プライム
キヤノン電子（株）	秩父市	事務用機械器具製造	96,506	東証プライム
（株）フコク	さいたま市浦和区	工業用ゴム製品製造	82,318	東証プライム
（株）タムロン	さいたま市見沼区	光学機械レンズ製造	63,445	東証プライム
（株）アイチコーポレーション	上尾市	特装車製造	60,678	東証プライム
日本ピストンリング（株）	さいたま市中央区	ピストンリング製造	58,524	東証プライム
（株）Ｔ＆Ｋ　ＴＯＫＡ	三芳町	印刷インキ製造	43,667	東証プライム
（株）ピックルスホールディングス	所沢市	野菜漬物製造	41,052	東証プライム
（株）芝浦電子	さいたま市中央区	電気計測器製造	33,193	東証スタンダード
（株）オリジン	さいたま市桜区	電源機器製造	32,036	東証スタンダード
リズム（株）	さいたま市大宮区	時計、同部品製造	32,347	東証プライム
前澤工業（株）	川口市	上下水道用機器等製造	30,903	東証スタンダード
ＮＩＴＴＯＫＵ（株）	さいたま市大宮区	特殊産業機械製造	29,461	東証スタンダード
大成ラミック（株）	白岡市	樹脂フィルム製造	29,220	東証スタンダード
（株）大泉製作所	狭山市	電子部品等製造	11,960	東証グロース
日本製罐（株）	さいたま市北区	金属容器等製造	10,919	東証スタンダード
サイボー（株）	川口市	繊維製品製造	10,182	東証スタンダード
（株）きもと	さいたま市中央区	樹脂フィルム製造	9,623	東証スタンダード
川口化学工業（株）	川口市	有機化学製品製造	8,368	東証スタンダード
（株）オプトエレクトロニクス	蕨市	電子応用装置製造	7,211	東証スタンダード
（株）朝日ラバー	さいたま市大宮区	工業用ゴム製品製造	7,205	東証スタンダード
日本精密（株）	川口市	時計バンド製造	6,900	東証スタンダード
新報国マテリアル（株	川越市	鋳鋼製造	6,361	東証スタンダード
（株）リード	熊谷市	金属プレス製品製造	5,021	東証スタンダード
理研コランダム（株）	鴻巣市	研磨材製造	4,007	東証スタンダード
（株）グラファイトデザイン	秩父市	運動用具製造	3,551	東証スタンダード
（株）プラコー	さいたま市岩槻区	樹脂加工機械等製造	3,003	東証スタンダード
ヒーハイスト（株）	川越市	ベアリング製造	2,414	東証スタンダード
＜非製造業（小売業）＞				
（株）しまむら	さいたま市大宮区	婦人、子供服小売	616,125	東証プライム
（株）ヤオコー	川越市	スーパーストア	564,487	東証プライム
アークランズ（株）	さいたま市浦和区	ホームセンター	313,487	東証プライム
（株）ベルク	鶴ヶ島市	スーパーストア	310,826	東証プライム
（株）ベルーナ	上尾市	各種商品通信販売	212,376	東証プライム
（株）サイゼリヤ	吉川市	西洋料理店	144,275	東証プライム
（株）マミーマート	さいたま市北区	スーパーストア	126,513	東証スタンダード
（株）スーパーバリュー	上尾市	スーパーストア	67,792	東証スタンダード
（株）ハイデイ日高	さいたま市大宮区	中華・東洋料理店	38,168	東証プライム
（株）テイツー	草加市	玩具・娯楽用品小売	31,255	東証スタンダード
（株）安楽亭	さいたま市中央区	焼き肉店	28,566	東証スタンダード
（株）ツツミ	蕨市	貴金属製品小売	18,119	東証スタンダード
（株）バッファロー	川口市	自動車部品・用品小売	10,795	東証スタンダード
ウェルビングループ（株）	所沢市	自動車小売	9,288	TOKYO PRO
（株）ゴルフ・ドゥ	さいたま市中央区	ゴルフ用品小売	6,058	名証ネクスト
（株）バナーズ	熊谷市	自動車小売・不動産賃貸	4,335	東証スタンダード
（株）篠崎屋	越谷市	豆腐等製造小売	2,791	東証スタンダード
（株）かんなん丸	さいたま市浦和区	酒場・ビアホール	665	東証スタンダード
＜非製造業（小売以外）				
ケイアイスター不動産（株）	本庄市	建物売買	241,879	東証プライム
ＡＺ－ＣＯＭ丸和ホールディングス（株）	吉川市	一般貨物自動車運送	177,829	東証プライム
（株）アイダ設計	さいたま市大宮区	木造建築工事	56,468	TOKYO PRO
ＡＧＳ（株）	さいたま市浦和区	情報処理サービス	21,066	東証スタンダード
パシフィックシステム（株）	さいたま市桜区	パッケージソフト業	9,605	東証スタンダード
（株）アズ企画設計	川口市	建物売買	9,374	東証スタンダード
リベレステ（株）	草加市	建物売買	6,064	東証スタンダード
秩父鉄道（株）	熊谷市	鉄道事業	4,688	東証スタンダード
（株）システムインテグレータ	さいたま市中央区	パッケージソフト業	4,486	東証スタンダード
（株）パパネッツ	越谷市	不動産管理	4,007	TOKYO PRO
（株）ＡＳＪ	川口市	ｲﾝﾀｰﾈｯﾄｻｰﾊﾞｰｻｰﾋﾞｽ事業	2,753	東証グロース

出典：帝国データバンク「埼玉県内上場企業の2022年度決算動向調査」から作成

㈱ヤオコーは、埼玉県を中心に千葉県、群馬県、茨城県、東京都、栃木県、神奈川県といった一都六県に展開するスーパーマーケットである。一八九〇年、埼玉県比企郡小川町にて「八百幸商店」が創業され、一九五八年にはスーパーマーケットに業態転換し、一九七二年、チェーン転換一号店として小川ショッピングセンターをオープンした。それ以降、物流センターを設置しながら二〇〇店舗近く展開し、「食生活提案型スーパーマーケット」としての地位を築いている。

ヤオコーが注目される理由は、一九八九年三月期から二〇二三年三月期までの三四期連続で増収増益を達成していることである。この成功の背景には、季節感や旬を感じられる売り場づくりや、チーズとワインを楽しむ生活提案など、食生活提案として、地域の生活者であり、お客様目線を持つ「パートナー」と呼ばれるパート社員の存在がある。ヤオコーではパート社員のアイデアで売上増加につながった事例を蓄積・共有する仕組みが整備されているのである。

・㈱ハイデイ日高（さいたま市大宮区／中華料理チェーン店）

㈱ハイデイ日高は、低価格の中華料理チェーン店「日高屋」を中心に首都圏に展開する外食企業である。一九七三年創業、埼玉県大宮市（現さいたま市）に約五坪のラーメン店「来来軒」から始まり、現在では直営店を中心に四四〇店舗を有する。日高屋には独自の出店戦略がある。駅前・繁華街に先行して店舗を展開している牛丼店やハンバーガー店に並んで出店している。あえて競合する立地を選び、「ランチの客は三つの店を順に回ってくれる」という戦略が成功している。

チェーン展開する企業が集積

しまむら、ヤオコー、ハイデイ日高など埼玉で創業し成功している企業は、いずれも独自の経営戦略を持っている。ただ一つ埼玉創業で成功した共通点がある。それは「物流」である。チェーン展開で成功する企業は、物流センターやセントラルキッチンを整備している。埼玉県は、放射路線の常磐道、東北道、関越道と環状線の圏央道、外環道が走り、埼玉県を扇の要にして高速道路ネットワークが形成され、首都圏四〇〇〇万人の巨大市場に展開することが可能となっている。

イタリアンレストラン「サイゼリア」を展開する㈱サイゼリアは、一九七三年に千葉県市川市で創業した企業であるが、一九九七年埼玉県吉川市への工場の設置時に本社を移転した。

上場企業ではないものの、人気鮮魚チェーン店「角上魚類」を展開する角上魚類ホールディングス㈱は、埼玉県八店舗を含む首都圏一九店舗（二〇二四年五月）を展開する。新潟県長岡市の寺泊本社に加えて、さいたま市岩槻区に美園本社を設置した。「角上魚類」は「海なし県」である埼玉でも美味しい鮮魚が買える鮮魚店として埼玉県民に人気がある。

〈参考文献〉
ヤオコーグループ　統合報告書二〇二三
しまむらグループ Webサイト https://www.shimamura.gr.jp/（最終閲覧日二〇二四年五月一日）
㈱日高屋 Webサイト https://www.hiday.co.jp/ir/hayawakari.html（最終閲覧日二〇二四年五月一日）

［訪］

サイボク——「食」のアミューズメント・パーク——

井坂康志

サイボク創立者の夢

埼玉県日高市に位置するサイボクは、食のアミューズメント・パークと呼ぶにふさわしい。その広大な敷地は、東京ドーム二・五個分に相当し、自家製の精肉やハム、ソーセージの直売店、レストラン、地元野菜や花卉の販売所、そして天然温泉「花鳥風月」まで備えている。年間約四〇〇万人もの人々が訪れ、埼玉のみならず、関東一円にファンを持っている。たいていのガイドブックにもその名は記載されている。

そんなサイボクには日本の戦後復興とともに歩んできた歴史がある。

一九四六年、埼玉県入間郡高萩村（現在の日高市）にて「埼玉種畜牧場」が開設された。この牧場で、原種豚の育種改良が行われ、美味で安心な豚肉生産の基盤が築かれた。当時、国内には養豚学科を有する大学や農業高校がなく、創業者・笹﨑龍雄は、獅子奮迅の努力によってこの地を開いた。笹﨑の夢と情熱がサイボクを築き上げたと言ってよい。

写真1　大学時代の笹﨑龍雄（サイボク提供）

そんな笹﨑は、一九一六年、長野県の農家の八人兄妹の次男として生まれている。幼い頃から牛・馬・豚等の家畜に囲まれて育ち、中でも豚の飼育係を担当した笹﨑は、その魅力に夢中になり、いつしか獣医を志すようになる。

しかし、八人兄妹を賄う家計は決して豊かでない中、一念発起して超難関の陸軍依託学生として東京帝国大学農学部実科

写真2　設立時の集合写真（サイボク提供）

（現・東京農工大学）を受験し合格する。卒業した一九四一年、日米開戦と同時に陸軍の獣医部将校として旧満州とフィリピンの戦地に派遣された。

一九四五年日本が敗戦を迎えると、物資不足と食糧難を目の当たりにした笹﨑は、「食」で日本の復興に寄与しようとした。

なぜ埼玉か

長野県生まれの笹﨑龍雄がなぜ埼玉に目を付けたのか。理由はいくつか考えられるが、一つ挙げるなら、埼玉の農業と深い関係がある。

埼玉は何よりさつま芋と麦の生産地であった。埼玉においては、さつま芋は「主食」と言ってよかった。その地下分の芋は人間の飢えを満たし、地上分である茎は、豚にとって良好な飼料となった。

さらには、食の中心であった麦は、明治から昭和三〇年代中頃にかけて大麦を中心に生産されていた。戦前には小麦、六条大麦、二条大麦、はだか麦を合わせた四麦の生産が全国一を占めていた時期もあったが、それもまた養豚にとって恵まれた飼料の補給を可能にした。

その歴史的背景を遡れば、「麦翁《ばくおう》」と呼ばれた権田愛三の存在が浮かび上がってくる。一八五〇年に埼玉県北部の東別府村（現在の熊谷市）に生まれた権田は、一生を農業の改良に捧げた。中でも麦の栽培方法に関して功績を残し、麦の収量を四～五倍も増加させる多収栽培方法を開発したとされている。後にはその集大成ともいえる「実験麦作栽培改良法」を無償で配布、県内はもとより日本全国への技術普及に尽力した食のイノベーターだった。

このような豊かな農業生産地・埼玉の「地の利」を背景に、笹﨑は養豚のイノベーションに着手していった。

一九三一年に開通した八高線によって、豚や飼料等の運搬が容易になったこともそこに加えられるべきだろう。

埼玉のこころにふれる

サイボクは現状に甘んずることなく、新しい挑戦を追求してきた。一九七五年には、日高牧場内に日本初の養豚家が直接販売するミートショップを開店し、その後も施設の拡大や改善が続けられた。一九九七年にはオランダで開催された「国際ハム・ソーセージ競技会」に初出品し、多くの賞を受賞した。

さらに、二〇〇二年、周囲の猛反対を押し切って温泉掘削を試み、驚くほどの量の良質な温泉を発見した。それをきっかけに、温泉施設の建設が始まり、「食と健康の理想郷」をめざす二一世紀型の施設が整備された。

サイボクのレストラン裏手には、広大な緑の芝生と森が広がる「サイボクの森」がある。

写真3　種豚オークション風景（サイボク提供）

「緑の空間と空気は人々の心を癒すもとになる」「一日三〇～六〇分の日光浴は骨を丈夫にする」「子どもの近眼の主因である、屋外での遊びの欠如と日光浴不足を解消するためのこのようなアスレチック施設や、大人のための散策路やくつろぎのスペースを準備しよう」。

サイボクの森は、女性スタッフ中心で実現した。三世代の家族が遊べる空間として計画され、コロナ後はとりわけ得がたい憩いの場になっている。

現会長・笹﨑静雄は、父・龍雄の存命時、豚が不調に見舞われた際の対処を聞きに行くと、そのたびに「豚は何て言っていたんだ」と問い返されたと言う。「わかりません」と答えると、「豚舎に寝ないとわからないだろうな」と言われ、その徹底した現場重視の姿勢を振り返っている。

現在のサイボクの活動はすべて豚とお客さんが教えてくれたことを愚直に実

践してきた結果だと笹﨑静雄は語る。現在のサイボクの歴史は、自然と家畜と消費者の対話の歴史だった。

サイボクは食のアミューズメント・パークにとどまらず、埼玉の「埼玉らしさ」にふれられるイノベーションの宝庫でもある。

〈参考文献〉
笹﨑静雄「振り返れば未来」サイボク
「求道豚心――笹﨑龍雄96年の歩み」サイボク

2 埼玉のメディアを「観光」する

——小川秀樹

はじめに

メディアは、取材対象を「見る、聞く」のがノーマルなのだろう。では逆に「見られる、聞かれる」対象となった時はどうなるのか。

埼玉県唯一の日刊新聞、『埼玉新聞』を発行する「㈱埼玉新聞社」に入社して約四〇年が流れようとしている。この間、報道記者から広告営業、新規事業開発などに取り組み、ローカルメディアをさまざまな角度から見てきた。インターネット社会の進化は、送り手と受け手の壁を急激に薄くした。メディア自体が確実に、「見られる」時代に入っている。

メディア業界は、取材対象である政治、行政、司法、経済界等には、常に厳しく「情報開示」を迫る論調を重ねている。しかし一方で、自らの情報開示については、かなり腰が引けていると言わざるをえない。市民の皆さんからの、メディアへの好奇心に対して、いかに真摯に応えていくのか。「メディア観光」という切り口は、冒険的な挑戦だと感じる。

何かしらの事件、事案が発生しない限り、メディアと市民の方々が、同じ場所に居合わせることは、極めてまれだ。記者クラブや報道各社の「場所」に着目し、「埼玉のメディア観光」に歩みを進めてみる。

一　浦和の東西は坂

埼玉県最大の記者クラブである、県政記者クラブの最寄り駅は、JR浦和駅となる。

県政記者クラブは埼玉県庁本庁舎一階にある。県庁に向かい、浦和駅西口を歩き出す。東口へはそのまま出られるが、西口は階段を上らないと出られない。浦和は坂の多い街だ。

スクランブル交差点となっている旧中山道と通称県庁通りの「浦和駅西口」交差点までは平坦だ。交差点を渡り、埼玉県の文化と芸術の殿堂である重厚なレンガ調の埼玉会館が右に見えてくると道は下り始め、埼玉会館の前から県庁方面へ一気に下る。

そして自民党、公明党などの政党の県本部事務所の看板が目立つ、通称坂下通りとの交差点「県庁前（東）」に立つと、埼玉県庁本庁舎が、少し高台に建っているのがわかる。

埼玉県庁、さいたま市役所、さいたま地方裁判所など行政機関が位置するさいた

写真1　県政記者クラブのある埼玉県庁本庁舎前交差点
「鹿島台」と呼ばれた台地上に県庁などの公共機関が集まっている。

写真2　県政記者室の入り口
左の壁に資料提供受け、その壁の反対側が記者会見室。

ま市浦和区中心部は、県中央部に南北に延びる大宮台地の中で、かつて鹿島台と呼ばれた場所にある。この高台は、幾筋もの小河川が、ほぼ南に向かって流れ、都県境の荒川へ流れ込む。その北から南への流れが台地を刻み、東西を移動すると、かつての水の流れが見える。

県政記者クラブは、埼玉県庁本庁舎一階の南西の角にある。本庁舎南側にある正面玄関から入り、廊下を左に曲がると、突き当りに「県政記者クラブ」の看板がかかっている。敷居をまたぐと、右側には山積みされた新聞の整理棚。左には加盟各社の名前が記載された資料受けがある。壁の上には「記者会見室」とある。視線を戻すと、広い部屋があり、一歩踏み入れると、そこが県政記者クラブだ。

埼玉県の県政記者クラブがいつ頃からあるのか、記者クラブに残っている「古文書」を広げてみた。昭和二〇年代後期のクラブ加入届け等は確認できたが、その前の記録はない。資料がないのは、埼玉県庁が昭和二三年一〇月二六日未明、全焼してしまったからだ。

火元は当時の消防課。同課職員が、自らの公金不正利用の証拠を隠滅しようと、火をつけたとされる。当初この職員は、逮捕起訴された際には犯行を認めたが、裁判中に証言を撤回、無罪を主張する。しかしその後、拘留が解けたこの職員は茨城県内で自死し、突然幕が降り、真相不明のまま火災は忘れられた。

令和六年現在の加盟社数は一六社。各社の机は、南北の窓際に寄せられ、部屋の中心部に大きな空間をつくっている。その場に二つの白板と、新聞や週刊

写真3　燃える埼玉県庁本庁舎（埼玉新聞社撮影）
木造部分の大部分が燃え、多くの行政文書が消失し、後の行政運営に長く影響が出た。

写真4　火の粉が飛ぶ中、関係機関との連絡業務に取り組む埼玉県庁の電話交換手（埼玉新聞社撮影）
戦後の活躍する女性の姿として、後にこの写真は各方面で取り上げられた。

写真5　県庁舎の火事を見つめる県庁職員と浦和市民（埼玉新聞社撮影）

誌の閲覧台がある。

入口から見て奥の白板は、当日の資料提供や記者会見が行われる項目が記入され、手前の白板は、少し先に予定された会見や資料提供の発表情報が記されている。

なぜ事前告知されるかと言えば、ここに日程、内容が記入されたら、解禁されるまで、報道できない「黒板ルール」があるからだ。もちろん、「取材は終わっている。うちは書く」という場合もある。その場合は、各社にアピールし、「しばりなし」となる。昔は黒板にチョークで情報を記入したので、白板になっても「黒板ルール」と今も呼ばれる。

二　伝説のスクープと記者会見の掟

埼玉県の県政記者クラブで長く語り継がれるスクープがある。

一九七八年九月一九日、毎日新聞夕刊の一面トップで報じられた「稲荷山古墳の鉄剣から『ワカタケル雄略天皇』の銘」のニュースだ。埼玉発ではなく、関西発の記事だった。

行田市の埼玉《さきたま》古墳群の一つ、稲荷山古墳から一九六八年に発掘されていた錆びついた鉄剣に、金で象嵌した一一五の万葉仮名文字が埋まっていることが、修復を行っていた奈良県生駒市の元興寺《がんごうじ》文化財研究所の調査で判明した。その文字の中に、空想の天皇ではないかと見られていた雄略天皇の別名、「ワカタケル」と読める文字があり、考古学と歴史研究が結びついた世紀の大発見と、関係者が沸き立った。

取材に動いた社もあったが、埼玉県は、全報道機関が一斉に大きく報じる事を強く期待し、全社から一斉報道確約を取り付け、畑和知事（当時）が発表する準備を整えていた。

毎日の報道を受け、県政記者クラブは当然、「黒板ルール違反だ」と大騒ぎになる。「埼玉県の発表がある情報を、各社とも本社に上げているはずだ」―と毎日以外のメディア各社は強く主張し、「毎日はクロ」と攻め立てる。しかし毎日は「社内で情報共有ができなかった。（関西に）情報は流していない」―という主張を繰り返した。クラブ内で激しい応酬が続いたというが、双方ともに証拠がなく、真相はわからない。

毎日のスクープは、報道に携わる関係者なら、誰もが一度は夢見る栄誉、「新聞協会賞」をこの年に獲得した。埼玉県発の新聞協会賞はその後なく、語り継がれる伝説となった。

昭和の終わりに、私は県政記者クラブに配属された。その初日、当時の上司（業界的にはキャップと呼ばれる）から「記者会見では、何も聞くな」と言われたことに軽い衝撃を受けた。記者会見で質問すると、その記者が追いかけているネタを他社に教えてしまうことになるから、会見で質問してはだめだというロジックだった。

昭和の終わりの知事会見は週一回、月曜日の午前中に開かれた。また月に一回、知事と弁当を食べながらの懇談の席があった。

知事会見の冒頭は、「きょうの顔色は良いですね」とご機嫌をうかがう、ベテラン記者の、最初の一言が懇談を回す成否の鍵だ。しかしベテラン記者のご機嫌次第で、始めの一言が出ない日もある。そんな会見の日は、県側、記者団の出席者全員の沈黙が長く続くことになる。

畑和知事は八〇歳を超えていたが健啖家で、昼食懇談の際、記者より早く弁当を平らげた。食後は決まって、秘書がセットした缶ピースに火を着け、黙して吸い切った。最初が

写真6　県庁本庁舎2階踊り場にある囲み取材コーナーで記者の質問に答える大野元裕埼玉県知事（埼玉県提供写真）

バックの幕は、大野知事のイメージカラー「青」を強調したデザインとなっている。

うまく回らないと知事、記者とも一言もない、知事懇談を何度か経験した。

埼玉県庁正面玄関をくぐり、左側の階段を上がる。この階段を上がった二階エレベーターの前の踊り場に、大野元裕知事の「囲み取材」の定位置がある。どこの囲み取材でもそうだが、バックには「彩の国埼玉県」や県のマスコット「コバトン」をあしらったプリント布がある。動きのあるニュースの知事の見解を聞く場合、この場が選ばれることが多い。

現在、定例記者会見はインターネット中継を通じ、リアルタイムで視聴できる。知事発言に加え、会見に臨む各記者の仕事を、記者会見という一部であるが見ることができる時代となった。

三　記者クラブは「見学」できるか

事前連絡なく、「県政記者クラブを見学したいのです」と、突然の見学希望者が来たら、どう対応するか考えてみたい。

記者クラブの対外的窓口は、幹事社と呼ばれる当番社が担っている。見学希望は幹事社で引き取るが経験上、飛び込みの見学希望は、どこの社が幹事社であっても、現状ではすべてお断りすることになると思われる。

突然の見学希望者を断る理由は三つある。一つ目は、白板に書かれている資料提供や記者会見の内容と日程が、見学者に知られてしまうことへの懸念だ。いずれの情報も、埼玉県当局やさまざまな団体との信頼関係の下に、発表日程や内容が設定されている。どの情報も、いつかは各メディアを通じて公開される情報ではあるが、その発表日、内容は、発表したい先方と記者クラブの双方の信頼関係の上に成り立っている。発表日、内容は関係者以外に「秘匿」しなければならない約束である。

二つ目は極めて俗な話となる。各記者は報道機関の一員として、読者、視聴者に向けてニュースを提供することが本務。支局など自社施設の案内なら業務かもしれないが、記者クラブの見学希望者対応は、仕事ではない。

三つ目は、見学希望者が悪意を持って、クラブ内に入ることも強く懸念される。クラブ内情報を剽窃し、自らの主張に沿った内容で、ネット空間に晒す危険性はゼロではない。

埼玉県には、埼玉県警を担当する県警記者クラブもある。

人権関係事案、警察や公安の組織機構に関する会見など、県警との距離感がある発表に関しては、県政記者クラブの会見室を「貸す」こともある。こうした会見は、発表者の人権とプライバシーを守ることが記者クラブ側に強く求められる。こうした点も、記者クラブの自由見学は制限すべきという大きな理由だ。

一方で熊谷、川越、春日部、秩父等の拠点市にある記者クラブへの、市民の入室は県政クラブほど壁が高くない。

記者クラブは、誰にでも、そしていつも開かれているべきだろう。しかし行政や司法の大きな広報システムの中に、包摂されている現実にも、しっかり向き合わないといけない。

埼玉県庁に入居する記者クラブを「自由」に見学できるかといえば、現状で言えば難しい。

写真7　早朝の記者クラブ内
奥に、当日の記者会見、資料発表の内容を書き込んだ白板が見える。さらにその奥にはその日の新聞、週刊誌が読めるテーブルがある。

四　メディアの各支局を観光する

県政記者クラブに加盟する主な新聞社、放送局、通信社には、埼玉県全域をカバーする拠点、支局（総局）がある。各支局（総局）とも、かつては自由に立ち入ることができたのだが、一九八七年五月の朝日新聞阪神支局襲撃事件をきっかけに、各社とも支局（総局）のセキュリティレベルを一気に高くした。

各報道機関の支局（総局）の位置は、取材先により近い場所という面から、行政機関の集まる埼玉県庁、さいたま市役所近くに集中している。一部、埼玉新聞社のように、浦和区以外に本社機能を移した報道機関もある。

①県庁周辺

まず埼玉県庁の近くには、毎日新聞、日経新聞、産経新聞、東京新聞、共同通信、時事通信などの報道機関が集まっている。各社とも県庁近くのビルの一室に間借りしている。

県庁といえば、国の出先機関を含め、その県の行政とビジネス機能が集積し、県庁周辺は、その都道府県で、最も人が集まるビジネス・商業の集積地となっている街が多い。

しかしながら埼玉県庁の特色は、さいたま地方裁判所など国の機関はいくつかあるが、周囲には一般住宅や町工場が点在し、他県では見られない、落ち着いた空間が広がっており初めて訪問する人は、軽い衝撃を受ける。

共同通信社は、かつては浦和区岸町にあった埼玉新聞社旧社屋の中に支局を構えていた

写真8　記者会見室内
正面の机に発表者が座る。
最前列は会見を仕切る幹事社席。

が、新聞社旧社屋の老朽化で、住環境が悪化し移転した。日本経済新聞社さいたま支局は、一九九五年の阪神淡路大震災の教訓を踏まえ、地震に強いこの地を選んだと聞く。震災等で都内の都市機能が麻痺した場合、編集機能の一部を浦和で引き受ける構想で整備された。

②さいたま市役所周辺

さいたま市役所近くに位置するのはNHKさいたま放送局、テレビ埼玉、朝日新聞、読売新聞の各さいたま支局（総局）などがある。FM局、FM NACK5も開局時は、この地域に本社を構えていた。

現在のさいたま市役所のある一画は一九六四年まで、国立大学法人埼玉大学教育学部があった。埼玉大学は一九六四年、浦和市（当時）の西方、水田地帯だった、大久保地区に旧浦和市内に散らばっていた全学部を統合し、新キャンパスを建設した。移転後は各学部跡地が新たな都市機能の受け皿となった。

NHKは一九四四年二月、浦和市仲町に日本放送協会総務局浦和出張所として設置され、その後一九五一年二月、現在の浦和警察署近くに移転。教育学部の移転に伴い、通りを挟んだ現在の場所に移転し、今に至っている。

テレビ埼玉は、一九七八年に現在の地で放送事業を始めた。本社正面は高級住宅地が点在する浦和区内でも屈指の高級住宅地、常盤地区が広がる。西側に埼玉大学教育学部付属小学校がある。裏手は、さいたま市役所。旧浦和市の行政と教育の中心に拠点を構えた。

さいたま市役所から北浦和駅西口にかけての地域は、埼玉師範学校、埼玉女子師範学校、旧制浦和高校（現在は北浦和公園、埼玉県立近代美術館）、現在の県立浦和高校の前身、旧制浦和中学も現在の知事公館付近にあり、「文教都市浦和」の中核的な地域だった。

写真9　さいたま市役所、県警浦和警察署などに囲まれたNHKさいたま放送局
玄関ホールまでは入館することができる。

市役所、県庁から西へ歩くと下り坂となる。そこには大宮台地の湧き水を集めた、別所沼公園がある。関東大震災以降、この沼の周囲には、静かな環境を求めた美術家が都内から転居し、アトリエを構えた。文学者が多く住んだ神奈川県鎌倉市と比し、「鎌倉文士、浦和画家」と呼ばれる時代が長く続いた。テレビ埼玉、ＮＨＫさいたま放送局が、教育文化、芸術の発信地を選んだ理由も見えてくる。

テレビ局二社も、自由見学はできないが、玄関先に放送情報の展示コーナーもあり、現場の息遣いは、十分感じることができる。

朝日新聞さいたま総局、読売新聞さいたま支局は、市役所から少し北の位置にある。

朝日は昭和の時代、旧埼玉新聞社に近い浦和区岸町に支局を構えていた。その後支局員数が増え、県庁周辺での移転を幾度か経て、現在の場所に落ち着いた。直前は現在の場所に近い、旧中山道のビルの一階にあった。今は浦和地区で人気の焼き肉店が入居している。

読売の現在の立地は戦前から、昭和四〇年代までゴム工場が操業していた。ゴム工場が閉鎖移転をする際、当時の浦和市の街づくり方針もあり、公的機関への払い下げが進んだ。読売ビルの北側は、ハローワーク、西側はＮＴＴ東日本のビルがあり、工場の記憶はない。

朝日、読売ともセキュリティは厳しい。各新聞社の東京本社は、見学希望者に対応できる体制が整っているが、支局（総局）レベルで、見学を引き受けられる支局は少ない。

③大宮以北に拠点を構える二社

・大宮から関東に発信するＮＡＣＫ５

県庁やさいたま市役所から離れた場所に、本社を構えるのが大宮区のエフエムナックファイブと北区の埼玉新聞社の二社だ。

写真10　テレビ埼玉の玄関受付
番組制作スタッフが忙しく動く姿が見られる。ここから先は、入れない。

一九八八年の開局時、エフエムナックファイブは浦和警察署の北隣、NHKさいたま放送局と道を挟んだ地にいた。当時は、さいたま市桜区道場の平野原送信所から、送信していた。同送信所はNHK浦和FM、テレビ埼玉も利用しており、先発二社に近いということも、この地が最初に選ばれた理由の一つだろう。

送信アンテナは一九九八年六月、飯能市、越生町との境に位置する、ときがわ町の高台、飯盛峠に移設され、電波の届く範囲が一気に関東平野をほぼカバーできるようになった。放送範囲の拡大を踏まえ、二〇〇五年、浦和を離れ、東日本の交通の要衝、大宮駅を真下に見るJACK大宮ビルに本社を移した。

ビル内にはスタジオと事務室が配置されている。開局時から、リスナーとの接点を大事にしたいとJR大宮駅西口の商業施設アルシェ五階に、公開放送ブースを開設し、さまざまなイベントを展開中だ。また都内、有楽町の西銀座デパートの一角には、「銀座スタジオ」がある。こちらは移動時間が限られる、著名タレントの番組収録などに利用されている。アルシェ五階スタジオは公開を前提につくられており、放送風景をリアルに見学することができる。本社と銀座の両スタジオは、公開されていない。とはいえラジオ局らしい元気な空気は、入り口から見える景色でも十分感じられる。

・さいたま市の北端、埼玉新聞社

埼玉新聞社があるのは、さいたま市北区吉野町。本社三階北側の窓からは上尾市の県立武道館、埼玉アイスアリーナなどが見える。

埼玉新聞社は二〇〇八年に現在の地に移転するまで、昭和一九年の社団法人として発足以来、さいたま市浦和区岸町にあった。現在はマンションが建っている。

写真11　エフエムナックファイブ本社が入居する大宮駅西口のJACK大宮ビル
上越、東北、北陸の各新幹線が一望できる。「鉄道ヲタクの聖地」、鉄道博物館は新交通システム「ニューシャトル」の最初の駅下車。

この岸町の地は、昭和一九年まで埼玉新聞社の前身、㈱埼玉新聞が新聞事業を展開していた。前社の社屋、印刷機器などがそのまま継承され、現在の組織につながっている。

埼玉新聞社の古くからの株主の一人で、埼玉新聞社旧社屋近くに代々住んで来た相川宗一元さいたま市長（一九四二〜二〇二一年）に、子どもの頃見た埼玉新聞社の周りの景色を思い出してもらったことがある。

埼玉新聞社の旧社屋のあった場所を相川元市長は、「浦和の果て」と話していた。旧社屋の南側には、小河川が流れていた。その水は、さいたま市南区の白幡沼に流れ込んでいた。小河川の南西は、広大な水田地帯が広がり、旧社屋が浦和の市街地と農地を分ける境界になっていたのだという。かつての小河川は今、暗渠となり、その上に遊歩道が整備され、白幡沼へ向かう散歩道となっている。

しばらくの時間、のどかな環境の中で、新聞を発行し続けてきたが、開発の波は岸町にも訪れ、気が付けば周囲をマンションに囲まれてしまった。ついには付近の住民から「車の出入りが多過ぎる」等の苦情が寄せられるようになった。また一九六七年に建設した旧本社屋も経年劣化が目立つようになり、二〇〇五年頃から移転場所探しが加速した。

移転先は、①工業地域②川越、春日部の東西拠点に近い③駐車場が広い――。この三条件で絞られ、北区吉野町が選ばれた。

吉野町は、大宮台地の東端に位置する台地の上にある。高度成長期に埼玉県が旗を振り、大正製薬、信越ポリマーなど日本を代表する企業を積極的に誘致した。昭和四〇年代半ばには、埼玉を代表する先進工業地域としての名をとどろかせていた地域でもある。

工場が進出する前は、米作りに向かない地であったため、サトイモなどの畑と昼でも暗い、武蔵野の原風景である雑木林が広がっていた。近年は雑木林が伐採され、建て売り住宅地となって、新たな住民を呼び込んでいる。

埼玉新聞社の見学だが、常時オープンとはなっていない。社屋内は狭く、受け入れられる人数は限られるため、事前の調整が必須となっている。時期と人数によっては受け入れることもある。新聞社側の都合で左右されるが、見学を閉じているわけではないので、問い合わせてみてほしい。

interview

県内唯一の地上波テレビ局──テレ玉

川原泰博（テレビ埼玉代表取締役社長）
聞き手／井坂康志

──テレ玉はどのようなテレビ局なのか。

川原　テレ玉は埼玉県唯一の地上波テレビ局だ。一九七八年に設立され、翌七九年四月一日に開局した。「あなたにカンケイあるテレビ　テレ玉」をタグラインに、「テレビの力」で地元を盛り上げ、元気にする番組作りを目指している。キー局の系列に属していない独立局のため、自社制作の番組が多く、番組編成の自由度も高い。

──主な制作番組を教えてほしい。

川原　平日夕方に、埼玉に暮らす視聴者向けの生活情報をライブで届ける「情報番組マチコミ」を放送中だ。月曜日から金曜日、夕方四時三〇分からの生放送だ。番組内の「ご当地中継六三」のコーナーでは、県内全市町村を一つずつ訪ね、地元の方々の生の声で街をPRしてもらっている。二〇一九年五月から月に原則三回、埼玉県の六三市町村を紹介した。

埼玉県は、国の公営競技が四つすべてそろっている。『BACHプラザ』（バッハプラザ）という番組がある。BACHとはボート（Boat）、オート（Auto）、競輪（Cycle）、競馬（Horse）の頭文字から取ったもので、私が発案した。ドイツの偉大な作曲家と同じ読みになる。毎夜放送している公営競技のレースダイジェストである。一九九一年三月三〇日に開始し、休まず三〇年以上、毎日放送している。取り上げるのは、埼玉県内にある戸田ボートレース場、川口オートレース場、大宮競輪場、西武園競輪場、浦和競馬場の各レースだ。各専門解説者・レポーターがダイジェスト・解説はもちろん、翌日の予想も行っている。

埼玉政財界人チャリティ歌謡祭も

ある。一九九二年二月一日に第一回を放送して以来、現在まで継続している。政財界のトップが一堂に会して歌謡祭をやれないかというアイデアが発端だった。埼玉県知事・県内市町村長・県議会議長・県内有力企業の社長等の埼玉政財界人、例年二〇人ほどが、大宮ソニックシティ大ホールで歌を披露している。

写真1　埼玉政財界人チャリティ歌謡祭（©テレ玉）

反響は大きく、「埼玉の奇祭」とも呼ばれている。あくまでもチャリティであり、「埼玉県文化振興基金」の趣旨に沿って、第一回から同基金に収益の一部を寄付している。

――埼玉はスポーツも盛んだ。

川原　開局と同じ一九七九年、所沢に西武ライオンズが誕生した。以来、ライオンズ戦の中継を看板番組の一つに掲げ、年間約三〇試合を生中継している。一九九三年にJリーグが開幕すると浦和レッズ戦中継も看板に加わり、テレ玉視聴率の上位の常連となった。

さらに大宮アルディージャ戦やT・T彩たまの卓球Tリーグ中継、ワールドカップで湧いた熊谷を舞台にしたラグビートップリーグのパナソニックワイルドナイツ戦など、地元スポーツチームの中継をしている。他にも、高校野球や高校サッカーなど、高校スポーツにも力を入れている。

「埼玉愛」と共に

――現在は「テレ玉」を通称としているが、一般の耳になじんでいるようだ。

二〇〇六年にブランディングを再検討するなかで、覚えてもらいやすいようにというのがきっかけだった。埼玉の「玉」は生かそうということで、「テレ玉」という愛称にした。それまでは「テレ埼」などと言われていたが、「テレ玉」はすごく新鮮だった。

視聴者の方に意見を聞いたところ、埼玉で生まれた若い世代は埼玉が大好きだということがわかった。

この愛称で「埼玉愛」が表現できると思った。
卵をモチーフにしたマスコット「テレ玉くん」も、このときに誕生した。

——今後の見通しは。

川原　テレ玉はまだまだ「伸びしろ」があると思う。キー局と違って地域のクライアントや視聴者がいる。
地域を元気にしていくのが地元テレビ局最大の使命だ。視聴者に信頼される。放送を見て元気になってもらう。視聴者との信頼関係をこれからも強化していきたい。

テレ玉ロゴ・テレ玉くん（©テレ玉）

interview

埼玉発のラジオ局――NACK5

片岡尚（FM　NACK5代表取締役会長）
聞き手／井坂康志

一九八八年の開局

――NACK5は現在においては広い知名度と聴取率を獲得しているラジオ局だが、開局当初どのような思いがあったのかを教えてほしい。

片岡　開局したのは一九八八年一〇月三一日。全国二九番目のFM局で、埼玉県としては初のラジオ局となった。当時は「エフエム埼玉」が正式社名だった。

　埼玉県民の活動範囲は、東京、千葉、神奈川、茨城、栃木、群馬と関東一円に広がっている。こうした行動特性を考慮し、周波数七九・五MHzから愛称を「NACK5」（ナックファイブ）と命名した。

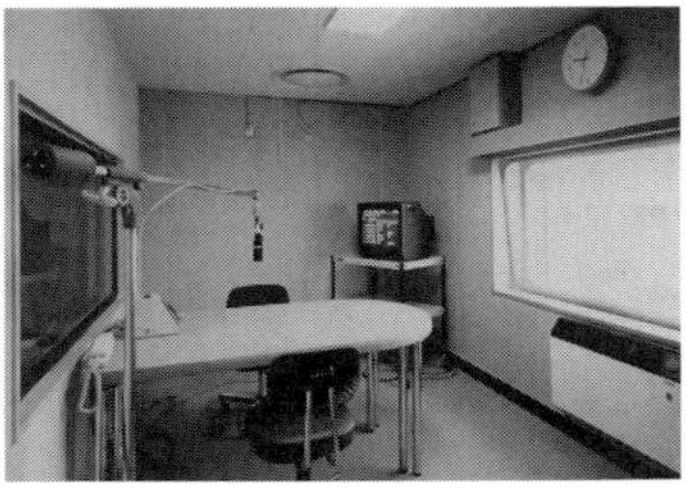

写真1　開局当初の浦和市（当時）の本社（左）とスタジオ

　音楽、スポーツ、エンターテインメントを編成の三本柱とし、全国のFM局で初となるプロ野球中継をレギュラー放送し話題を集めてきた。またFM局の多くが洋楽中心の中で、ジャパニーズ・ポップス（J-POP）を集中オンエアする独自な番組編成を行い、首都圏の若者から支持を得てきたと考えている。

――開局した一九八八年というと日本が好景気に湧いていた頃だと思

写真2　開局35周年イベント会場に設けられたフォトスポット（2023年10月、大宮ソニックシティ）

う。当時はどんな時代だったのか。

片岡　バブルの絶頂期だった。FM放送に対して、人々はお洒落なイメージを抱いていたと思う。当時のFM各局の主流は「Less Talk, More Music」と言われ、DJは三分以上話すことはなく、英語と日本語を混ぜたバイリンガルトークがもてはやされていた。これに対しNACK5が開局時に掲げたキャッチコピーは、「More Fun, Better Talk, and Better Music」。「より良いおしゃべりとより良い音楽で楽しい放送を目指す」というものだった。従って出演者もDJやナビゲーターという呼び方ではなく、各自の個性を前面に打ち出し、パーソナリティーという呼び方をしている。

　開局以来、ロックミュージシャンや劇団員、お笑いタレント、スポーツ選手など幅広いジャンルの方たちに番組パーソナリティーを務めていただいている。

「行動力のある県民」

——埼玉県民の特性や、埼玉県民に向けた工夫のようなものがあったと思うが、それはどのようなものだったのだろうか。

片岡　一貫しているのは、地元埼玉に軸足を置いた放送を目指すということだった。埼玉の県民性を一言で言えば、常に行動しているということだ。東京をはじめ隣接県に通勤・通学する人口は一〇〇万人を超える。休日も県外に出かける人は多い。

——そのような問題意識の中で、どのような文化が作られていったのだろうか。

片岡　バブル期に各地でFM局が続々と誕生した時、AMは何でも揃っている「百貨店」、FMは専門性の高い「ブティック」にたとえられていた。しかしNACK5は埼玉県民の幅広いニーズにお応えするため、専門店に徹してしまうわけにはいかない。気軽に立ち寄って、生活に必要なものがおおむね揃う「FMのコンビニエンスストア」を目指している。コンビニは必要最小限の品揃えだが、独自性の中から「ここでしか買えない」ヒット商品の創出を目指す。

寒ければ温かいものが欲しくなり、暑ければ涼を求めるのが人間の生理。社会の動きをいち早く察知して、リスナーが求める「今」を番組作りの基本としている。

写真3　現在の本社（さいたま市大宮区）NEWSルーム

多様なリスナーのための番組編成

——埼玉県というと東京に近接していることからくる苦労もあったと思うのだが。

片岡　ビートルズが誕生したリバプールは、首都ロンドンから離れた港町。埼玉のFM局として新人アーティストを応援し、そしてビッグネームに育ってほしいという点で、ミュージシャンにとっての埼玉が、ビートルズにとってのリバプールでありたいと考えている。これまで番組出演していただいていた多くのロックミュージシャンたちが、全国区のメジャーアーティストになっていっていただけたことはNACK5の誇りである。

——NACK5から見た埼玉の特徴はどんなものだろうか。

片岡　埼玉県は大きな災害も少なく、生活インフラも充実してきているため、近年「住みたい街」ランキングの上位に大宮、浦和などのエリアがランクインするようになってきた。NACK5は若い世代のリスナーから高い支持を得ているが、開局三五周年を迎えた今、開局当時二〇歳だったリスナーも五五歳になるなどリスナーの年代層も年々幅広くなっている。このため日本人の心に響く演歌・歌謡曲を専門に扱う番組は、世代を超えて支持されている。これからも幅広い年代の県民の皆さまに愛着をもって聴き続けてもらえるような「埼玉のラジオ局」であり続けたい。

3 埼玉の古社・古寺

井上智勝

はじめに

埼玉の古社・古寺について「大学的」に「ガイド」するのがこの章の役割である。古社・古寺といった場合、その寺社がどれぐらいの時を重ねてきたかが重要になるだろう。だが、とかく神社・寺院は、その歴史を古く見せようとする傾向がある。その由緒や縁起には、神話に近い時代や古代の伝説的な人物の名が踊っていることが多い。しかし、それらの記述を確実な文献で検証することは難しい。

そこでここでは、可能な限り信頼できる文献や物証に拠って埼玉の古社・古寺の「ガイド」を試みてみたい。あと一つ、お断りを述べておくと、神社や寺院の祭神や本尊は、時代によって変化することがある。だからここでは、御利益を知りたい人には申し訳ないが、これらに言及することも避ける。

一　出雲伊波比神社

埼玉県域の神社は、古く奈良時代の文献に見えている。当時の律令政府の中央行政機関太政官《だいじょうかん》が、国の神事を司る神祇官に発した文書に次の内容が記されているのだ。

神護景雲三（七六九）年九月に、武蔵国入間郡の役所の穀倉四棟が火災に遭い、中にあった穀物が焼失するという事件があった。武蔵国は古代の律令政府が定めた行政区分の一つで、現在の埼玉県域、島嶼部を除く東京都全域、神奈川県の東部（川崎市、横浜市域の大部分）を含む地域である。武蔵国の中は二一の郡に分けられており、入間郡はその一つである。国や郡にはそれぞれ役所が置かれ、役人がいて政務を執っていた。このうち、国を治める役人を国司《こくし》という。

穀倉火災の原因は、次のように判断された。郡の役所の西北角に、出雲伊波比《いずもいわい》神という神が祀られていた。律令政府はこの神を崇め、毎年奈良の都から神への捧げ物が入間郡に送られる定めであった。しかし、数年にわたりそれがなされなかった。これに対して神が怒り、雷神を率いて火災を起こさせた、というものである（宝亀三（七七二）年一二月一九日「太政官符」）。結果、今後しっかりと祭祀を行うことが天皇の意向として命じられ、入間郡の役人が責任を問われ解任されるに至っている。

出雲伊波比神が律令政府によって祀られる神とされたのは、天平勝宝七（七五五）年のことであった。このとき、多摩郡の小野社、賀美郡の今城青八尺《いまきあをやさか》（坂）稲実《いなみの》社、横見郡の高負比古乃《たけふひこの》社が同様の処遇を受けている。小野社以外は現在の埼玉県域に所在した神社である。埼玉県域には、すでに奈良時代から、奈良の中央政府から信仰される神社があったのだ。

出雲伊波比神社は、現在いくつかの神社がその後身に比定されていて定説を見ていない。この神社は入間郡の役所の西北角にあったことがわかっているのだが、入間郡の役所がどこであったかが、いまだはっきりとわかっていないこともその原因の一つである。長い歴史の中で庇護者を失い、廃絶したり、所在がわからなくなってしまったり、名前が変わってしまった神社は少なくはない。古い文献に出てくる神社を、現存のどの神社に比定するかということは、なかなかに難しい。

毛呂山町にある出雲伊波比神社は、奈良時代の出雲伊波比神社に比定される神社の一つである（写真1）。当社は小田原北条家の支配下や江戸時代には「毛呂明神」などと呼ばれていた。出雲伊波比神社の社名が現れるのは江戸時代の後期、文化八（一八一一）年に記された当社の縁起においてであるという。境内に建つ安永八（一七七九）年の銘を持つ石灯籠には「奉献出雲伊波比神社大前」と記されるが、これは明治三三（一九〇〇）年に再建されたものであることにも留意する必要があろう。当社は、江戸時代の後期以降、古代の出雲伊波比神社の後身であることを強く主張するようになったといえよう。

それはともかく、当社が埼玉を代表する神社の一つであることは疑いない。その本殿は室町時代の大永八（一五二八）年に建立されたもので、埼玉県域に現存する社殿として最も古く、現在は国の重要文化財に指定されている。

写真1　出雲伊波比神社（毛呂山）

二　埼玉の式内社

今見てきたように、出雲伊波比神社ほか数社の埼玉県域の神社が、奈良時代に律令政府の崇敬を受けていた。ただ、奈良時代に律令政府から信仰された神社の全貌を示す文献は残っていない。平安時代の中頃に至ると、延長五（九二七）年に完成した『延喜式《えんぎしき》』という法令書から、当時の律令政府が崇敬した神社の全体像を知ることができる。『延喜式』所載の神社は、延喜「式」の「内」に記載された神「社」という意味で「式内社《しきないしゃ》」と呼ばれる。

『延喜式』には全国で二八六一社、三一三二座の国家祭祀の対象が、国、さらに郡ごとに分けて記されている。社と座の数が異なっているのは、社は神社の数、座は神の数で、一つの神社で複数の神を祀る場合があるためである。武蔵国の場合、埼玉の県名の由来となった埼玉郡の前玉《さきたま》神社に二座の神が祀られているため、四三社・四四座となっている。これは現在の関東地方を構成する八つの国のうちで最も多い数である。現在の埼玉県域には、そのうちの三二社があった。これは武蔵国内の式内社の実に四分の三に当たる。先ほどの入間郡の出雲伊波比神社、賀美郡の今城青八坂稲実社、横見郡の高負比古（乃）社の名も『延喜式』に見えている。

四三社ある武蔵国の式内社の中で二社のみは「大社」に指定され、ともに「名神《みょうじんの》祭《まつり》」という特別の祭祀に与った。いずれも埼玉県域所在の神社、足立郡の氷川神社と児玉郡の金佐奈《かなさな》神社である。「名神祭」に与る神は全国三一三二座の神の一割程度である。さらに氷川神社は「月次《つきなみ》・新嘗《にいなめ》」という祭りにも与る、武蔵国内で最も格式の高い神社であった。

三　武蔵国一宮

『延喜式』に見える足立郡の氷川神社は、現在のさいたま市大宮区高鼻町にある氷川神社に比定される。大宮という地名はこの氷川神社が大いなる神社、つまり大宮と呼ばれたことに由来している。氷川神社は埼玉県内にたくさんあるから、この神社を以下、大宮氷川神社と呼ぶことにしよう。県内の氷川神社には、大宮氷川神社から分霊を迎えて祀った由緒を持つものが多い。

　大宮氷川神社は日本一長い参道を持つといわれ、二キロにわたる参道が本殿の前から中山道まで延びている。その入り口には「武蔵国一宮」と記された標石が聳《そび》える。江戸時代の享保七（一七二二）年に建てられたものだ（写真3）。一宮とは、式内社のように国家が定めたものではない。しかし、式内社同様に律令制で定められた六八の国ごとに一宮と呼ばれる神社がある。千葉県長生郡一宮町や愛知県一宮市は、それぞれ上総国一宮玉前《たまさき》神社・尾張国一宮真清田《ますみだ》神社が所在するため一宮という地名になった。一宮のほか、二宮、三宮などと呼ばれる神社も各地にある。

　一宮は、それぞれの国の中で最も信仰を集めた神社と理解されることが多い。だから『延

写真2　大宮氷川神社

写真3　氷川神社標石

喜式』の中で武蔵国内で最も格式の高い神社に比定される大宮氷川神社が「一宮」と呼ばれることは当然、と思われるかもしれない。しかし、鎌倉時代に成立した『吾妻鏡《あづまかがみ》』は「武蔵国多西郡（多摩郡の西部）内」に「一宮」があることを伝えている（治承五年四月二十日条）。大宮氷川神社は武蔵国足立郡にある神社であるから、この『吾妻鏡』に記された「一宮」は大宮氷川神社を指すものではない。では、何かの間違いか。いや、そういうわけではなさそうだ。南北朝時代に成立した『神道集』という書物では、武蔵国の一宮は小野神社、氷川神社は三宮とされている。二宮は小河神社、四宮は秩父神社、五宮は金鑽《かなさな》神社、六宮は杉山神社との旨も記される（巻三 武蔵六所明神事）。小野神社・小河神社は現在の東京都、杉山神社は神奈川県域にあった神社なので、三宮・四宮・五宮が埼玉県域にあったことになる。

なぜ氷川神社が一宮とされていなかったかという疑問を解く鍵は、武蔵国の国司が政務を執る国府の所在地にある。武蔵国府は現在の東京都府中市、昔の郡でいうと多摩郡のなかにあった。そもそも府中とは国府の所在地のことである。『神道集』がいう一宮小野神社も、二宮小河神社も、ともに多摩郡にある神社であった。小野神社は奈良時代の文献にも多摩郡の神社としてその名が見えていた。

先に一宮は各国の中で最も信仰を集めた神社であると考えられていると記したが、実は必ずしもそうではない。律令制下では、国司が国内の有力神社を巡拝することがあり、その巡拝の順番が一宮・二宮などの呼称に反映する場合があったとも考えられている。小野神社も小河神社も多摩郡に所在する神社であること、五宮・六宮の所在地が国府から離れた場所にあることを考慮すれば、『神道集』に見える一宮以下の記載は、国司の巡拝順など、国府との関係性から付された名称である可能性が高い。

大宮氷川神社が確実な文献上で「一宮」と見えてくるのは、天正六（一五七八）年北条家の治世下においてである（「北条家禁制写」）。それは、国司の支配が遠い過去となり、武蔵国・相模国といった律令制が定めた国を超えて戦国大名が支配する時期であった。以降、江戸時代には大宮氷川神社は武蔵国の一宮として親しまれ、明治維新で天皇が江戸改め東京に移るとその行幸を受け、東京が所在する武蔵国の鎮守として処遇されるに至った。

四　鷲宮神社

『延喜式』に見える神社は確実に平安時代の中頃に存在した古社であるが、『延喜式』に記載がないからといって古社ではない、というわけではない。例えば、久喜市にある鷲《わしの》宮《みや》神社は、鎌倉幕府の設立当初から篤い信仰と庇護を受けた神社であり、『延喜式』所載の神社に勝るとも劣らない古社といえるだろう（写真4）。

鷲宮神社は、平安時代に埼玉郡東部に展開した太田庄《おおたのしょう》の総鎮守といわれ、太田庄の在地の武士から信仰を集めていたと考えられている。太田庄の庄域には、鷲宮神社の氏子がいる村々が多数存在していた。『延喜式』を編纂した京都の律令政府よりも、地元の坂東武者に支えられた神社といえよう。

鷲宮神社の名が見える確実な文献史料は、鎌倉時代に編纂された『吾妻鏡』である。その建久四（一一九三）年一一月一八日条に次の記事がある。鷲宮神社の神前で流血の凶事

写真4　鷲宮神社

があった、これは戦乱の兆しである、という報告が幕府に入った。幕府はこれに対し、翌日神馬を贈って神を宥めた。この記事からは、鎌倉幕府の開設から程ない時期に幕府がその神意を重要視していたことがわかる。

鎌倉幕府の倒壊後は、下野国（現栃木県）小山に拠点を置く武士小山《おやま》家の保護を受けた。小山家は太田庄を本拠とした武士太田家の分かれであり、太田庄を所領としたという。以後、古河《こが》公方《くぼう》、小田原北条家の崇敬を受け、天正一九（一五九一）年関東に入部した徳川家康からは、四〇〇石の社領を受けた。同じ時期に大宮氷川神社に与えられた社領が一〇〇石であったことに鑑みれば、この措置がいかに破格のものであったかが知られよう。

五　埼玉の古寺

次に、埼玉の古寺に叙述を移そう。日本に仏教が公式に伝わったのは六世紀の中頃であった。その後ほどなく、法興寺（飛鳥寺）、法隆寺、四天王寺など、都とその周辺には大規模な寺院が建立されていった。奈良時代に入ると、興福寺・薬師寺・唐招提寺・東大寺など、現在でも観光名所となっている寺院が次々と奈良に建立された。有名な和辻哲郎の『古寺巡礼』は、そのような飛鳥時代から奈良時代に建立された奈良の寺院を中心とした随想的紀行文である。果たしてそのような「古寺」が、都から遠く離れた埼玉にあるのだろうか。

実は埼玉県域には、東国最古の寺院と考えられている寺院があった。比企郡滑川町から、東日本最古とされる寺院の瓦が出土しているのだ（写真5）。この瓦は七世紀前半のものと

写真5　寺谷廃寺瓦（『仏教伝来　埼玉の古代寺院』埼玉県立歴史と民俗の博物館、2010年）

考えられており、遅くともこの時期には埼玉県域に仏教が伝来していたことになる。寺谷《てらやつ》廃寺と呼ばれるこの寺院は、残念ながら廃寺の名のとおり現存せず、徴すべき文献もない。正式な寺名すらわからない寺院であるが、現状で東国最古と考えられる寺院が埼玉県域にあったことは、関東の、日本の仏教史を理解する上で強調しておかなければならない。

日本の仏教は、初めは経典を研究する学問として展開したが、やがて仏の広大無辺の力をもって、国家の安泰や人々の救済を願う現世利益的な傾向を強めていった。平安時代になって、最澄が天台宗を伝え、空海が真言宗を開くと、仏教の現世利益的傾向は強まり、この両宗派が各地で大きく勢力を伸ばしていった。もちろん埼玉県域にもその波は及んだ。

六　慈光寺

関東平野と秩父盆地を隔てる山並みの一角、都幾《とき》山の中腹に慈光寺《じこうじ》がある。ここは現在に法灯が引き継がれている埼玉きっての古寺である。

縁起では、白鳳年中の創基で、奈良時代末に寺院としての体裁を整え、最澄によって天台宗の道場とされるに至ったことが説かれる。平安中頃の清和天皇によって天台別院の寺格を与えられ、勅額を受けたという。天台別院とは、天台宗の本山と同格であることを表すから、関東における天台宗の本山に相当する格式であるといえよう。

これらの縁起の内容を裏付ける確実な文献には恵まれない。だが、すでに平安時代の中頃に都の知識人の間に慈光寺の名が知れ渡っていたことはいくつかの信頼できる文献から証明できる。長久年間（一〇四〇～四三年）に成立した『大日本国法華経験記』には、下野国出身で奈良の法隆寺の僧となった法空が、生国に戻って日光や「慈光」など東国の諸山で修行に励んだ旨が見えている。また一一世紀末から一二世紀初頭に成立した『拾遺往生伝』では、武蔵国慈光寺の僧延救《えんぐ》の往生の様子が記されている。

慈光寺は、新時代の覇者からも篤い信仰を受けた。平治二（一一六〇）年平治の乱で敗者となり伊豆に流されていた源頼朝は、平氏打倒の兵を挙げる前年の治承三（一一七九）年三月二日、慈光寺のために自身の名を入れた鐘を鋳造させている（『吾妻鏡』文治五年六月二九日）。さらに頼朝は、文治五（一一八九）年六月二九日、常に手許に置いて信仰していた愛染明王像を慈光寺に送った。自身に叛いた弟の義経を匿《かくま》うなど独自の動きをとる奥州藤原氏を討つために、その拠点である平泉に兵を進めることを決めた頼朝が、戦勝祈願を籠めるためであった。戦勝後頼朝は愛染明王への供米と長絹を御礼として慈光寺に贈っている（同年一〇月二二日）。

頼朝が寄進した鐘こそ残らないが、当寺には寛元三（一二四五）年の銘を持つ梵鐘が伝世している。ここには「天台別院慈光寺」と記されている。清和天皇から「天台別院」の格を与えられたことは信頼できる文献から確認することはできないものの、遅くともこの時期には慈光寺が「天台別院」とされていたことは疑いない。鎌倉時代の慈光寺は、関東の天台道場として確固たる位置を築いていたのである。

このように繁栄を誇った慈光寺であるが、戦国騒乱の中で徐々にその繁栄に陰りが見えてくる。徳川家康は朱印地一〇〇石を与えて保護を加えるが、往時七五あったといわれる僧坊は、江戸時代中後期には一〇前後となっていた。慈光寺の本坊が檀家を持たなかった

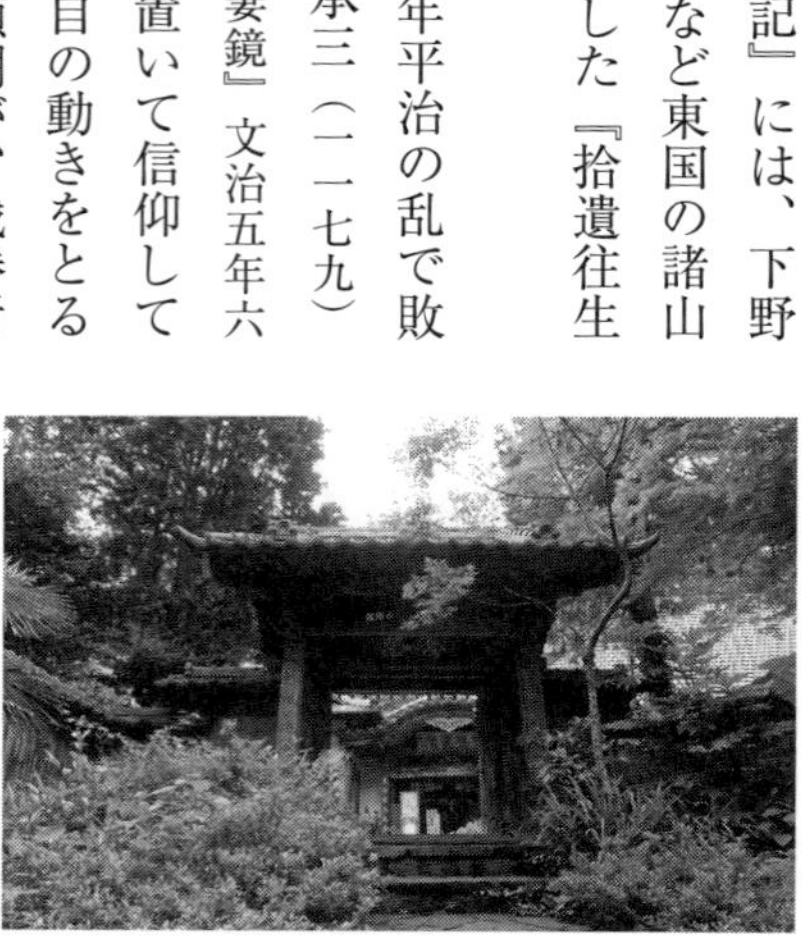

写真6　慈光寺

ことが衰退の原因として想定される。

現在の慈光寺は、本堂・観音堂・開山塔など、いくつかの堂舎が点在するだけの静かな佇《たたず》まいである（写真6）。しかし、寺に伝わる平安時代以降の数々の宝物が、往時の繁栄を示している。貞観一三（八七一）年に書写された大般若経は、関東地方で最古の写経として知られ、国の重要文化財に指定されている。また、美しい装飾を持つ法華経一品経は、慈光寺の名を世に知らしめている。法華経一品経とは、二八部（品）から成る法華経を帰依者が一品ずつ書写したものであるが、慈光寺の法華経一品経は後鳥羽上皇やその妃《きさき》、妃の父の関白九条兼実《くじょうかねざね》ら、当時の宮廷の歴々がその筆者となっている。この経は「慈光寺経」と呼ばれ、その豪華さは広島県宮島の厳島神社に伝来する平家納経《へいけのうきょう》と並び称されている（写真7）。「慈光寺経」は、国宝に指定されている。

おわりに

以上、埼玉県域の古社・古寺について、可能な限り信頼できる文献や物証に拠って叙述を進めてきた。しかし、文献には載らずとも悠久の時を重ねてきた神社や寺院は無数にあるはずだ。したがってもちろん、ここで紹介できなかった寺社について、古社や古寺であることを否定するものではない。また、どの時代までに建立された寺社を古社・古寺と呼ぶかということにも議論が必要かもしれない。ここでは鎌倉時代初め頃までの文献に現れる寺社をもって一応の区切りとしたが、埼玉県域が武士の活躍の場である東国という特性

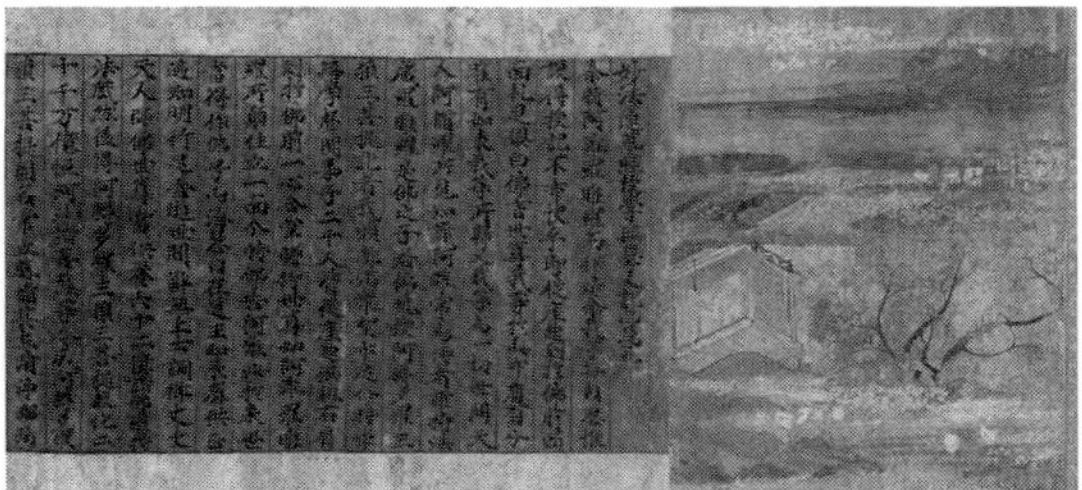

写真7　慈光寺経（『仏教伝来　埼玉の古代寺院』埼玉県立歴史と民俗の博物館、2010年）

を考えた場合、むしろ鎌倉時代以降が本格的な寺社信仰の展開期であると言わねばならない。

平安時代以来の天台・真言の両派はもとより、鎌倉時代に興隆してくる禅宗や浄土信仰系の諸宗派の寺院の中でも、埼玉県域には重要な寺院は少なくない。江戸時代の建築でも、江戸城の御殿を移築したという川越の喜多院や、その精細な彫刻が国宝に指定された妻沼《めぬま》の聖天堂（歓喜院）など、埼玉が全国に誇る寺社建築もある（写真8）。これらについて詳しいことは、『新編埼玉県史』などを参照していただければ幸いである。

ただ、最後に一つだけ紹介しておきたい寺院がある。新座市野火止にある平林寺である。当寺は、南北朝時代に岩槻で開創され、江戸時代に川越藩主松平信綱の要請で現地に移転したという歴史を有するが、特筆すべきはそれを取り巻く雑木林である。かつて埼玉県域から東京都にかけて広がっていたであろう平地林が、四三ヘクタールにわたって良好に保存され、国指定天然記念物に指定されている。その辺縁を、かつて台地を潤した野火止用水が流れる。緑果てなき武蔵野の名残をとめし林に抱かれたその佇まいは、埼玉の名刹と呼ぶにふさわしい風格を具えている。

〈参考文献〉

『新編埼玉県史　通史編一　原始・古代』埼玉県、一九八七年
宝亀三年（七七二）十二月十九日「太政官符」・『大日本国法華経験記』・『拾遺往生伝』（『新編埼玉県史　資料編四　古代二』埼玉県、一九八三年）
『式内社調査報告　第十一巻　東海道六』皇學館大学出版部、一九七六年
『吾妻鏡』（『新編埼玉県史　資料編四　中世三』埼玉県、一九八五年）
『神道大系　文学編一　神道集』神道大系編纂会、一九八八年

写真8　妻沼聖天堂

『特別展　武蔵国一之宮』パルテノン多摩、二〇〇五年
「北条家禁制写」（『新編埼玉県史　資料編六　中世二』埼玉県、一九八〇年）
『鷲宮町史　通史上巻』鷲宮町役場、一九八六年
『久喜市の歴史と文化財②　鷲宮神社』久喜市教育委員会、二〇二一年
『都幾川村史　通史編』都幾川村、二〇〇一年

［訪］

埼玉の城址

薄井充裕

埼玉の城址はゆうに一〇〇を超え、県内に広く分布している。ここでは別表の二〇を中心にその特徴を述べたい。なお、選択の基準として、市民や来訪者にとっての近しさ（アクセシビリティ）も考慮している。

まちなかの公園として（既成市街地）

急速な市街化の過程で多くの城址は失われたが、一部はまちなかに溶け込んでその足跡をとどめている。石田三成による水攻めに耐え「浮き城」の異名を持つ忍城と水城公園（行田市）は全国的にも有名だが、現在、城跡に行田市郷土博物館とともに御三階櫓が外観復興され風情ある景観を形成している。

「城址公園」の名称を持つのは岩槻城（さいたま市岩槻区）、蕨城（蕨市）、深谷城（深谷市）、滝の城（所沢市）など。雉岡城跡（本庄市）、赤山城跡（川口市）も市内の公園として保存され土塁、堀などの遺構を見ることができる。

公園以外では、別府城跡（熊谷市）など神社仏閣や公共用地にかたちを変えているものも多い。また、市民の活動によって、商業施設の開発のなか、その遺構が部分的ながら残された山口城址（所沢市）も注目される。このように、古き城址の一部は既成市街地のなかでいまも、緑の空間として市民へ貴重な憩いの場を提供しているのである。

写真１　忍城（行田市）

自然共生型の丘城・山城跡（郡部）

一方、幸い市街化の波に飲み込まれることなく、築城、改修当時の様子をいまに伝える郡部の城址は、規模も大きく市民や来訪者にとって格好のハイキングコースとなっている。

鉢形城跡（寄居町）は、関東管領山内上杉氏、後北条氏の北関東支配の拠点の城で、荒川右岸断崖上の天然の要害地に築城され、指定面積約二四ヘクタールのなかに、石垣、土塁、郭、空堀が見事に現存する。

比企城館跡群は比企郡内の四中世城館跡である。畠山重忠の居館とも伝えられる菅谷館跡、杉山城跡（嵐山町）、小倉城跡（ときがわ町・嵐山町・小川町）、松山城跡（吉見町）は、二〇〇八年に国指定史跡として選定された。

また、鉢形城から松山城にいたる広域エリアには、高見城、中城、腰越城、青山城、山田城、青鳥城など支城、砦を含め数多くの城址が集中している。

写真2　岩槻城址（さいたま市）

さらに、自然と共生する丘城・山城跡は、天神山城（長瀞町）はじめ根古屋城、千馬山城、塩沢城、熊倉城など秩父地方にも広く分布している。

豪族・武士などの歴史的な城館跡（県内全域）

埼玉の城址めぐりは、遺構などがすでに失われていても、平安から江戸時代にかけて戦乱に明け暮れた武蔵国の史実を知る格好な機会にもなるだろう。

県下各地に点在する多くの城館跡は、その淵源について近年の発掘、研究調査からさまざまな見解がある。城館はときに前線の城として厳しい合戦の場にあり、また人と人との生死を賭けた調略、外交の場でもあったこと

表　埼玉の城址20選

城址名	史跡	築城時代	形態	遺構など	所在地
まちなかの公園として（既成市街地）					
①忍　城	県旧跡	室町	平城	土塁，郭，堀／御三階櫓外観復興	行田市
②岩槻城	県史跡	室町	平城	門，土塁，郭，堀　［岩槻城址公園］	さいたま市岩槻区
③蕨　城	県旧跡	南北朝	平城	土塁，堀　［蕨城址公園］	蕨市
④深谷城	県旧跡	室町～江戸	平城	堀　［深谷城址公園］	深谷市
⑤滝の城	県史跡	戦国	平山城	土塁，郭，堀　［滝の城址公園］	所沢市
⑥雉岡城	県史跡	戦国	平城	曲輪，土塁，堀　［城山公園］	本庄市
⑦赤山城	県旧跡	江戸初期	平城	土塁，堀	川口市
⑧別府城	県史跡	平安～戦国	平城	土塁，郭，堀　［東別府神社］	熊谷市
⑨山口城	県旧跡	平安末期	平山城	土塁，堀	所沢市
自然共生型の丘城・山城跡（郡部）					
⑩鉢形城	国史跡	戦国	平山城	石垣，土塁，郭，堀　119 m（-）	大里郡寄居町
⑪菅谷館	国史跡	鎌倉～戦国	平城	土塁，郭，堀　60 m（10 m）	比企郡嵐山町
⑫杉山城	国史跡	戦国	丘城	土塁，郭，堀，井戸　95 m（40 m）	比企郡嵐山町
⑬小倉城	国史跡	戦国	山城	石垣，土塁，郭，堀　135 m（70 m）	比企郡ときがわ町
⑭松山城	国史跡	室町～戦国	丘城	土塁，郭，堀，井戸　60 m（40 m）	比企郡吉見町
⑮天神山城	——	戦国	山城	石垣，土塁，郭，堀　222 m（86 m）	秩父郡長瀞町
豪族・武士などの歴史的な城館跡（県内全域）					
⑯源経基館	県史跡	平安	平城	土塁，郭，堀	鴻巣市
⑰足利政氏館	県史跡	戦国	居館	土塁，堀　［甘棠院］	久喜市
⑱伊奈氏陣屋	県史跡	安土桃山	陣屋	土塁，堀	北足立郡伊奈町
⑲河越氏館	国史跡	平安末期	居館	土塁，堀　［河越館跡史跡公園］	川越市
⑳川越城	県史跡	室町	平城	御殿，土塁，郭，堀／御殿の一部現存	川越市

（注）築城時代は諸説がある。鉢形城～天神山城については標高（比高）を示している。

から興味は尽きない。

源経基は『将門記』にも登場する人物だが、源経基館（鴻巣市）は、九三八（承平八）年武蔵介に任ぜられて下向し館を構えたという伝承による。

河越氏館（川越市）は、平安時代末期に築かれたとされるが、鎌倉時代、強大な勢力を誇った河越氏の居館といわれ、現在、館跡一帯は河越館史跡公園として整備されている。

足利政氏館（久喜市）は、一五一八（永正一五）年以降、戦国時代のいくつものエピソードに彩られ、いまは甘棠院《かんとういん》の境内となっている。

時代は下って、伊奈氏陣屋（伊奈町）は、家康の関東入部により関東代官頭（関東郡代）に任ぜられた伊奈忠次によって一五九〇（天正一八）年築かれたとされる。

最後の川越城（川越市）は、一四五七（長禄元）年に太田道真・道灌父子によって築城されたといわれ、忍城とともに関東七名城の一つに挙げられる。日本三大夜戦の一つ河越夜戦の舞台となった城で、江戸時代には川越藩の藩庁が置かれた。特に江戸時代中期までは、忍城、岩槻城とともに松平信綱（知恵伊豆）はじめ幕府の要職老中についた歴代藩主を多く輩出した。現存する建物としては、一八四八（嘉永元）年に建てられた本丸御殿の一部が残され、川越藩一七万石の風格をしのばせている。

埼玉の城址は、いまも市街化の波に洗われつつ日々、変化を遂げている。以上概観したとおり、既成市街地、郡部などエリアによって保存の形態は異なるが、四季を通して、歴史、城址マニアのみならず県内外から多くの来訪者がある。

古の埼玉は武蔵国。武蔵武士という言葉があるとおり尚武の気風を誇り、城址や館跡はその象徴である。地域の歴史を紐解く最良のメモリアルの一つといえよう。

〈参考文献〉
大野信長・有沢重雄・加唐亜紀編『日本の城1055 都道府県別 城データ&地図完全網羅』西東社、二〇二二年
梅沢太久夫『埼玉の城：127城の歴史と縄張』まつやま書房、二〇一八年
峰岸純夫・齋藤慎一編『関東の名城を歩く 南関東編：埼玉・千葉・東京・神奈川』吉川弘文館、二〇一一年
西野博道編『埼玉の城址めぐり』幹書房、二〇一〇年
西野博道編『続埼玉の城址めぐり』幹書房、二〇一二年
西野博道『歴史ロマン・埼玉の城址30選』埼玉新聞社、二〇〇五年
大多和晃紀『関東百城 新装』有峰書店新社、一九九三年
南條範夫・奈良本辰也監修『日本の名城・古城事典』TBSブリタニカ、一九八九年
大類伸『名城名鑑〈下〉』新人物往来社、一九六五年
埼玉県内の国・県指定等文化財については埼玉県教育委員会資料などを参照

4 風土が育てた文学者・石井桃子——

竹内美紀

はじめに

埼玉の文化発信に実績ある「さきたま出版会」をご存じだろうか。浦和出身の星野和央氏が地域社会に根差した出版を志して一九七四年に設立した出版社で、以来五〇年にわたり一〇〇〇タイトル以上の本を世に送り出してきた。

出版を通じて埼玉を見つめることを生涯のテーマに掲げる星野氏が、九〇歳の今一番入れ込んでいるのが、浦和出身の石井桃子である。星野は縁者でもある石井を、故郷を代表する文学者の一人として尊敬し、埼玉での足跡を記そうと「石井桃子の会」を主催している。この章では、石井桃子を手がかりに、その文学が育てた埼玉の風土をたどってみたい。

一　石井桃子と埼玉のルーツ

石井桃子（一九〇七～二〇一四年）は、埼玉県浦和市（現在のさいたま市）出身の児童文学者である。創作、翻訳、編集、読書運動など多くの分野で、戦後日本の児童文学を牽引した。主な創作としては、デビュー作品『ノンちゃん雲に乗る』（一九四七年）、自伝的エッセイ『幼なものがたり』（一九八一年）、読売文芸賞を受けた長編小説『幻の朱い実』（一九九四年）などがある。

編集者としては、戦前の文芸春秋社や新潮社での経験を経て、第二次世界大戦後には、岩波書店児童書編集部の責任者として、「岩波少年文庫」や絵本「岩波子どもの本」シリーズを創刊したり、福音館書店の「世界の傑作絵本」シリーズの立ち上げにも尽力した。一九五四年にはロックフェラー財団の奨学金を得て、アメリカとカナダに一年間の留学を果たし、児童図書室の先進的な事例を学んだ。帰国後はその学びを実践に移すべく、荻窪の自宅の一角に「かつら文庫」を開設し、現在の東京子ども図書館へと発展させている。

石井の多方面の活動の中でも特に顕著なのは児童文学の翻訳で、生涯に二〇〇冊以上の翻訳出版がある。晩年の朝日賞受賞も「『クマのプーさん』などの翻訳」を評価されてのことだった。石井桃子の名前を知らない人でも、「クマのプーさん」「ピーターラビット」「うさこちゃん」（ミッフィー）と聞けば、うなずくに違いない。自分が子どもの頃や子育て中に、これらの本を手に取った人も多いことだろう。

石井桃子の生家は昔の浦和の宿場のはずれで中仙道沿いにあったが、母の実家が三《み》室《むろ》（現在のさいたま市緑区三室）にあり、母の里帰りのときに、連れて行ってもらうことが多かった。母の長姉が嫁いでいたのが徒歩五分のところにある星野家で、丑三はそこの長男だった。年齢の近い桃子は丑三と、母が三室に帰省した折りによく遊んだという。

星野丑三（一九〇九～二〇〇三年）は、さきたま出版会の星野和央の父で歌人である。三室村に生まれ、県立浦和中学校を経て東洋大学を卒業後、北原白秋の高弟・村野次郎に師事し、「香蘭」短歌会に所属、村野次郎没後は「香蘭」の二代目主宰となった。星野家から徒歩五分ほどの文殊寺境内には、星野丑三の喜寿を記念して建立された歌碑がある。

追うごとく　追わるるごとき　われの生に
みどりあふるる　今日の日に遭う

石井桃子は七〇歳を越えてから、幼少期の思い出を自伝的エッセイ『幼なものがたり』にまとめるが、執筆の前に三室を再訪した。そのときに星野家の前で丑三と二人で立つ写真が残っている。桃子は丑三宛の礼状の中に、「何しろ、三室という土地の名は、私の幼な心に、楽園のような場所として刻まれている」と記している。短歌雑誌「香蘭」で「星野丑三の追悼特集」が組まれた際には、石井桃子は「丑ちゃん」というタイトルの追悼文を寄せているが、そこに書かれているのもまた、三室の文殊さまで丑ちゃんと遊んだ思い

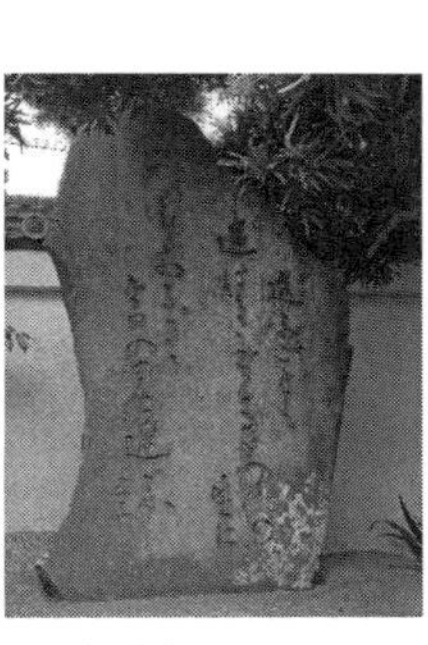
写真1　文殊寺の星野丑三の歌碑

写真2　星野家の前に立つ石井桃子と星野丑三 1997年撮影（星野和央氏提供）

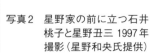

出である。

二　ファンタジー『ノンちゃん雲に乗る』の故郷

三室での幸福な記憶が、石井桃子の心に文学の種を蒔いた。そう思わせる理由の一つに、石井の初めて書いた小説『ノンちゃん雲に乗る』の舞台が氷川神社だったことがある。「ノンちゃん」の物語は、こんな風に始まる。

いまから何十年かまえの、ある晴れた春の朝のできごとでした。いまでいえば東京都、そのころでは東京府のずっとずっと片すみにあたる菖蒲町という小さい町の、またずっとずっと町はずれにある氷川様というお社の、昼なお暗い境内を、ノンちゃんという八つになる女の子がただひとり、わあわあ泣きながら、つうつうはなをすすりながら、ひょうたん池のほうへむかって歩いておりました。

ここに出てくる「氷川様」のモデルとなった氷川神社はどこにあるのだろうか。氷川神社は関東平野を中心には複数あるが、その総本山といえるのは埼玉県さいたま市大宮区高鼻町にある武蔵一宮氷川神社である。ただし、古来より一宮氷川神社は三社あったといわれ、見沼区中川の中氷川神社（現・中山神社）と緑区三室の氷川女體神社を加えた三社を「一宮氷川神社」とみる説もある。この地域はかつて見沼のたんぼと言われ、そのまわりにあるこの三つの神社のうち、大宮氷川神社を男体社、中山神社を王子社、氷川女體神社を女体社として一体と見るからだという。

石井桃子自身は、「ノンちゃん」に出てくる「氷川様」のモデルがどの氷川神社であるかは明らかにしていない。しかし「幼い桃子が訪れた形跡があるのは、この三室の氷川女體神社だけだと思う」と石井桃子の会会長の星野和央氏は言う。

石井のファンタジーの原点を探るために、埼玉の三室を訪ねてみようと思った。

一九九七年に「石井桃子の会」のメンバーが三室ツアーをするというので、同行させていただいた。ＪＲ北浦和の駅からバスで一五分のＪＡ埼玉三室前に集合する。星野和央氏に案内してもらいながら、まずバス停すぐ裏手の石井桃子の母の実家である関野家を見る。そこはすでに建て替えられてしまっている。そこから徒歩五分で星野家。幼い頃の石井桃子が星野丑三を訪ねたときのままの古い家と納屋が残っている。石井が言及したシュロの木が門の左横に残っているが、三メートルにも及ぶ巨木に育って、過ぎ去った年月を感じさせる。星野家を出て氷川女體神社を目指すが、現在のバス通りではなく、あえて幼なき日の桃子が丑ちゃんと歩いたと思われる裏道を選ぶ。うっそうとした木々の間を抜ける道は、まるでファンタジーの入口のような雰囲気のある場所で、通称「トトロの道」と呼ばれているという。

トトロの道を抜けて、しばらくいくと鳥居が見える。鳥居の上には「武蔵國一宮　氷川女體神社」と記されている。鳥居をくぐった正面が社殿で、江戸時代の建築が現存している。左手の社務所横には特徴的な大木がある。御神木のタブノキで、幹の中央部に大きな瘤のようなものがある。

女體神社の階段を降りていくと、鳥居の反対側に小道が伸び、「さいたま市指定史跡氷川女體磐船祭祭祀遺跡」の石碑が立っている。その横にある案内板の解説の一部を引用しよう。

　氷川女體神社では、かつて御船祭りと呼ばれる祭礼がおこなわれていました。これは、毎年あるいは隔年の九月八日に御座船に乗せられた神輿が見沼を渡って下山口新田の御旅所に渡御するもので、見沼の中に設けられた祭礼場跡では、何度も繰り返し竹を立てた跡や祭礼に伴うとみられる銭などがおびただしく出土しました。この御船祭りは、見沼と深い関わりをもった氷川女體神社の根本祭礼でした。しかし、享保一二（一七二七）年に見沼の干拓が行われると、御船祭は行われなくなりました。そこで、新たに祭礼場を造成して、御船祭りの代わりの祭礼が行われることとなりました。これが磐船祭りです。新たな祭礼場は、氷川女體神社境内の前にある見沼の干拓地に柄鏡形に池を掘り、その中に土を盛って造られました。高台にある境内から、参詣路の石段を降り、見沼代用水を渡ったところから、陸橋（御幸道）が設けられ、祭礼場へと通じていました。

看板を読んで、細い水路をまたぐ橋を渡る。これが見沼代用水の渡陸橋（御幸道）なのだろうが、陸橋なんて立派なものではない、細い水路を渡す板程度のささやかなものである。途中には池に浮かぶ弁天様もあり、突き当りの少し開けた広場が祭祀場で、中央に「浦和市指定遺跡　氷川女體神社磐船祭祭祀遺跡」の標柱が立っている。この祭祀場を通称

写真３　氷川女體神社の鳥居と本殿

「土壇場《どたんば》」と言っていた。

氷川女體神社に隣接して見沼氷川公園があり、その入口近くに案山子像が立っている。像の足元の石盤には、唱歌「案山子」の歌詞と作詞者の武笠三の名前が刻まれている。国文学者の武笠三《むかささん》（一八七一～一九二九年）は、氷川女體神社の旧神主家の武笠家に生まれ、東京帝国大学卒業後、埼玉県第一中学校（現埼玉県立浦和高等学校）などで教鞭をとった。その傍ら、国定教科書の編纂および尋常小学校唱歌の作詞に取り組んだ。武笠三の作詞と言われているものに「案山子」「雪」などがあるが、編纂官だったために名を伏せ、作詞作曲不詳とされているものもある。

石盤に刻まれた「案山子」の歌詞を引用しよう。

山田の中の
一本足の案山子
天気のよいのに
蓑笠着けて
朝から晩まで
ただ立ちどおし
歩けないのか
山田の案山子

ここにあるように、案山子像は蓑笠を着けているが、袈裟のような着衣の裾が長く足は

写真4　氷川女體磐船祭祭祀遺跡の標柱が立つ広場

写真5　見沼氷川公園の案山子像

見えない。一本足を隠したのは、配慮が必要な時代ゆえなのだろう。

三　『クマのプーさん』の名訳誕生の風景

石井桃子の翻訳の代表作といえば『クマのプーさん』だが、その原書に出会ったときのことを、石井はエッセイなどに何度も書いている。一九三三年のクリスマスイヴ、文芸春秋の編集者だった石井は、親しくしていた作家・犬養健宅に招かれた。イギリスから帰国した健氏の友人から犬養家の子どもたちへのプレゼントとして、クリスマスツリーの下に一冊の本が置かれていた。A・A・ミルン著の *The House at the Pooh Corner* だった。『クマのプーさん』の続編『プー横丁にたった家』の原書である。子どもたちにせがまれて、石井がこの本を手に取り読みだした瞬間に不思議なことが起った。石井の言葉を引用しよう。

読み始めて何分も経たないうちに、私の心身を襲ったのは、私の一生のうちで、あとにも先にも経験したことのない生理的感覚でした。私は、温かい紗のカーテンのようなものをくぐりぬけて、まったく別の、たのしい、温かい世界に迷い込んでいた。

このときの瞬間のことを、石井は「魔法にかけられた」とも言っている。聞き手の二人の子どもたちは、そばで笑い転げていたと石井は回想する。犬養家の子どもたちとは、小学校低学年の道子と弟の康彦だったことから、石井は眼で英文を追いながら、頭の中で即興で日本語に変換して、子どもたちにもわかりやすい日本語で語ったはずである。子どもたちが笑い始めたのはおそらく、冒頭のプーのナンセンス詩ではないだろうか。

雪やこんこん　　ポコポン
あられやこんこん　　ポコポン
ふればふるほど　　ポコポン
ゆきふりゃつもる　　ポコポン

『クマのプーさん』には、随所にこうしたプーの自作の詩が挟まれている。鼻歌のようにプーが即興で作るナンセンス詩、あるいは童謡のようなもので、この作品の温かいのユーモアの象徴になっている。そして、これこそミルンお得意の、幼い頃に兄と遊んだライト・バース（軽い韻文）である。あわせてその箇所の原文も見てみよう。

The more it snows　　(Tiddely pom),
The more it goes　　(Tiddely pom),
The more it goes　　(Tiddely pom),
On snowing.

原文でsnowsを目にした瞬間に、石井の頭の中に「ゆきやこんこん」のフレーズが浮かんだのはなぜだろう。雪にも色々ある。縦長の日本列島では天候も大きく異なり、雪のイメージは実は一緒ではない。

例えば、絵本作家の赤羽末吉は、デビュー作『かさじぞう』を制作するとき、乾燥した大陸から引き揚げてきたときに感じた、日本の湿感の美しさを表現したいと思ったという。雪だるましか知らない東京っ子の赤羽は、雪の本当の恐ろしさを体験取材するために、極寒の時期に秋田や新潟などの豪雪地帯を歩き回ったという。

幼少期を浦和や三室で過ごした石井も、雪だるまや雪合戦を楽しみに、年に何回か降る雪を心待ちにしていたに違いない。「雪やこんこ」の鼻歌も出ただろう。三室の氷川女體神社の神主の子孫である武笠三が作った「ゆきやこんこん」の雪のイメージは、同じ三室で遊んだ石井桃子の思い出の中の雪そのものであった。

四　ファンタジーの心の源泉

再び、私が三室を歩いたときの感覚に戻ろう。

星野家から氷川女體神社に向かう裏道、「トトロの道」の入口に立ったとたん、デジャヴュ、どこかで見た風景だと思った。

記憶をたどる。

これはもしかして『クマのプーさん』の世界ではないだろうか。

プーの舞台になったアッシュダウンの森は実在している。私も、数年前に訪れたことが

写真6　三室・磐船祭祭祀遺跡前の橋

写真7　プーの棒投げ橋

あった。ロンドンから特急で一時間のイーストグリステッド駅からバスでさらに一時間、ハートフィールドのバス停に着く。バスを降りると目の前に、プーのイラストの看板が目に入る。観光案内所を兼ねたティーハウスである。そこで地図を買って、プーの森へ歩き出す。

　私有地の横を通り抜けられる「フットパス」というサインがある。『クマのプーさん』で「通り抜けキ（禁止）」と書かれていた看板を思い出す。木製の入口は、人がかろうじて通れるだけの幅で、自転車や馬も通り抜けられない。しばらく歩くと、両サイドの木が覆いかぶさるようにして、さながら木のトンネルのように見える。この木に囲まれた緑の道の様子が、三室の「トトロの道」によく似ているのである。どちらも、ファンタジーの世界への入口のような雰囲気をたたえている。

　「トトロの道」だけではない。氷川女體神社の鳥居下の「氷川女體磐船祭祭祀遺跡」に続く小さな渡陸橋（御幸道）の前に立ったときにも、「トトロの道」の入口で感じたのと同じような既視感を覚えた。

　プーカントリーの入口から一時間ほど歩いたところの「プーの橋」によく似ている。プーとイーヨーが小川にかか

写真8　三室・トトロの道の入口

写真9　プーの森の入口

る小さな橋に立ち、片側から小枝を落として、橋の反対側に出てくるときに、どっちの小枝が先に出てくるかを競争をした、あの「プーの棒投げ橋」である。この橋が、氷川女體神社に続く小橋のイメージに近いのだった。

「プーの棒投げ橋」からさらに一時間以上歩いて森を抜けた丘の上に、石盤の記念碑がある。そこに以下の文章が刻まれている。

写真10　プーカントリーの記念石盤と丘からの風景

"and by and by they came to an enchanted place on the very top of the Forest called Galleons Lap"
HERE AT GILLS LAP ARE COMMEMORATED
A.A. MILNE 1882-1956
AND
E.H. SHEPARD 1879-1979
WHO COLLABORATED IN THE CREATION OF
"WINNIE-THE-POOH"
AND SO CAPTURED THE MAGIC OF ASHDOWN FOREST
AND GAVE IT TO THE WORLD

そして、やがて彼らは、ガレオンズ・ラップと呼ばれる森の頂上にある魅惑的な場所にやって来た。
ここ、ガレオンズ・ラップには記念碑がある。
A・A・ミルン1882-1956とE・H・シェパード1879-1979
*Winni-the-Pooh*の創作に協力し、アッシュダウンの森の魔法をとらえ、それを世に送り出した。（筆者訳）

「魔法にかけられた場所」"an enchanted place"という言葉は、「プーさん」の物語の最終ページに次のように出てくる。

あの森の魔法の場所には、ひとりの少年とその子のクマが、いつもあそんでいること

でしょう。（石井桃子訳）

プーの魔法は、石井を一瞬にして、三室で遊んだ幼い頃に引き戻した。プーたちが遊ぶ英国の森"Hundred Akers Forest"を、石井は日本のすぐそこにあるような「百町森」と訳した。その自然な響きは日本の子どもたちに受け入れられ、児童文学者の今井祥智や、子どもの本とおもちゃの店「百町森」など、日本ではファンタジーの国の代名詞として市民権を得ている。

『クマのプーさん』のような名作ファンタジーはどのように生まれるのだろうか。石井桃子はそんな風に考えて、九〇歳を超えてから『クマのプーさん』の作者であるA・A・ミルンの自伝『今からでは遅すぎる』（原題It's too late now）を翻訳した。この本は以下のような文章で始まり、書名タイトル「遅すぎる」の意味を解説する。

子どもをその子にするのは、遺伝や環境であり、その子が大人になり、その大人が作家になるのであって、そこで、今からでは、いや、すでに四〇年前でも、ちがった作家になるには、もう遅すぎたということなのである。

つまり、偉大な作家がどのようにして生まれたかを知ろうとしたら、その作家がどのような本を書いたかなど、大人になってからのことを追いかけても無駄である。その人物が偉大な作家になるかどうかは、その人物が五歳の頃には、すでに決まってしまっているからなのだと。

このことを裏付けするように、邦訳で五〇〇頁を越える大著の中で『クマのプーさん』などの実際の創作活動についての記述は、最終章「作家時代」にやっと顔を出し、分量的にも全体の一割にも満たない。一方で、一番詳しく語られるのは、幼い頃にどうやって遊んだかである。特に、すぐ上のケンという兄と、ライト・バースという童詩のような唄のようなものを作って遊んだことがどれほど楽しかったかという思い出が長々とつづられている。

ミルンにとっての創作の源泉は、五歳までの兄との遊びの中にあった。それがファンタジーの心を育てることになるとしたら、それを解して名訳に仕立てた石井の創作の源泉も幼い頃の思い出にあるのかもしれない。石井はプーの翻訳が、『ピーターラビットのおはなし』に比較して簡単に訳せてしまったとも言っている。プーが自然に訳せてしまったのは、文体とともにプーの景色が、石井が幼い頃に体験した三室に似ていたこともあるのかもしれない。だからこそ、石井はプーの原文を目にした途端に、プーたちが遊ぶ風景をそのまま頭の中に描けたのではないだろうか。

おわりに——次世代に遺していくために

二〇二四年四月に三室を再訪した。星野和央氏を訪ねた後に、三室文庫の方に案内していただきながら、氷川女體神社や見沼氷川公園を歩いた。「トトロの道」は跡形もなく、似たような建売住宅が並んでいた。ここ一帯の大地主が亡くなり、相続税対策で土地が売却されたからだという。「トトロの道」だけではない。町全体の様子も随分変わってしまっていた。東京への通勤圏として地価も上がり、緑は減っている。

かつて石井桃子が訪ねた星野家は、かろうじて古民家として残されているが、一個人の力で管理していくのは容易ではない。今年九〇歳を越えた星野和央氏は、星野家自宅を「石井桃子ゆかりの資料館」として遺したいとして、文化庁に日本遺産申請中である。また、その周りの竹林も含めてご子息が整備し、筍堀りイベントなどで地域文化拠点になるよう尽力されている。

三室を歩きながら、石井の晩年の言葉を思い出していた。

「あなたをささえるのは、子ども時代のあなたです」

石井桃子と共に氷川女體神社で遊んだ丑ちゃんは歌人となり、その息子が「さきたま出版会」を興して埼玉の文化を発信し、孫がそれを継承していこうとしている。埼玉の文学者のファンタジーの心をはぐくんだ風土が、それを大切に思う人たちにより遺されていくことを願ってやまない。

〈参考文献〉
A・A・ミルン／石井桃子訳『今からでは遅すぎる』岩波書店、二〇〇三年
A・A・ミルン／石井桃子訳『クマのプーさん・プー横丁にたった家』岩波書店、一九六二年
赤羽末吉『赤羽末吉　絵本への一本道』平凡社、二〇二〇年
石井桃子『ノンちゃん雲に乗る』光文社復刻版、二〇〇五年
石井桃子『幼なものがたり』福音館書店、一九八一年
石井桃子『幻の朱い実（上）（下）』岩波書店、一九九四年
尾崎真理子『ひみつの王国　評伝石井桃子』新潮社、二〇一四年

竹内美紀『石井桃子の翻訳はなぜ子どもをひきつけるのか』ミネルヴァ書房、二〇一四年
竹内美紀『石井桃子　子どもたちに本を読む喜びを』あかね書房、二〇一八年
星野和央『地域を編んで八十年——土の匂いを生きる自分史エッセイ』関東図書、二〇二二年

［訪］

三匹獅子舞

植村幸生

東日本に固有のスタイル

埼玉県では獅子舞、神楽、祭囃子、農村歌舞伎といった多彩な民俗芸能が今も活発に演じられている。県内全域に広がる「三匹獅子舞」はその代表格である。これは一般に知られる獅子舞とは異なり、一人が一頭となるよう扮装し、三頭一組（必ずオス二頭、メス一頭）で演じる、東日本に固有の獅子舞である。一九五〇年代の調査によれば県内の二〇〇か所以上で三匹獅子舞が伝承されていた[1]。現在、一三の伝承が県の無形民俗文化財に指定されている[2]。

しかしこの「獅子《シシ》」が本来何の動物を表すのか判然としない。ライオンではなく鹿、猪など在来の獣（シシ）かと考えられている。県の中・東部では龍に見立てる例が多くカシラも細長い。カシラは勇猛、グロテスク、諧謔味が混在する独特の造形を見せる。

三匹獅子舞はおそらく戦国時代末期から江戸時代初期にかけて、当時大流行した風流（ふりゅう）踊との密接な関わりのもとに成立したものであろう。古い田楽の影響も認められる。この芸能の伝播には修験道の行者が一定の役割を果たしたという。また現在では多く神社に奉納されるが、寺院にも奉納する、寺院を支度部屋とするなど、一部に神仏習合の名残をとどめる。

各地の三匹獅子舞には「雌獅子隠し」と呼ばれる演目が共通にある（写真1）。これは姿を隠したメス獅子を二頭のオス獅子が探す、あるいは取り合うという筋書きである。その他に、笹、竹竿、弓、刀（一部地域では真剣を使用）を採り物とする舞、「道成寺」にちなみ鐘に隠れた蛇に獅子がからむ「鐘巻」（県内東北部のみに伝わ

写真1　女獅子隠し（飯能市下名栗、2023年）
女獅子（中央）をめぐる大太夫（右）と小太夫（左）の恋のさやあて。

る）など多彩な演目があって見る者を飽きさせない。隣接地区の獅子舞であっても演目構成や芸態はむしろ互いに独自性を発揮し、それが伝承者の誇りともなっている。

三匹獅子舞の音楽は篠笛と太鼓による囃子、そして歌を基本とする。獅子の演者は腰にくくりつけた太鼓を打ちながら舞うが、演者の太鼓をほとんど鳴らさず、代わりに据え置きの太鼓を用いるところも見られる。竹を茶筅状に細かく割いたささら（すりざさら）も重要な楽器である。特に県内では、楽器としてのささらの有無にかかわらず、しばしばこの芸能自体を「ささら」、その演技を「ささらを摺る」と称する。ささらは舞場に立つ花笠役、または道化役が担当する。道化は仮面をかぶり、時に卑猥な振る舞いで場を攪乱するが、これもささらと同じく田楽に由来する豊穣祈願のわざであろう。

村の芸能、その機能と現在

三匹獅子舞の担い手は職業的な芸能者ではなく村人たち自身であった。かつては農家の長男だけが継承し、次男以下はやりたくてもできなかったという。三匹獅子舞を演じることは当然ながら村の生活と密接に結びついていた。獅子舞の稽古は、農作業に必要な強靭な足腰を鍛えると同時に、若者にオトナの仲間入りをさせる加入儀礼でもあった。

獅子舞のうまい下手は村の生産力を占う指標にもなったので、オトナたちは真剣に教え、出来が悪いと本気で叱り飛ばしたものだった。また県中・東部では、村の聖地や境界を巡って獅子が短いお祓いの舞をする「辻回り」

「辻固め」の習慣があった（写真2）。辻回りは村の要所を村人が定期的に確認する機会となり、地域防災の機能を担ったと思われる。この芸能はもっぱら男性の領域であったが、女性は花笠役のほか、祭礼に必要な飾り物の製作や衣装、飲食の準備を通して、そして家族の演技を見守る観衆として、村行事としての三匹獅子舞を下支えしてきた。

民俗芸能の盛んな埼玉県とはいえ、一方では都市化が、他方では過疎化が急速に進む各伝承地では芸能存続への対策を迫られている。現在では旧家の次男、三男はもとより、新住民、地域外の者、そして女性が、笛のみならず獅子役にも加わるようになった。口頭伝承に代わって楽譜や録音、録画が伝承の新たなツールとなった。地域の小中学校と保存会とが協力関係を築く例も散見される。

しかし今般のコロナ禍は、ほぼすべての伝承地を奉納中止に追い込んだ。かつては疫病除けを祈願した獅子舞だけに皮肉な事態でもあったが、伝承者の方々の危機感は高まるばかりである。

さて筆者は九年前から続けている三匹獅子舞取材の過程で、一九六〇年代に東洋音楽学会が利根川流域で三匹獅子舞を調査した際の実況録音が国立民族学博物館（大阪府）に大量に残されていることを知った。しかしその録音の存在は現地ではまったく知られていない。筆者は現地保存会の方々とともにその録音の試聴会を県内外で進めている[3]。伝承者の方々はみな六〇年前の録音に熱心に耳を傾けてくださった。この資料が、ただちに継承危機の「特効薬」にはならないとしても、地域文化の再認識や伝承活動への動機づけとなり、ひいては学術研究と芸能伝承とのよりよい関係づくりに至ることを願っている。

写真2　辻固め（久喜市八甫、2018年）

〔注〕

（1）倉林正次『埼玉県民俗芸能誌』錦正社、一九七〇年、五五頁。

（2）県指定の伝承地は以下の通り（市町村名五十音順）。春日部市西金野井　川越市石原町　行田市下中条　鴻巣市原馬室　越谷市下間久里　狭山市入曽　秩父市浦山　飯能市下名栗　本庄市台町　皆野町皆野（椋神社）　八潮市大瀬　横瀬町芦ヶ久保　嵐山町越畑。この他に市町村指定の伝承地が多数ある。

（3）国立民族学博物館共同研究「民博所蔵東洋音楽学会資料に基づく日本民俗音楽の再構成と再活性化」（研究代表者　植村幸生、二〇二一年一〇月～二〇二五年三月）の一環である。

［探］

埼玉の音楽家——下總皖一

仲辻真帆

童謡のふる里

♩ささの葉さらさら　のきばにゆれる♫

この曲をきいたことがあるかたは多いのではないだろうか。《たなばたさま》である。ここでは、《たなばたさま》等を作曲した下總皖一（一八九八～一九六二年）[1]を紹介する。

下總皖一は北埼玉郡原道村砂原（現在の埼玉県加須市）出身で、埼玉師範学校、東京音楽学校[2]の卒業生である。

写真1　「下總皖一先生之像」と《たなばたさま》の歌碑（2019年10月28日、筆者撮影）

加須市にある道の駅「童謡のふる里おおとね」の敷地内には、下總の銅像と歌碑が並んでいる（写真1）。

歌碑の隣のボタンを押すと、《たなばたさま》のメロディーが流れてくる。《たなばたさま》は一九四〇（昭和一五）年に作曲され、翌年、文部省の『うたのほん』下巻に掲載された。歌詞は権藤はなよが作り、林柳波が補作したとされる。《電車ごっこ》[3]や《螢》も下總の作品である。「ほたるのやどは かわばたやなぎ」で始まる《螢》は、一九三二（昭和七）年発行の『新訂尋常小学

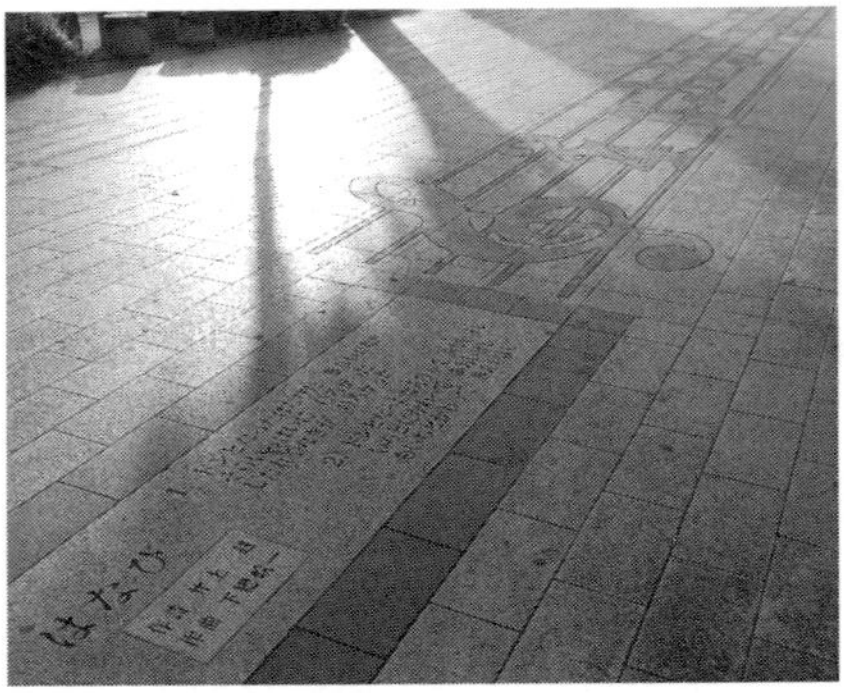

写真2　栗橋駅前の路上に刻まれた《花火》の歌詞と楽譜（2019年10月28日、筆者撮影）

唱歌』に掲載された文部省唱歌で、作詞は井上赳による。下總が作曲した《螢》の最後のフレーズには、わらべうた《ほたるこい》の旋律が巧みにとり入れられている。《ほたるこい》は、鳥取出身の三上留吉が作ったとも、東北地方のわらべうたともいわれ、合唱に編曲した小倉朗の作品として紹介されることもあるが、もとのわらべうた自体は作詞者・作曲者ともに不明である。

『日本のわらべ歌——合唱曲』（『教育音楽』第一〇巻第一号別冊附録、音楽之友社、一九五五年）五〇頁には「埼玉県東北部地方童謡」「下總皖一採譜編曲」の《螢来い》が掲載されており、下總の《螢》を楽しむときの参考になるかもしれない[4]。作曲家としての下總の活躍は、邦楽器使用曲や合唱曲にも見ることができるが、とりわけ広く親しまれており作品に故郷の情景を投影させているのは、やはり《たなばたさま》や《螢》といった童謡・唱歌であろう。

音楽理論家、音楽教育家として

下總は、作曲家だけではなく音楽理論家、音楽教育家としても大きな役割を果たした。楽式論、対位法、作曲法など、下總が書いた音楽理論書は多くあり、なかでも和声理論書は重要である。また、日本音楽の音階論にも下總の明晰な見解が見受けられ、日本や諸民族の音楽研究で名高い小泉文夫も下總の音階論を高く評価した（小泉 一九五八：三二）。下總は東京音楽学校師範科を卒業後、秋田、岩手、栃木、東京で教員生活を送っていたが、一九三二（昭和七）年から二年間ドイツに留学し、ベルリンのホッホシューレでパウル・ヒンデミットに師事した。西洋音楽を専門的に学び、それを自作品に昇華させただけでなく後進にも伝えていった下總。門下には、《ぞうさん》や《夕鶴》で知られる團伊玖磨、《土の歌》終曲の〈大地讃頌〉で著名な佐藤眞、そして坂本龍一の師であった松本民之助などがいる。

下總は七夕の翌日にこの世を去った。しかし彼がのこした音楽は、今も確かに息づいている。大利根文化・学習センター「アスターホール」の一角には下總の紹介コーナーがあり、「埼玉県校歌マップ」では下總が校歌を作曲した九六の学校を確認できる。(5)

アスターホールに隣接する野菊公園には、《野菊》の楽譜が刻まれた歌碑があり、秋になると野菊が静かに咲いている。また、ホールや公園から約二キロメートル離れた栗橋駅では《花火》の楽譜が路上に輝いており（写真2）、行き交う人々をいつも見守っている。

〔注〕

（1）「しもふさかんいち」または「しもおさかんいち」と呼びならわされている。本名は下總覚三（かくぞう）。

（2）埼玉師範学校は埼玉大学教育学部の前身の一機関。東京音楽学校は現在の東京藝術大学音楽学部である。

（3）『ウタノホン　上』（一九四一年）に掲載された《電車ごっこ》は下總の作品だが、『新訂尋常小学唱歌』（一九三二年）所収の《電車ごっこ》は信時潔による。

（4）同書には他に「盛岡地方童謡」で「森るり子採譜編曲」の《螢こい》と「新潟県魚沼地方童謡」で魚沼音楽同好会採譜・有馬礼子編曲の《螢来い》も掲載されており、それぞれ歌詞や旋律が異なる。

（5）二〇一四（平成二六）年一二月二七日時点。一五〇余曲の校歌を作曲したとの記述もある（中島二〇一八：五五）。

〈参考文献〉
金田一春彦・安西愛子編『日本の唱歌（中）』講談社、一九七九年
小泉文夫『日本伝統音楽の研究』音楽之友社、一九五八年
下總皖一編「日本のわらべ歌――合唱曲」『教育音楽』第一〇巻第一号別冊附録、音楽之友社、一九五五年

中島睦雄『下總皖一――「野菊」「たなばたさま」などの作曲家』さきたま出版会、二〇一八年
細川周平・片山杜秀監修『日本の作曲家――近現代音楽人名事典』日外アソシエーツ、二〇〇八年
文部省『新訂尋常小学唱歌』大日本図書、一九三二年
文部省『ウタノホン　上』『うたのほん　下』大日本図書、一九四一年

［訪］

故郷で舞台を創る――ミュージカルかぞ――

阿瀬見貴光

「これから稽古を始めます。先生、よろしくお願いします。」新緑に弾む朝露のような女子団員の号令が稽古場に響く。僕は深く息を吸いながら見渡す。団員約四〇名は一人残らず、小さなドキドキと大きなワクワクを目の奥に輝かせている。二〇二四年、田植えの頃。二か月後に控えた定期公演に向けて、今日から本格的な立ち稽古が始まる。演目は団員たちの大好きなミュージカル《いち》。

ヤァーレ　空と大地のド真ん中に　オラたちゃ百姓は生きる
アァ　夜が明ける　集まろう……みんなで歌えや　田植え唄

ほとばしる生命力を燃やしながら歌う。男も女も、老いも若きも一つになって踊る。大家族のように笑う。団員たちの歌声と思いは、分厚いコンクリートの壁を突き抜けて空の奥に届きそうだ。僕は舞台の神様に祈る。世界で唯一、この土地でしかできないミュージカルをつくらせてください。この公演で演じる者、観る者のすべてに小さな幸せを与えてください。そして、この土地に文化の実りを与えてください。

「おイチさん」との出逢い

《いち》のドラマの舞台は天明六（一七八六）年の前横村（現加須市の小さな村落共同体）。水害に苦しみながらも助け合い逞しく生き抜くお百姓さんの姿を通して、土地の先人たちの努力と犠牲、そして時空を超えた愛を描く。物語のもとになったのは地域の伝承「いちっ子地蔵」である。僕はこれ

写真1　今も残るいちっこ地蔵（埼玉県加須市）

を見つけたとき、閉じた瞼の奥に鋭い光を見た。「私を世に出して……」これは瞽女《ごぜ》(1)のおイチさんの声だろうか。無我夢中で台本と楽曲を書き上げた。いや、空から滝のように落ちてくる言葉と音と空気を、取りこぼすまいと書き留めたと言った方が近い。創作期間中は断片的に記憶が飛んでいるが、作業中はいつも涙と鼻水で胸元がびちょびちょだったことだけは鮮明に覚えている。

川とともに生きる

《いち》の物語の背景には治水の歴史がある。江戸幕府が命じた大規模な治水工事により、現在の加須市内を流れる会《あい》の川（一級河川）を東遷し、現在の主流である利根川となった時期を設定している。

会の川が大きく氾濫するたびに江戸の町は水浸しになってしまうから、水運整備を兼ねて治水工事が行われた。また会の川は本町通りと並行して流れていて、それに沿って起伏が見られる。これは自然堤防であり、辺り一面が湿地帯だった時代に人々はここに身を寄せ合って集落をつくった。これが街のメインストリートのはじまりと思うとロマンを感じる。《いち》第七景、村人から慕われる庄屋が叫ぶ。『我々はいつもこの川とともに生きてきた。川に感謝して生きてきた。しかし、ときに川は牙を剝く。人間とは何とちっぽけなものか！』大自然を畏れ、感謝することを忘れた現代人へのメッセージである。地域の歴史やアイデンティティはもちろんのこと、「心」を伝える使命が《いち》にはある。

そうだ、「あたたかい心の居場所」が必要だ。ミュージカルで多世代コミュニティをつくろう。そんなことを思いついたのは僕が大学三年生の夏だ。それからは、オペラ歌手になるための勉強をしながら、そして幸運にも世界トップクラスのオペラ劇場の舞台に立ちながら、故郷で市民ミュージカルを活動運営するため技と精神を学んだ。静かに温め続け、時を待った。二〇一二年夏、ついにミュージカルかぞは産声を上げる。着想から発足まで一八年。地中で七年間も過ごす蝉の幼虫もビックリだ。いや、ビックリ合戦で負けたのは僕だ。なんとミュー

写真2　ミュージカル《いち》のオープニング

ジカルかぞの活動理念に賛同してくれた大勢の協力者が集まってくれたのだ。この時のご恩は決して忘れない。発足一年目から、すべての年代がバランスよく集まった「三世代ミュージカル」を達成し、現在に至る。

心の原風景

僕は子どもの頃から水田が好きだ。自然と人間の織り成す調和が美しい。

澄んだ水をたくわえた田は　早苗たちを柔らかく抱いて
その隙間から　空を映す

加須の風景を描いた四部混成合唱曲「田園ハーモニー」の冒頭の歌詞である。田んぼで育ち、田んぼが好きで曲を書き、市内の合唱団に歌ってもらっている。都会に夢探しの旅に出るのも悪くはないが、こうして埼玉の「平々凡々」の平野から夢を語るのもいいだろう。ここには美しい空と大地と人があるからだ。同じ価値観を持つ仲間と「真実の時間」を過ごすことができる。日本の近代音楽の父で明治の作曲家、下總皖一先生（現加須市大利根地区出身）もきっと、美しいそれらを愛でていたに違いない。

初めてお会いした「いちっ子地蔵」は、草が生い茂る垣根の中で土埃を被っていた。公演後に訪ねてみると辺りはきれいに整備され、野菊が手向けてあった。野菊は《いち》第二景、少女たちの恋の歌に登場するのだ。「よかったね、おイチさん。ありがとね」。

僕は美しい田んぼの片隅で膝をついた。

〔注〕

（1）盲目で三味線を抱え浄瑠璃などを歌う生業の女性。

5　埼玉のスポーツ

久保潤二郎・久保正美

はじめに

埼玉は、スポーツの強い県なのであろうか。

これを正確に検証しようとすると案外難しい。しかし、埼玉のスポーツの競技力を他の都道府県と比較するのであれば、まずは都道府県対抗で争われる国民体育大会（国体、現国民スポーツ大会）の成績で見ていくのが自然であろう。また、総合競技大会として世界最高レベルで争われるオリンピック・パラリンピックのメダリストの数を調べて、他の都道府県と比較する方法もあろう。また、高校生年代であれば、高校総体（インターハイ）の結果を比較することもできる。

さらに、埼玉県のスポーツの競技力を支える要因とは何であろうか。スポーツの競技力を支える要因には競技者のタレント性、指導者の能力、スポーツ施設やその他の環境などさまざまなことが考えられる。それらが他の都道府県と比較して埼玉のどこが優れているのか、もしくは劣っているのか、検証することは難しいが、著者のわかる範囲で挑戦的に述べてみたい。なお、筆頭筆者の専門性（運動生理学、発育発達学専門）からどうしても数値を比較する定量的な話になることをお許し頂きたい。

一　国体での埼玉県選手の活躍

初めて埼玉で国体が開催されたのは、一九六七（昭和四二）年の「第二二回清新国体」である。この大会まで埼玉はなかなか国体で上位進出することはできなかったが、初めて東京を抑えて天皇杯・皇后杯ともに獲得し、埼玉のスポーツの実力を大いに全国に示した（写真1）。次に埼玉で国体が開催されたのは、清新国体から三七年後の二〇〇四（平成一六）年の「第五九回彩の国まごころ国体」である。この大会でも再び埼玉は、東京を抑え天皇杯を、大阪を抑えて皇后杯を獲得することができた。

国体は、開催県が活躍するのが定例となっている。そのことの問題点は、開催県の勝利至上主義としていろいろと議論されてきたが、いずれにせよ国体開催県は、計画的に予算を編成し、優秀な選手を獲得し、育成する。また、開催県はブロック予選が免除されることで全競技、全種別が本大会に参加できることで男女総合得点を獲得できる可能性が高くなる。開催県以外の都道府県のブロック予選通過率は二五～六〇％程度であり、開催県は大きなアドバンテージを得ることになる。[1] 実際、第二二回清新国体以降、開催県の国体平均順位を計算すると一・三位である。開催県以外では、東京が上位に入ってくることが多

写真1　天皇・皇后杯を手に喜ぶ福永団長

（1）国体は、令和六年から国民スポーツ大会（国スポ）と名称を変更している。各競技で参加得点と競技得点（八位以上）を得点化し、全競技集計し、都道府県順位を争う。

いが、人口に比例した競技人口の多さやスポーツ選手が所属する企業が多いことが要因であろう。実際、国体の一位と二位は、ほとんどが開催県と東京の争いとなっている。これまで複数県での国体開催以外で、開催県と東京以外が天皇杯を獲得した年はない。

一般に、ほとんどの都道府県では、開催県での国体が終わると急激に成績を低下させることが多い（図1）。しかし、埼玉の場合は、少し様子が違うようである（図2）。初めての埼玉国体である第二二回清新国体の開催七年前は、一三位であったが、開催年には総合優勝し、その七年後は三位である。二回目の埼玉国体である第五九回彩の国まごころ国体の前後七年では大きな順位の変化はない。実際、一九六七年の清新国体以降の埼玉の成績を平均すると三・九位である。ということは国体開催県と東京を除き埼玉は、常に全国トップの成績を維持していることになる。国体の成績から見て、埼玉が他の都道府県よりスポーツに強い県であることは間違いない。

その上、埼玉県の選手強化に関する五ヶ年計画では、令和七年の第七九回国民スポーツ大会で男女総合成績優勝（天皇杯獲得）を目指すという大きな目標を掲げている。

二　オリンピック・パラリンピック競技大会での埼玉県選手の活躍

埼玉県出身で初めてオリンピック競技大会（以下、オリンピック）に出場した選手は、一九二〇（大正九）年にベルギーの第七回アントワープ・オリンピックに出場した野口源三郎である（写真2）。日本人として初めてオリンピックに出場したのが、一九一二（明治四五、

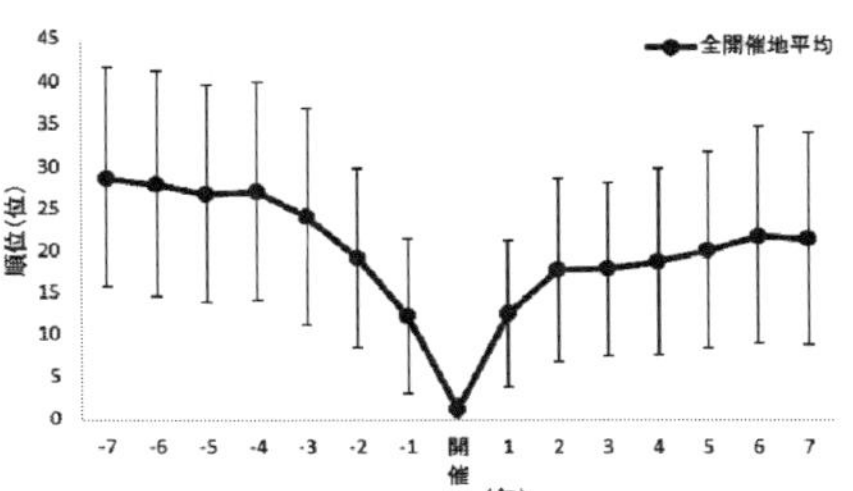

図1　国体開催年前後7年の団体順位（22回から69回大会までの平均）

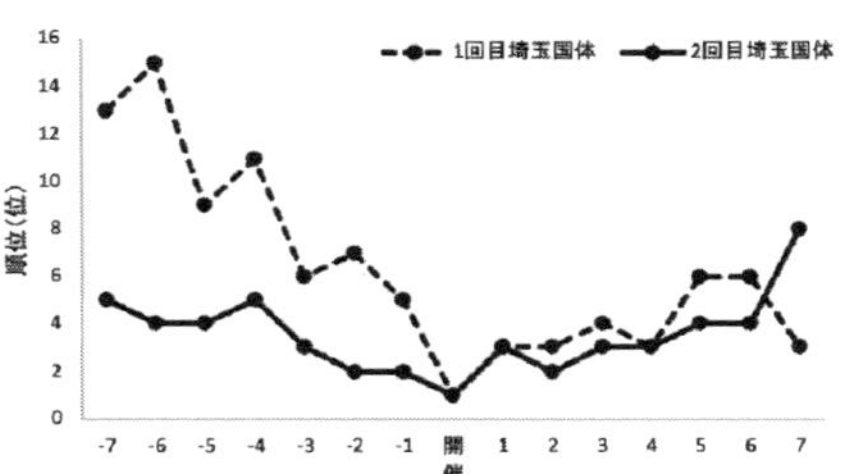

図2　1回目と2回目の埼玉国体前後7年の埼玉県順位

大正元）年スウェーデンの第五回ストックホルム・オリンピックであるから（第六回は第一次世界大戦により中止）、日本人として二回目に出場したオリンピックである（表1）。野口源三郎は、埼玉県榛沢郡横瀬村（現深谷市横瀬）出身で陸上競技一〇種競技を専門とし、アントワープ・オリンピックに日本選手団主将として出場し、一二位という成績を収めている。

一方、先の東京二〇二〇オリンピック・パラリンピックでは、県内ゆかりの選手が、一二五名出場したそうである（オリンピック八六名、パラリンピック三九名）。しかし、地域ゆかりの選手となるとさまざまな「ゆかり」があり、他の都道府県と比較ができない。そこで、東京二〇二〇オリンピック・パラリンピックでメダルを獲得した延べ一三〇名の選手のうち（公財笹川スポーツ財団資料より）、埼玉を出身地として登録した選手を数えてみると延べ七名（一名二個獲得）であった。同様に、パラリンピックでは、メダルを獲得した延べ九二名の選手の内、埼玉を出身地とした選手は、同じく延べ七名（一名二個獲得）であった。このデータを元にメダリストの出身地を都道府県別に多い方から順位化すると、オリンピックは、東京と千葉が同率一位、静岡三位、大阪と北海道が同率四位、神奈川、兵庫、愛知、埼玉が同率六位であった。パラリンピックは、静岡が一位、千葉が二位、埼玉が三位であった。少し古くなるが、バルセロナ、アトランタ、シドニー、アテネ、北京の夏季七回のオリンピックを出身都道府県別に比較したデータによると埼玉は、一〇位とのことである。

国体の活躍からするとオリンピック・パラリンピックでの活躍は、若干劣る感

表1　夏季オリンピックの第1回から7回までの開催都市および国など（公財笹川スポーツ財団HPより引用）

回	開催年	開催都市	国	備考
1	1896	アテネ	ギリシャ	参加14カ国。選手24名、男子のみ。
2	1900	パリ	フランス	万博の付属競技会として開催。女子も参加。
3	1904	セントルイス	米国	万博の付属競技会として開催。地元米国が圧倒的な強さで全メダルの８割以上を獲得
4	1908	ロンドン	英国	選手は個人参加から国内オリンピック委員会（NOC）選出になる。
5	1912	ストックホルム	スウエーデン	日本初参加。団長は嘉納治五郎。選手は三島弥彦と金栗四三の２名（陸上）。
6	1916	ベルリン	ドイツ	第一次大戦のため中止。
7	1920	アントワープ	ベルギー	テニスで熊谷一弥（シングルス）、熊谷・柏尾誠一郎（ダブルス）が日本初のメダルを獲得（銀）。野口源三郎は、陸上十種競技で12位。

写真2　国際オリンピック大会選手予選会（52番野口、51番金栗四三、75番橋本三郎）

はあるが、オリンピック・パラリンピック選手の出身地として埼玉が多いのは事実である。

三　埼玉の高校生の活躍

埼玉の高校スポーツは、他の都道府県と比べて強いのであろうか。まずは、日本で人気の二大メジャー競技であるサッカーと野球で見ていきたい。

全国高等学校サッカー選手権大会（二〇二三年現在）において、埼玉の高校が優勝したのは一三回（全体の一二・七％）である。とりわけ一九五一年の浦和高等学校の優勝から一九五四年、一九五五年と浦和高等学校が二連覇、一九五六年の浦和西高等学校の優勝、一九五九年、一九六〇年浦和市立高等学校（現市立浦和高等学校）の二連覇と一九五〇年代から七〇年代前半までの埼玉の高校サッカーの活躍は目覚ましい。実際、この三〇年間では、埼玉県の高校が優勝したのは、一一回（三六・六％）である。まさにサッカー王国埼玉といった感じである。それ以降は、一九八一年に武南高等学校が優勝して以来、埼玉の高校の全国制覇はない。

一方、野球は夏の全国高等学校野球選手権大会（夏の甲子園、二〇二三年現在）において埼玉県の高等学校が優勝したのは、記憶に新しい二〇一七年の花咲徳栄高等学校の一回のみである。春の選抜高等学校野球大会（センバツ）では、一九六八年に大宮工業高等学校、二〇一三年に浦和学院高等学校が優勝している。これだけスポーツの強い埼玉において甲子園とセンバツ合わせて埼玉の高等学校が優勝したのは三回というのは驚きである。

その他の競技での埼玉の高校生の活躍はどんな状況であろうか。埼玉の高校のスポーツは、他の都道府県と比較して強いのであろうか。

二〇一六年から二〇一九年という限定的なデータではあるが、埼玉県高等学校体育連盟がインターハイの結果を国体と同様の分析方法により集計した結果によると埼玉は男女総合で平均四・五位であった（図3　資料提供埼玉県高体連）。国体の三・九位にほぼ近い結果であり、埼玉の高校スポーツは、他の都道府県と比較して非常に強いことがわかる。

四　埼玉のスポーツの競技力を支える要因

オリンピック・パラリンピックのメダリストは若干少ないように感じるが、埼玉がスポーツの強い県であることは間違いない。では、その要因とは何であろうか。なぜ、埼玉はスポーツに強いのか。

埼玉のサッカーの始まりは、一九〇八（明治四一）年に、埼玉師範学校（現埼玉大学教育学部）に着任した細木志朗が東京高等師範学校で学んだサッカー（当時は蹴球）を埼玉で根付かせようと蹴球部を創設したことに始まるとされている。埼玉師範学校の跡地にあるさいたま市役所には「埼玉サッカー発祥の地」の像が建てられている（写真3）。一九三七（昭和一二）年には、埼玉師範学校が第一九回全国中等学校蹴球選手権大会において優勝し、サッカーにおいて初の埼玉、浦和の全国制覇を成し遂げた。その後、埼玉師範学校でサッカーを学んだ先生たちが、埼玉各地でサッカーを広め、たくさんの選手を育成したとされ

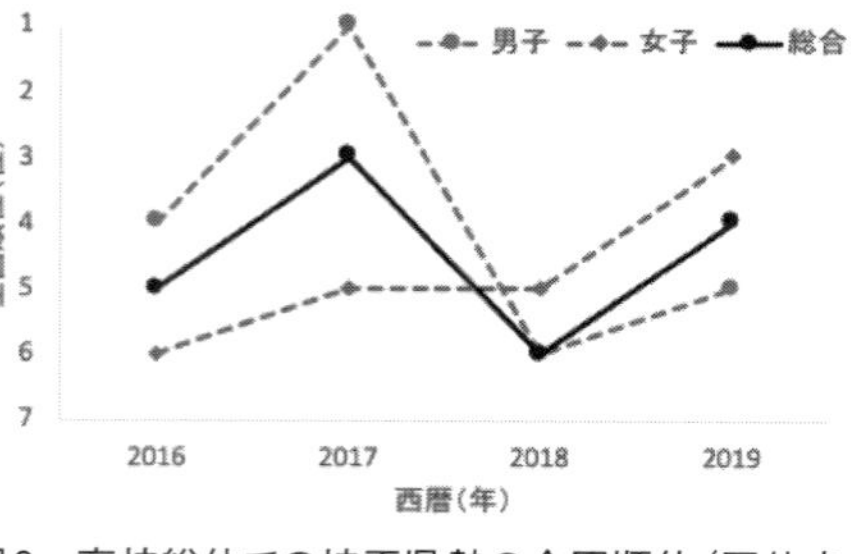

図3　高校総体での埼玉県勢の全国順位（国体点数方式採用、2016年～2019年）

写真3　埼玉サッカー発祥の地の像（現さいたま市役所）

ている。

ちなみに、埼玉浦和地区を本拠地とするプロサッカーチームである浦和レッドダイヤモンズのエンブレムは、埼玉師範学校の校舎（鳳翔閣）が描かれている（写真4）。

先述した埼玉で初めてオリンピックに出場した野口は、現在では考えられないが、大会後に欧米体育の視察を兼ねアメリカ、イギリス、ベルギー、スウェーデン、ドイツ、フランスを巡っている。また、野口は、一九二八年第九回アムステルダムオリンピックでは、日本選手団監督兼ヘッドコーチとして参加し、三段跳びでの金メダル、マラソンでの銀メダル獲得に貢献した。三段跳びで金メダルを獲得した織田幹雄は、野口が開いた陸上競技の講習会に参加したことがきっかけで本格的に陸上競技に進んだとされ、その五日間の指導を記したノートは、原点ノートとされ広島県の織田幹雄記念館に展示されている。野口は、海外の体育、スポーツの指導法、特に陸上競技の指導法に関して研究を重ね、数々の書籍や論文にまとめている（写真5）。これらのエビデンスをもとに各地で講演会や講習会を開催し、陸上競技の普及、発展に尽力し、数々の教え子を輩出した。埼玉では、一九五一年から埼玉大学教育学部教授として勤務し（一九五三年から一九五七年まで学部長）、教員養成に多大な貢献をした。また、埼玉大学を退官した年には、埼玉県に寄付を行いこの資金を元手に「野口記念体育賞」が設定され、今でも埼玉県体育の振興・発展に特に貢献した指導者、選手を毎年表彰している。

埼玉で生まれ育ち、オリンピック・パラリンピックで金メダルを獲得した選手は、これまでいなかったが、先の二〇二〇東京オリンピックで初めて柔道女子七〇キロ級の新井千鶴が金メダルを獲得した（大里郡寄居町出身）。新井は、児玉高等学校時代に、柏又洋邦の

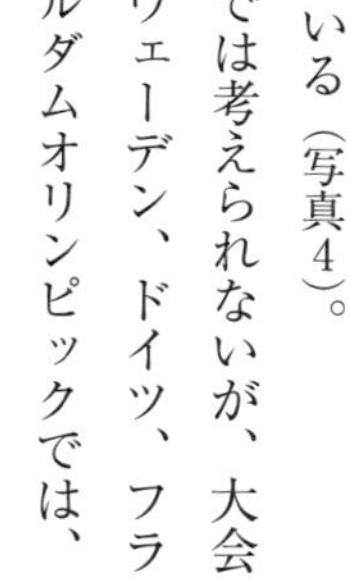

写真4　浦和レッドダイヤモンズエンブレム
エンブレムの上部は、埼玉師範学校校舎「鳳翔閣」が描かれている。（©URAWA REDS）

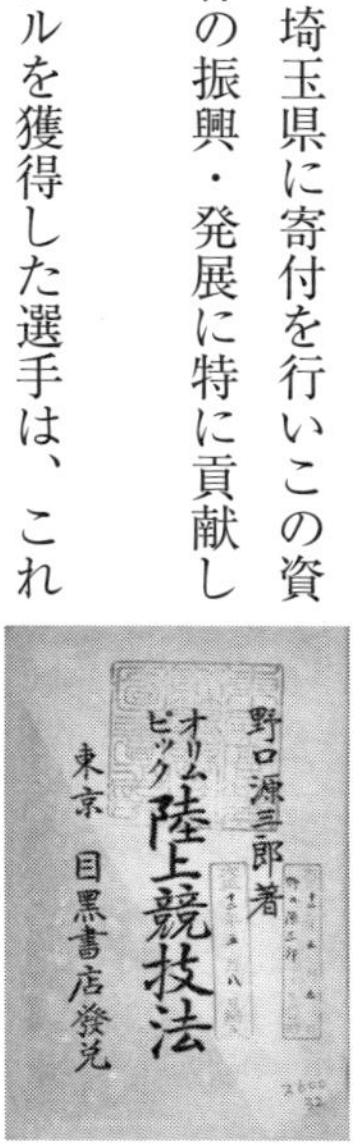

写真5　オリンピック陸上競技法（野口源三郎著書）

自主性を重んじる指導で才能が開花したとされている。その柏又は、埼玉大学時代には、一九八四年のロサンゼルスオリンピック柔道八六キロ以下級で銅メダルを獲得した野瀬清喜に教わっている。国立大学にもかかわらずオリンピックや世界選手権大会に数々の選手を輩出した野瀬の教えがまさに自主性を重んじる練習である。指導者から選手へ、その選手が指導者へ指導の理念を受け継ぎ、連携が機能した最高の例であろう。

埼玉は、先の埼玉師範学校のサッカー、野口源三郎や新井千鶴の例に示されるように、選手から指導者へといった循環がうまく機能していることも埼玉のスポーツの競技力を支える一要因であろう。実際にはこのような事例は、さまざまな競技で見られるかもしれないが、それらを他の都道府県と比較することは難しい。

そこでここからは、指導者の質の話から指導者の数といった定量的な話に戻してみたい。選手を育成するには、当然指導者が必要である。指導者には、さまざまな資格があるが、ここでは最も広く認知されている公益財団法人日本スポーツ協会の公認スポーツ指導者の数を都道府県別に調べ多い順に並べてみた（表2）。埼玉は、東京に次いで指導者数が多いことがわかる。また、指導者数の多い一〇位までの都道府県を見ると国体で上位に入ってくる都道府県が多いように感じる。そこで指導者数と国体の順位の関係を見てみると密接な関係があることがわかる（図4、r=0.646）。ちなみに、グラフの左側にプロットされている都道府県は、開催を控えた都道府県が多い。国体開催県は、大会直前に強い選手を獲得して点数を獲得していくケースが多いためであろう。実際、国体開催を控えた三年間の都道府県を削除して、指導者数と国体の成績を見るとより強い関係が見られた。

指導者が多いから強い選手が育つのか、もともとスポーツに熱心な地域なので指導者を

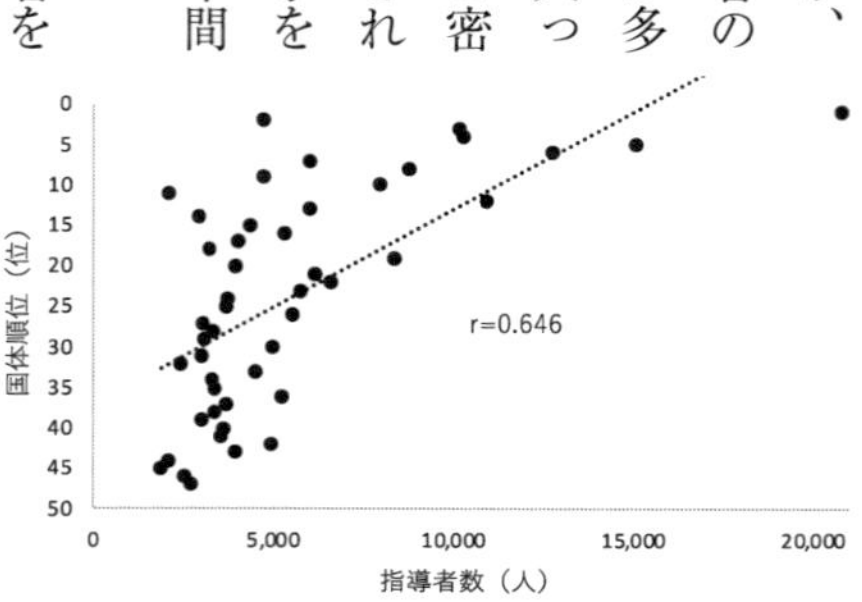

図4　日本スポーツ協会公認スポーツ指導者数と国体の順位（2023年度）

表2　公認スポーツ指導者数の多い都道府県（2023年10月現在）

順位	都道府県	人数
1	東京都	20735
2	埼玉県	15020
3	神奈川県	12717
4	北海道	10890
5	愛知県	10232
6	大阪府	10110
7	千葉県	8743
8	静岡県	8334
9	兵庫県	7940
10	茨城県	6573

目指す者が多く、結果的に指導者の数が多く、強い選手が育っているのか、その詳細な理由はわからない。しかし、指導者が多い地域ほど、国内で活躍する選手が多いのは事実である。

最後に、どのスポーツにおいても競技力を支える要因には、基本的な体力、運動能力が必要である。埼玉の子どもたちは、他の都道府県の子どもと比べて、体力や運動能力は高いのであろうか。学校で実施している新体力テストの結果を他の都道府県のそれと比較して見てみると中学二年女子は、近年全国一位か二位、中学二年男子がコロナ後に落ちているのが気になるが、だいたい全国五位から八位くらいに位置している（図5）。

なぜ、埼玉の子どもの体力、運動能力は高いのであろうか。その要因として、埼玉は各学校における体力向上の取り組みが充実していることが挙げられる。埼玉県では、昭和三〇年代から四〇年代にかけて都市化が進み、子どもたちの運動機会が減少し体力の著しい低下が指摘された。この現状を憂い昭和五一年の県議会において「小・中・高校における体力向上に関する決議」がなされ、県内全市町村、小学校・中学校・高校で体力向上推進委員会の設置が義務付けられた。さらに、県教育委員会においては児童生徒個人の体力向上を支援する「体力プロフィールシート」を作成し普及させるなど体力向上のための施策が推進され、各学校においてもさまざまな体力向上の取り組みが行われた。これにより埼玉県の子どもの体力、運動能力は、都道府県順位で常に上位を維持している。

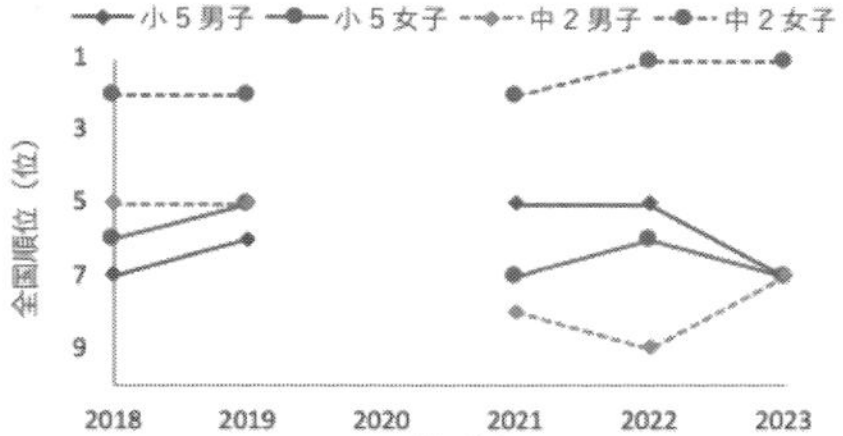

図5　埼玉の小学5年生と中学2年生の体力、運動能力全国順位（2018年～2023年、2020年は、新型コロナウイルスの影響で測定中止）

五　行政による埼玉のスポーツの活性化

埼玉のスポーツ環境をよりよくしていくには、一人の指導者や一つの学校、一つの地域の努力だけではなかなか全体のレベルアップには繋がらない。そこでここからは、埼玉の行政がスポーツの競技力向上に対して行ってきたこと、また、今後の計画について一部述べてみたい。

スポーツ選手の発掘・育成事業

埼玉県では、二〇一一年から「埼玉県ジュニアアスリート（彩の国プラチナキッズ）発掘育成事業」を実施し、県内の小学校四年生を対象に、スポーツ能力に優れた素質も持つ子どもたちを組織的に発掘し、関係団体と連携しながら、ジュニア期から発達段階に応じた育成プログラムやトップアスリートへの道筋を歩むためのさまざまな支援を行っている。

現在では、プラチナキッズ（小学生）、プラチナジュニア（中学生）、プラチナアスリート（高校生以上）と幅広い年代に渡って、プラチナ事業として発掘育成を実施している（図6）。この事業は、もともと二〇〇〇年九月に文部省（現文部科学省）が策定したスポーツ振興基本計画に、優れた素質を有する競技者の発掘手法の研究開発等を行うこと、また、発育発達段階に応じた適切な指導をし、世界で活躍できるトップレベルの競技者を組織的・計画的に育成する必要性が明記されたことに端を発し、二〇〇四年に福岡で初めて県が行う

写真6　令和5年度彩の国プラチナ事業・埼玉パラドリームアスリート事業認定式の様子（大野元裕知事を囲んで撮影）

スポーツ選手のタレント発掘事業がスタートした。埼玉のタレント発掘事業は、福岡に遅れること七年後にスタートし、スタートから一三年目の令和五年度には、プラチナ事業認定者・修了生が国民スポーツ大会をはじめ国内大会で延べ四四人が入賞、国際大会においても延べ一三人が入賞している。特に、スピードスケート・ショートトラックにおいては、金井莉佳選手が第七八回国民スポーツ大会において五〇〇メートル・一〇〇〇メートルの二種目で優勝を果し、二〇二四年三月オランダで行われた世界選手権にも出場し、二〇二六年のトリノ冬季オリンピック出場を目指している。

また、埼玉県では令和五年度からオリンピック・パラリンピック一体のスポーツ振興を目指し、パラアスリートの育成事業も一体的に行っている。

新たな取り組み——埼玉県のスポーツ科学拠点施設の整備

埼玉県は、現在多くの県民が訪れるスポーツの総合拠点として、健常者、障害者共に対象としたアスリートの競技力向上や、県民のスポーツ実施率の向上を図るとともに、プロ・トップスポーツチームの試合やeスポーツイベントなど多様で高品質な体験を県民に提供できるよう施設の整備を準備している。これによりするスポーツ、みるスポーツ、ささえるスポーツの機会を提供し、スポーツの振興や賑わいの創出を目指している。場所は、上尾運動公園東エリア（武道館敷地及びアイスアリーナ敷地を除く）及びスポーツ総合センター敷地を予定している。

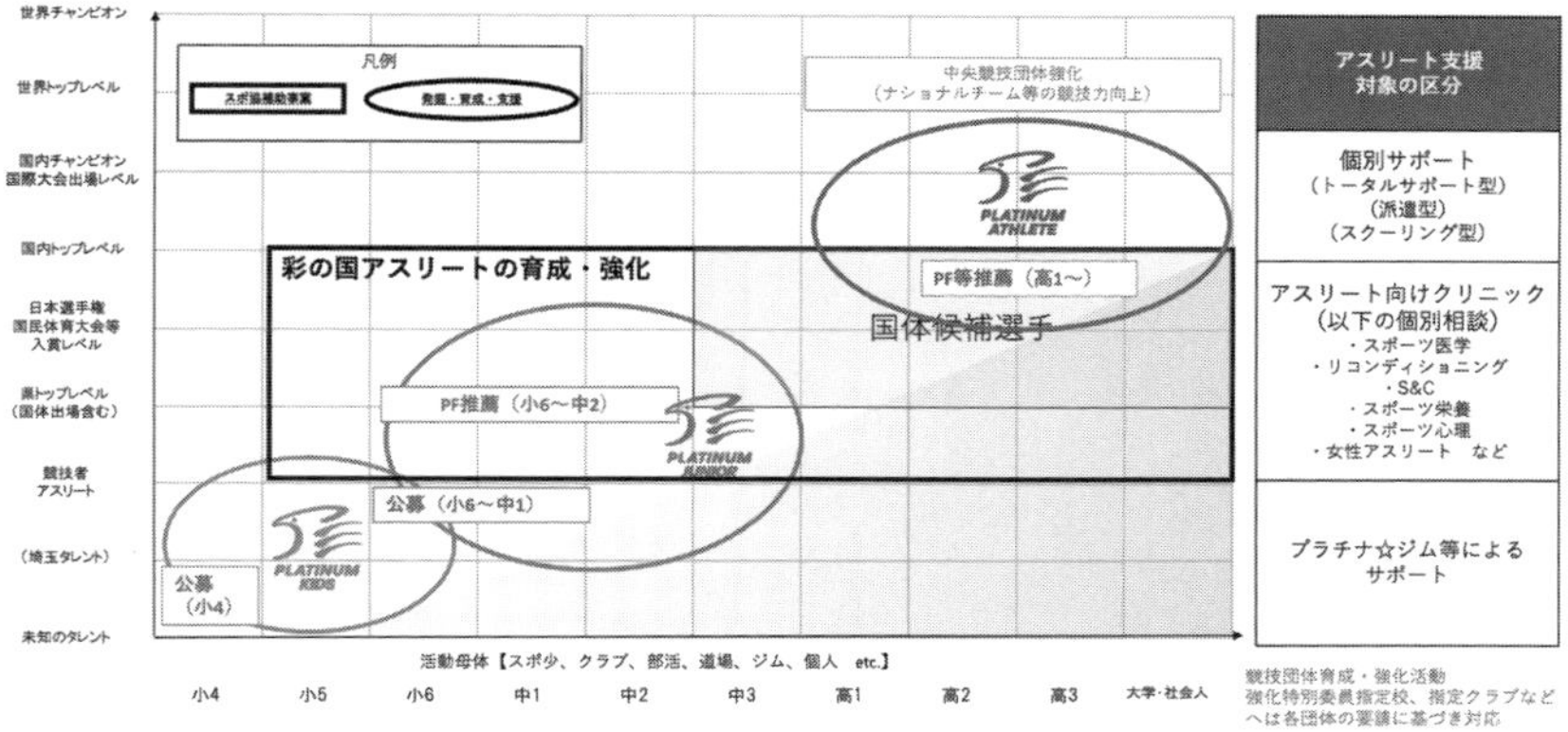

図6 埼玉県の長期選手育成計画概念図（公財埼玉県スポーツ協会提供）

現在、日本のエリートスポーツ選手は、東京北区のハイパフォーマンススポーツセンター等でスポーツ医・科学的支援が受けられるようになっているが、そこに到達するまでの過程では、十分な支援が受けられない。最終的に日本代表クラスになる選手たちも最初は地域でスポーツに取り組み、成長していくが、その際に十分な医・科学支援が受けられないのが課題である。

「第3期スポーツ基本計画」（令和四年）においては、持続可能な国際競技力の向上に向けた取り組みはもとより、スポーツを推進する新たな視点としてスポーツに「誰もがアクセス」できるという視点を掲げており、その取り組みの一つとして、オリンピック・パラリンピックともに、アスリートの発掘・育成・強化までを一貫して行うパスウェイの構築を進めるとともに、居住地域にかかわらず、全国のアスリートがスポーツ医・科学によるサポートを受けられるような環境を整備していくことが明記されている。

埼玉においても自然発生的にスポーツ選手が育成され、試合で勝った者の中から選手を選抜していくというシステムから、ある程度、発掘の段階から行政が働きかけ、より効率的に競技力向上に寄与し、選手が医・科学的な支援を受けられる体制を整備することが求められている。少子化の影響でスポーツに取り組む子どもの数がどの競技においても減少していく中、持続可能な国際競技力の向上に取り組んでいくには、医・科学的な支援は不可欠であろう。

さらに、この拠点への期待は、埼玉のスポーツの競技力向上だけでなく、それらのノウハウを健康づくりに生かすことにもある。また、スポーツは、地域の賑わいやそれによる経済効果も大いに期待される。この拠点が、埼玉のスポーツの発展だけでなく、埼玉県民全体の活力アップにつながる施設として有効に機能することを期待したい。

おわりに

埼玉のスポーツは、国体の結果に顕著に表れているように、一度活性化されると地域に根づきやすい特徴があるのかもしれない。その詳細な理由は、わからない。しかし、現に埼玉のスポーツは、他の都道府県と比較しても誇れるものに発展していることは間違いない。今やスポーツは、あらゆる業界に影響を与えるインフルエンサーとしての役割も大きい。その面で埼玉のスポーツを社会の中でより有用に機能するスポーツ文化に育てていくことも必要であろう。

ますます埼玉のスポーツが発展することを期待する。

〈参考文献〉

埼玉県ホームページ「特集　県ゆかりのメダリスト」
https://www.pref.saitama.lg.jp/spo-navi/feature/oly-para/medalist.html
公益財団法人 笹川スポーツ財団ホームページ
【2020東京オリンピック】競技・日程別 日本のメダル獲得一覧。https://www.ssf.or.jp/knowledge/history/olympic/tokyo2020_medal.html
文部科学省ホームページ スポーツ振興基本計画（平成13年度～23年度）
https://www.mext.go.jp/a_menu/sports/plan/06031014.htm
埼玉県ホームページ 埼玉県スポーツ科学拠点施設整備事業基本計画の策定について
https://www.pref.saitama.lg.jp/a0312/sports_science/kihonkeikaku.html

スポーツ庁ホームページ 第3期スポーツ基本計画
https://www.mext.go.jp/sports/b_menu/sports/mcatetop01/list/1372413_00001.htm

[究]

埼玉の強豪校

久保潤二郎・久保正美

強い埼玉

埼玉は、スポーツの強い県と認識されており、「スポーツ王国埼玉」と言われることもある。それを支える要因としては、当然強豪校の存在は大きい。強豪校と聞くと多くの方が、全国レベルで活躍する高等学校をイメージするであろう。そのため、ここでは、埼玉のスポーツの強豪校について、高等学校のスポーツでかつ全国レベルでの活躍に限定して述べることとする。

まず、埼玉の高校スポーツではどんな競技が強いのか、どの競技が全国的に活躍しているのかを見てみたい。高校生の場合、まずは全国高等学校総合体育大会（インターハイ）の結果で見るのが妥当と考えられるが、全国一位、二位、三位、ベスト8をどのように点数化するかで随分と結果が異なってくる。そこで国民体育大会（国体、現国民スポーツ大会）での競技得点決定方法をインターハイの団体に適用し、かつ団体の人数による違いを考慮しないで点数化を試みた（国体の点数はチームのメンバー数により異なる）。

二〇一五年から二〇二三年のインターハイ（団体）の結果を元に競技別でベスト8に入った競技で計算してみると、男子は、一位が水球、二位がレスリング、三位がバドミントン、四位が相撲であった。女子は、一位が競泳、二位が体操、三位がボート、四位がバドミントンであった。細かく見ると男子の水球は、優勝は一回であるが、準優勝が三回、ベスト4が四回、ベスト8が一回という成績である。女子の競泳は、優勝が二回、準優勝が三回、ベスト4が三回、ベスト8が四回である。国体の競技得点決定方法で一位からベスト8まで配点するとこのような結果になるが、いずれにせよ、この中で順位をつけることにかなり違和感があるほど、これらの競技は、全国的にレベルが高く、実際には、毎年優勝を狙える力をつけていると言っても過言ではないであろう。

代表的な強豪校

次に、これらレベルの高い競技が、どの強豪校から生まれているのかを見てみたい。先述の二〇一五年から二〇二三年のインターハイ（団体）の結果から見ると団体で埼玉の高校がベスト8までに入ったのは、男子が九七件、女子は六〇件であった。

その中で多い高校順に示すと男子の一位は、埼玉栄高等学校が五六件（五七・七％）でダントツのトップ、二位は、川越東高等学校が六件（六・二％）、三位は、秀明英光高等学校が五件（五・二％）、四位は、春日部共栄高等学校と花咲徳栄高等学校が四件（四・一％）であった。埼玉栄高等学校は、さまざまな競技で活躍、川越東高等学校は、少林寺拳法の活躍、秀明英光高等学校は、水球の活躍であった。春日部共栄高等学校は、競泳の活躍、花咲徳栄高等学校は、レスリング、ボクシングの活躍であった。同様に女子の一位は、埼玉栄高等学校が二二件（三六・七％）でダントツのトップ、二位は、春日部共栄高等学校が八件（一三・三％）、三位は、花咲徳栄高等学校が五件（八・三％）、四位は、県立ふじみ野高等学校と県立飯能高等学校が三件（五・〇％）であった。埼玉栄高等学校は、さまざまな競技で活躍、春日部共栄高等学校は、競泳の活躍、花咲徳栄高等学校は、空手、ソフトボールの活躍、県立ふじみ野高等学校は、体操、県立飯能高等学校は、ホッケーの活躍であった。

男女総合で見ても埼玉栄高等学校は、複数種目で全国的に活躍する競技が多く、日本を代表するスポーツの強豪校と言っても過言ではない。その次には、春日部共栄高等学校、花咲徳栄高等学校の活躍といったところであろう。

それぞれに活躍している部活動を想像するとその競技に関係している人であれば、名物指導者が思い浮かぶ方も多いであろう。やはり強豪校には名物指導者がいて、その方を中心に強い選手を育成する環境が整えられていく場合が多い。その際に、私立高校の方が環境を整えやすい、また長期的な視点で育成しやすいという面はあろう。しかし、県立高校でも個人戦では上位進出者が散見される。スポーツ環境に恵まれないことの多い県立高校の部活動の今後の活躍に期待したい。

第III部

埼玉イメージの形成
「静」と「動」のダイナミズム

1 県民性からみた埼玉

——佐々木孝夫

はじめに

テレビに出演している埼玉県出身の芸能人（故人含む）や有名人といえば、所ジョージ、久米宏、萩原健一、尾崎豊、本木雅弘、菅野美穂、竹内結子、石川遼、蜷川幸雄、若田光一など多方面で活躍する方々が並ぶ。何か埼玉県のイメージが浮かぶかと思ったが、まったく浮かばない。他県出身の筆者が、この埼玉県の県民性をうまく表現できるか少々不安になってきたが、読者の皆様も優しい気持ちでお付き合いいただきたい。

埼玉県は、地域性に富んだ県である。県南部は東京都と隣接した県の南端に位置し、都心から一〇～二〇キロ圏にあり、利便性が高い住宅地である。北部には安行《あんぎょう》台地[1]が広がっている。生産年齢人口が多く、活気のある地域である。また、都心から二〇～三〇キロ圏に位置する武蔵野を中心とする地域には、交通網が整備されており、自然や歴史が身近にあり、商業施設や保育施設が充実している。さらに、子育て世帯に選ばれる暮らしやすい

（1）台地は、大宮台地、岩槻台地、慈恩寺台地、安行台地からなっている。これらの台地は、一五～二〇メートルほどの標高で、軟質な関東ローム層が四～五メートルほどの厚さで堆積している（さいたま市ＨＰより）。

地域である。他の地域も交通利便性が高く、地域資源に恵まれている。

この県民性であるが、皆さんはどのようなことを想像するだろうか。昔でいえば、「お国柄」といわれたものである。行政区分を枠組みとするこのような研究は、古くから行われてきた。なかでも風土記が有名である。石田[2]などの先行研究によれば、その目的は「自民族の由来に関する時間的認識から歴史的知識を、空間的認識から地理的知識を持つに至るという前提に立ち、風土記の地理・歴史の記述を通じて法制を整備し、天皇が国土・国家を統治するという意識を明らかなものとする意図があった」と指摘している。お国柄などと表現されることの多かった昔と違い、交通網が整備され、ネット社会となった現在、あるまとまった統一的な地域気質をはっきりと表現できないかもしれない。しかし、その傾向を読み取ることは、本章の目的である「県民性を知る」ことにわずかでもヒントを与えてくれるのではなかろうか。

埼玉県民の県民性には、どのような特徴があるのだろうか。本章では、各種調査データをもとに、埼玉県民の県民性や意識変化の特徴を概観してみたい。ただし、注意してもらいたいのは、数値上の数字は正しいが、その数字ですべての県民がある特徴を持っていると断言するのは明らかに誤解である。また、以下の調査分析では、数十年間隔の調査を使用している。当然、都市化や経済環境の変化に伴って、各調査で明らかになったことにも実態とイメージとの乖離が生じやすく、注意が必要である。

（2）　石田龍次郎「日本における地誌の伝統とその思想的背景」『地理学評論』一九六六年、第三九巻六号、三四八―三五六頁。

一　県民性に関する調査

文化人類学・心理学からみた県民性

県民性に関する研究、考察は数多いが、学術的なものが少なく、ジャーナリスティックなものがほとんどである。その数少ないものの中でも、祖父江（国立民族学博物館名誉教授）による研究は、戦後の日本各地をフィールドワークしながら貴重な人類学的考察を行っている。祖父江は何度か全国調査を行っているが、埼玉については次のように指摘している。(3)

・「埼玉サツマイモ」説

埼玉県の地図上の形がサツマイモに似ている。はっきりしない味が埼玉的である。泥臭いが誰にも嫌われない。平凡であっさりしている。特徴がないところが特徴である。

少々手厳しいが、浦和市は行政の中心地ではあるが、県の顔となる市ではない、つまり「中心がない県」なのである。「埼玉都民」と揶揄される労働者層も増え、通勤通学にかかる平均時間（当時の調査によれば一・一時間）と最長である。

研究当時、このような文化人類学的アプローチは、賛否両論あったと思われるが、すべて否定されるような内容でもない。

「さまざまな藩領地が混在し、かつ何度もその境界が引き直された末に生まれた埼玉県には、県単位の県民性や『らしさ』を求めることに無理がある」と、はっきり指摘している。

（3）　祖父江孝男『県民性の人間学』二〇一二年、筑摩書房、八三頁。その他に同著『出身者でわかる人柄の本』一九九三年、同文書院。さらには、同著『県民性――文化人類学的考察』一九七一年、中央公論社などがある。

また、心理学的視点から検討すると、県民性といわれている研究対象は、その地域の住民の性格研究と言い換えることができる。パーソナリティは、「個々人の行動や思考、感情などの心の働きにおいて状況的・時間的に一貫したパターン」と定義される[4]。また、人間が生まれつき備えている性格や素質に加えて、家族や生活環境、周囲との人間関係など、子どもから大人になる成長の過程で次第に形成されると考えられている。

詳細にこの分野の先行研究[5]を紹介することはしないが、ポイントは次のとおりである。パーソナリティの地域差分析から地域的な集積状態が存在し、外向性や開放性などの指標は首都圏において高く、これは米英の大都市でも同じ傾向である。このようなパーソナリティの差が、地域社会にどのような変化をもたらすのか気になるところである。この点については、社会科学で実証研究が進むソーシャルキャピタルなどの視点から分析が進むと思われる。

NHK放送文化研究所「全国県民意識調査」

県民性研究における貴重なデータである「全国県民意識調査」について、概観してみよう。

・第一回全国県民意識調査[6]

一九七八年は、日中平和友好条約が調印され、新東京国際空港（成田空港）が開港した年である。日本経済は、第一次オイル・ショックを経て高度経済成長の終焉を迎え、名目経済成長率一五％以上の成長率から一〇％前半へ鈍化した。

埼玉県民は、東京への通勤・通学者が多く、埼玉県は東京のベッドタウンとなっていた。

（4）渡邊芳之『性格とはなんだったのか——心理学と日常概念』二〇一〇年、新曜社。

（5）吉野伸哉「心理尺度のデータから見た性格（パーソナリティ特性）の地域差」『学術の動向』二七（一一）一二—一七頁、二〇二二年一一月。

（6）第一回全国県民意識調査
一九七八年二月から五月
個人面接法　各都道府県の一六歳以上（一九六二年以前生まれ）
各都道府県九〇〇人　全国計四二三〇〇人（一五人×六〇地点）
調査有効数三二四二一人（七六・六％）

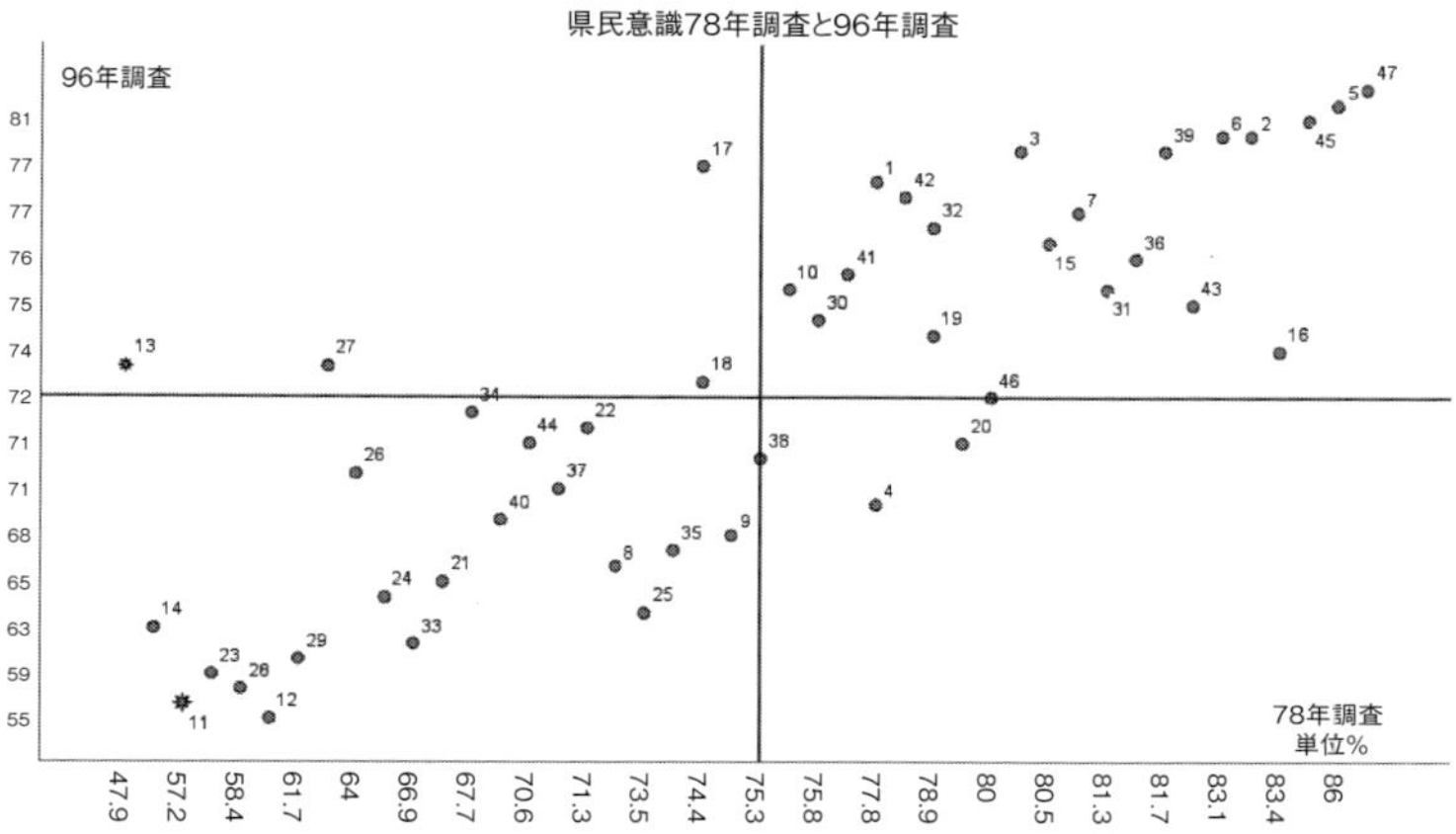

都道府県コード	01	02	03	04	05	06	07	08	09	10	11	12	13	14	15	16	17	18	19	20	21	22	23	
都道府県名	北海道	青森県	岩手県	宮城県	秋田県	山形県	福島県	茨城県	栃木県	群馬県	埼玉県	千葉県	東京都	神奈川県	新潟県	富山県	石川県	福井県	山梨県	長野県	岐阜県	静岡県	愛知県	
	24	25	26	27	28	29	30	31	32	33	34	35	36	37	38	39	40	41	42	43	44	45	46	47
	三重県	滋賀県	京都府	大阪府	兵庫県	奈良県	和歌山県	鳥取県	島根県	岡山県	広島県	山口県	徳島県	香川県	愛媛県	高知県	福岡県	佐賀県	長崎県	熊本県	大分県	宮崎県	鹿児島県	沖縄県

図1　質問項目「あなたは県人だという気持ちをお持ちですか」「はい」と回答

筆者作成

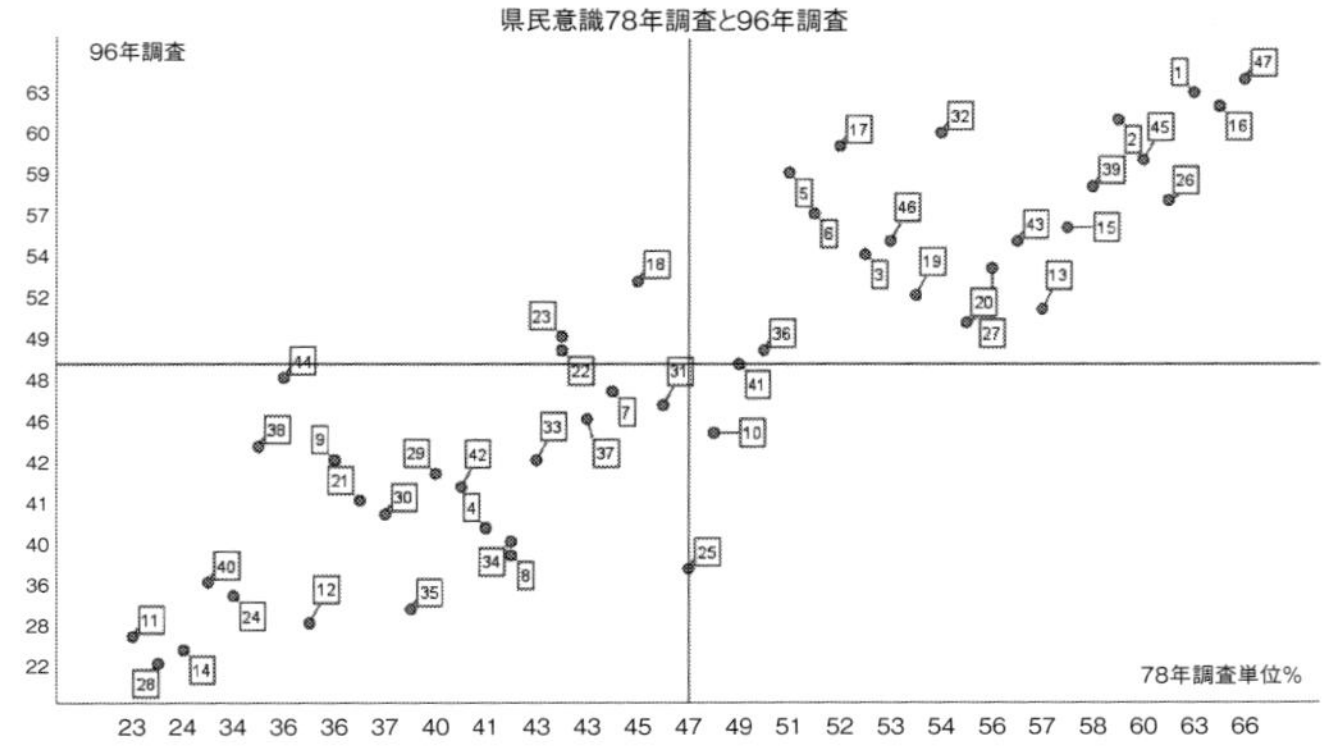

都道府県コード	01	02	03	04	05	06	07	08	09	10	11	12	13	14	15	16	17	18	19	20	21	22	23	
都道府県名	北海道	青森県	岩手県	宮城県	秋田県	山形県	福島県	茨城県	栃木県	群馬県	埼玉県	千葉県	東京都	神奈川県	新潟県	富山県	石川県	福井県	山梨県	長野県	岐阜県	静岡県	愛知県	
	24	25	26	27	28	29	30	31	32	33	34	35	36	37	38	39	40	41	42	43	44	45	46	47
	三重県	滋賀県	京都府	大阪府	兵庫県	奈良県	和歌山県	鳥取県	島根県	岡山県	広島県	山口県	徳島県	香川県	愛媛県	高知県	福岡県	佐賀県	長崎県	熊本県	大分県	宮崎県	鹿児島県	沖縄県

図2　「埼玉県の人びとのものの考え方には、他の県の人びととは違った特徴があると思いますか」「はい」と回答

筆者作成

この調査によれば、環境衛生面（下水道やごみ処理など）や病院など医療面において不満もあるという結果であった。「今住んでいるところは住みよいところか」という質問に対して、七四％が「そう思う」と答えているが、この数値は全国最低である。

また、市町村の政治に関する質問では、地方政治に信頼感が薄く、住民の地方政治への参加意識も低い傾向にあり、この問題を解決することは、いまだ難しいままである。埼玉の歴史、地理的要因と関係があるのだろうか。江戸文化の影響が色濃く残ったためか、東京に魅力を感じる住民も多く、質問項目「東京には魅力を感じる」に回答者の二五％以上がそう思っている。

以上のような点を踏まえて、郷土意識、県民性を見てみると、「埼玉県が好きだ」と思っている住民は七割近い。この数値は全国最下位である。筆者作成[7]による図1質問項目「あなたは県人だという気持ちをお持ちですか」に「はい」と回答した者は、五割強で、こちらも全国最下位に近い（図中番号七八年調査⑪番が埼玉県）。

先述した祖父江の説明以外にも、居住年数が少なく、転入者も多いような状況では、他都道府県と比べるとこのような結果になってしまう。視点を変えれば、核家族が多く、若い世代層が住み、発展途上、成長中の県であったのではなかろうか。図2「埼玉県の人びとのものの考え方には、他の県の人びととは違った特徴があると思いますか」に「はい」と答えた者は二〇％前半であった（図中番号七八年調査⑪番が埼玉県）。その他にも、以下のような指摘もされている[8]。

①「首都圏・東海三県・近畿から山陽道にかけて、大都市とその周辺に県人だと思う人が比較的少ない地域がまとまっている。この地域性は『一五歳頃までその県で育った』と

（7）この七八年、九六年の二つの質問項目の回答者は、同一者ではないので、単純に比較検討できないが、参考図として作成した。

（8）ＮＨＫ放送世論調査所『日本人の県民性』日本放送出版協会、一九七九年。

いう県出身者の多い県、少ない県の分布と非常によく対応」

②「南関東から愛知・信越地方まで、家柄意識のうすい地域がまとまっている」

・第二回全国県民意識調査(9)

一九九六年六月から七月にかけて、四七都道府県ごとに一六歳以上の九〇〇人、全国で合計四万二三〇〇人を対象にした調査である。非常に貴重なデータが含まれており、内容は郷土意識や人間関係、社会・政治意識、宗教・道徳観など幅広い領域に加えて調査対象者の主な生育県や父母の出身県、職業などのいわゆる社会的属性が含まれている。過去に実施された調査とともに、県民性研究の基礎データとなっている。

しかし、この調査からもうすでに三〇年以上たっており、第三回目の調査実施が望まれるところであるが、調査環境も大きく変化しており実施困難な状況と思われる。

埼玉県の結果については、以下の通りである。「いろいろなことはあっても、日本はまあ良い社会だ（六六%）」という質問に対して一〇%以上大幅に減少している。「暮らし向きにゆとりがある（六四%）」については平均並みであるが、「今の生活に満足している（非常に満足とやや満足の合計）」と答えた回答者は七九%であり、全国平均以下である。なお、「生活が便利になるためには、自然環境がある程度犠牲になってもやむをえない（二三%）」と回答している率が、全国最低で自然環境意識が高いといえるのかもしれない。

また、当時、埼玉から東京に通勤通学する、いわゆる「埼玉都民(10)」一一五万人（「国勢調査」一九九五年）であるが、調査では一六歳以上の一八%が東京に通っている。「埼玉県が好き」「親戚・隣近所とのつき合いは多い」「県人意識がある」などの質問項目によって表

(9) 第二回全国県民意識調査
一九九六年六月から七月
個人面接法　各都道府県の一六歳以上（一九八〇年以前生まれ）
各都道府県九〇〇人　全国計四二三〇〇人（一二人×七五地点）
調査有効数二九六二〇人（七〇・〇%）
調査結果の単純集計は検定による数値（信頼度九五%）で表記

(10) 池袋などの繁華街を歩いている人に埼玉県民が多くいるとディスる映画『翔んで埼玉』。実は、「埼玉県領事館」正式名称は埼玉県情報センター新宿があったのをご存じだろうか。

現されると思われる郷土意識に関する項目は全般的に低い。さらに「今住んでいるところは住みよい」「埼玉県が好き（六二％）」という人は、隣県の千葉同様全国最低の数値となっている。「県人気質がある」「地元の行事や祭りに参加したい」「土地の人びとの人情が好き」という質問項目も同様に全国で最も少ない。

なぜ、このように数値が低いのだろうか。埼玉で生まれ育った埼玉自県出身者率は五割弱、他県出身者は四割強とその割合は全国で最も自県出身者が少ない県である。全国の傾向として、自県出身者率が高い県ほど郷土意識が高い点を考慮すれば、最も少なくなっているのもうなずける。

その他にも、「子どもの教育には金をかけるべきだ（二五％）」「公共の利益のためには個人の権利がある程度制限されてもやむをえない（三四％）」などの回答も全国比較で最も低い傾向となっている。また、「結婚するのは当たり前だ」「昔からあるしきたりは尊重すべきだ」「年上の人の言うことには従うべきだ」など伝統的価値観を肯定する人が少ない。この点については、「素朴で争いごとを好まない保守的県民性」と指摘している。[11]

より具体的に質問している「よそ者意識」、つまり「この土地の人でない、いわゆる『よそ者』というようなことばが、この地域ではまだ生きていると思いますか」の埼玉県の割合は三〇％程度である。この割合は、大都市圏東京、大阪、神奈川や北海道、兵庫に次ぐ数値である。ちなみに、このよそ者意識が高いのは愛知、京都、奈良、島根、富山、香川などである。

このように数値で見た県民性と別視点で、本書編者の一人、井坂康志（ものつくり大学）は、次のように新聞のインタビューで答えている。[12]

（11）　小川博也他著『埼玉の百年』山川出版社、一九九〇年。

（12）　https://www.tokyo-np.co.jp/article/290137　https://www.iot.ac.jp/magazine/research/20231130_1/（二〇二四年五月二五日閲覧）

「記者からの質問は、『なぜ埼玉県民はかくも露骨にディスられても、それを寛容に受け止めるのか』というものだった。私はそれに対して、『アイデンティティの先延ばし』を習慣化しているからではないかと答えた。あえて言えば、現代においてアイデンティティの獲得はあまりにも強調され過ぎていないか。それはそれほどまでに重要なことなのか。かえって人の世を生きにくいものにしていないか。個と環境との合一は、人から貴重な内省の機会を奪っているのではないか。そもそも県民性など取るに足りないものではないか。確かに埼玉県の評価をランキングで見る限り、芳しいものではない。四七都道府県のうち下から何番目。ただし、注意しなければならないのは、埼玉県民が戦っているのは他県ではなく、自己自身であるということである」（傍点筆者）

確かに、巷にはさまざまなランキング評価があふれ、毎年のようにその結果に一喜一憂している都道府県庁職員の映像が報道されている。例年、北関東がクローズアップされ、どちらが最下位だったとか、視聴者として見ていても、どうでもいい話と感じていた。では、まったく無意味かというと、なぜこのような最下位争いなどという現象が生まれてしまうのか、アカデミックな視点から考えると興味深く、今後も広報研究、マーケティング論、広告論など社会科学的視点からの分析は続いていくと思われる。井坂は、最後にマネジメントの父ピーター・ドラッカーの言葉を引用している。

「人は最も自分がよくできることを知らない。強みとは持ち主自身によって知られていない」（傍点筆者）

本章の内容について、的を射た言葉である。埼玉県民は、埼玉県民の素晴らしさを知り尽くしていないのではなかろうか。[13]

ここまで客観的データにもとづいて説明してきたが、個人的心情としては新幹線も未完成だった頃の東北出身の筆者自身からみたら、埼玉のほどよい住環境は憧れでもあった。大宮の駅に止まる新幹線の車内で、都会の空気というものを感じた。それから埼玉県の大学に三〇年あまり在職し、学生とともに地域課題についてフィールドワーク研究をしていると、まだまだ地元民にしかわからない良さを発見できる。埼玉の未来は明るく、感受性豊かな学生世代にこそ、もっと地域社会と接点を持ってもらいたい。

二　埼玉県による意識調査

前節では、NHKによる全国県民意識調査によって県民性について明らかにしてきた。ただし、この調査も二〇年以上の間隔が空いた調査である。本章では、長期間にわたる意識の変化をとらえるため、埼玉県による意識調査「埼玉県政世論調査」を参考に検討してみよう。

本調査は、一九六八年から一年に一回実施されているもので、二〇二三年現在で五九回、調査が行われている。埼玉県内の調査でここまで長期間にわたって調査されたものはなく、県民性を知る上でも欠かすことのできないものである。[14]

特に、時系列的に同一の質問を行っているものが多く、その時系列的変化をとらえることも可能である。調査自体のローデータ（何も手を加えていない状態の調査結果の生の回答データ

(13)「いくつご存じですか？　穴場スポット」
①春日部市首都圏外郭放水路
②吉見町吉見百穴
③さいたま市調神社
④行田市忍城址
⑤秩父市秩父三大氷柱

(14) 令和五年度埼玉県政世論調査（「埼玉県政世論調査結果の概要」令和五年一一月発行県民生活部県民広聴課より）

タ）は公開されていないため、県の調査結果をもとに検討してみたい。
はじめに、「生活全体の満足度」についてである。昭和五六（一九八一）年以降の結果であるが、昭和五〇年代から平成一四（二〇〇二）年ぐらいまでは満足度もある程度一定していた。バブル経済後の「失われた二〇年、三〇年」と指摘され続けてきた、この期間であっても満足度は高かったようである。その後、二〇〇八年九月一五日に米投資銀行リーマン・ブラザーズが経営破綻したことをきっかけに、世界的な金融危機と不況に発展した、いわゆるリーマン・ショックによってその数値も四〇％台に落ち込む変化があった。また、二〇一一年三月一一日に起こった東日本大震災によって数年間は、その数値も落ち込んだままだった。その後、調査方式の変更もあり単純に比較検討できないが、暮らし向きが苦しいという割合は平成元年以降、つまりバブル崩壊以降一貫して右肩上がりで上昇傾向となっている。県民性に直接的影響があったかはわからないが、県民の景気観は、厳しいままであったようだ。

次に、生活程度についてである。平成四年以降のグラフであるが、平成一三年までは生活程度が「中」であるとする回答が八〇％以上であったが、その後急落し平成一五年以降は六〇％台となった。令和五年に至るまで、その傾向に変化はない（ただし、平成一八（二〇〇六）年を除く）。

景気観や生活程度の各質問に関する回答について見てきたが、埼玉県の魅力について県民はどのように思っているのか見てみたい。令和元年から五年度の調査結果であるが、「魅力を感じる」「どちらかといえば魅力を感じる」という割合は六割近く、「魅力を感じない」「どちらかといえば魅力を感じない」という割合は、三割未満となっている。つまり、県

調査の設計
ア　調査地域　埼玉県全域
イ　調査対象　満一八歳以上の個人
ウ　標本数　五〇〇〇
エ　抽出方法　住民基本台帳による層化二段無作為抽出法
オ　調査方法　郵送法（郵送配布、郵送回収・インターネット回収併用）
（令和元年度までは、調査員による個別面接聴取法）
カ　調査時期　令和五年七月七日～七月二八日
キ　調査実施委託機関　㈱サーベイリサーチセンター
回収結果
（ア）　有効回収数（率）
二四七七（四九・五％）
（イ）　調査不能数（率）
二五二三（五〇・五％）

◇ 生活全体の満足度・昭和56年度以降の推移

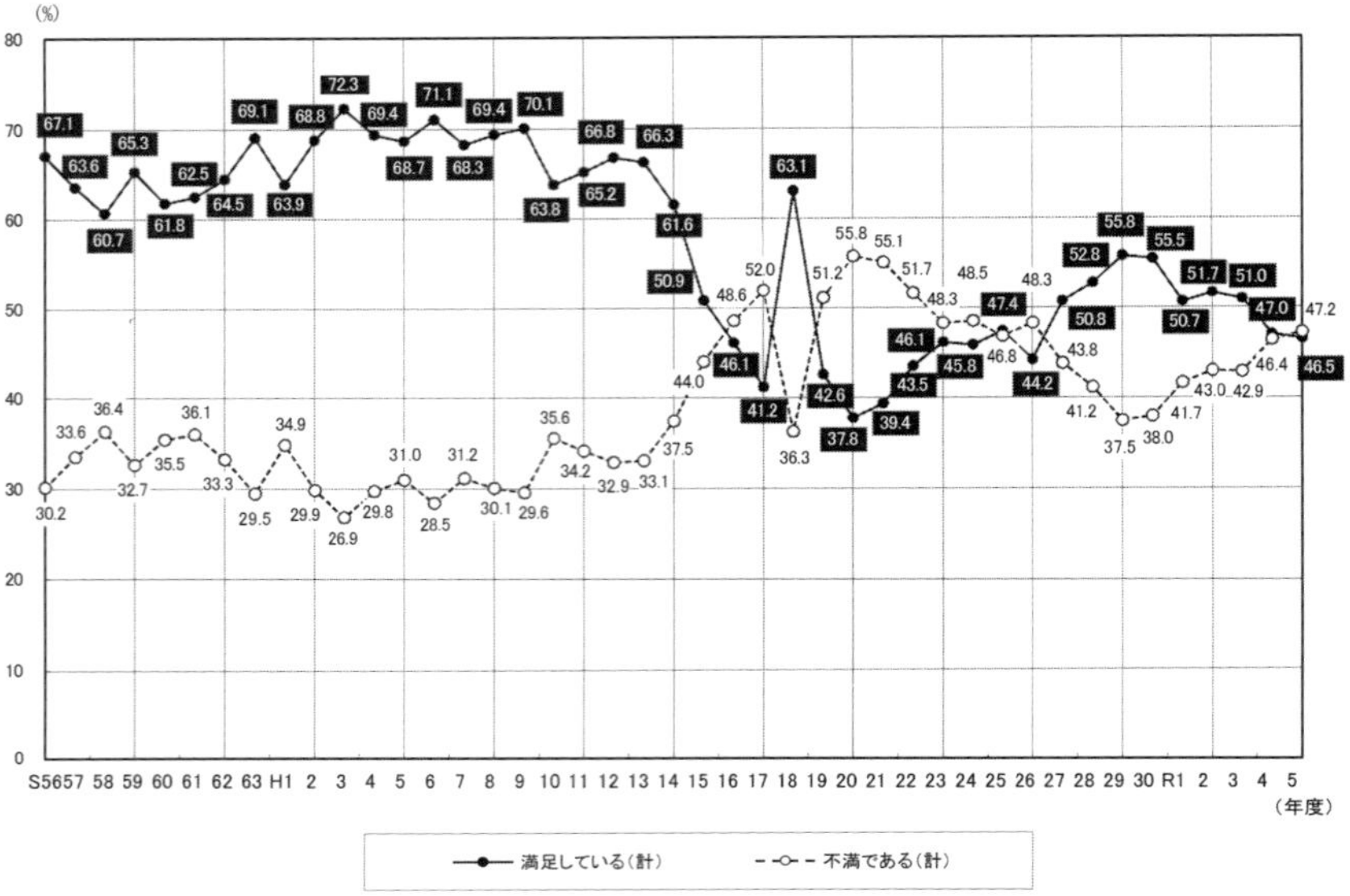

※調査方法の変更により令和元年度までの結果と単純に時系列比較はできないことに留意

図3　生活全体の満足度(昭和56年以降の推移)

◇ 生活程度・平成４年度以降の推移

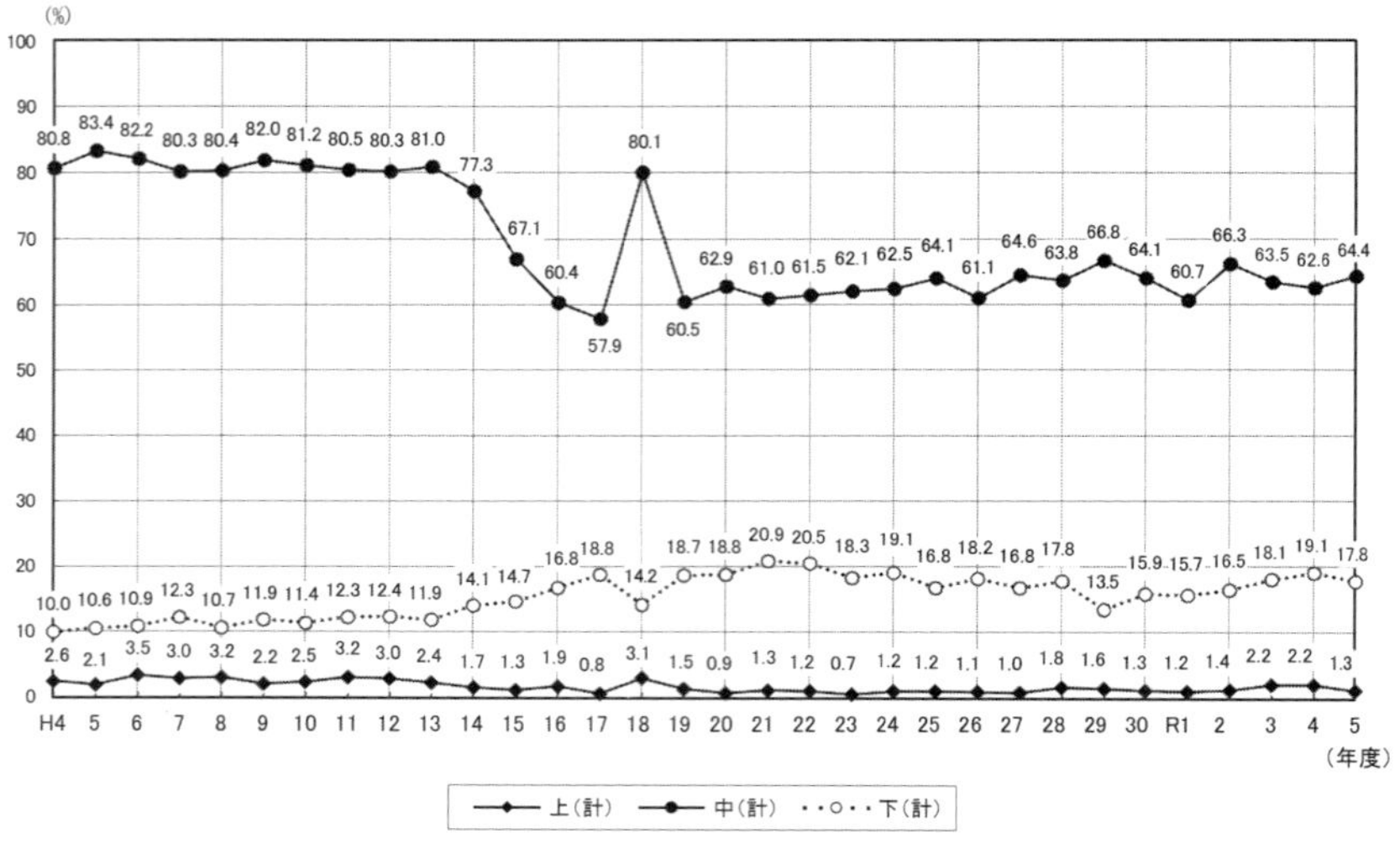

※調査方法の変更により令和元年度までの結果と単純に時系列比較はできないことに留意

図4　生活程度(平成4年以降の推移)

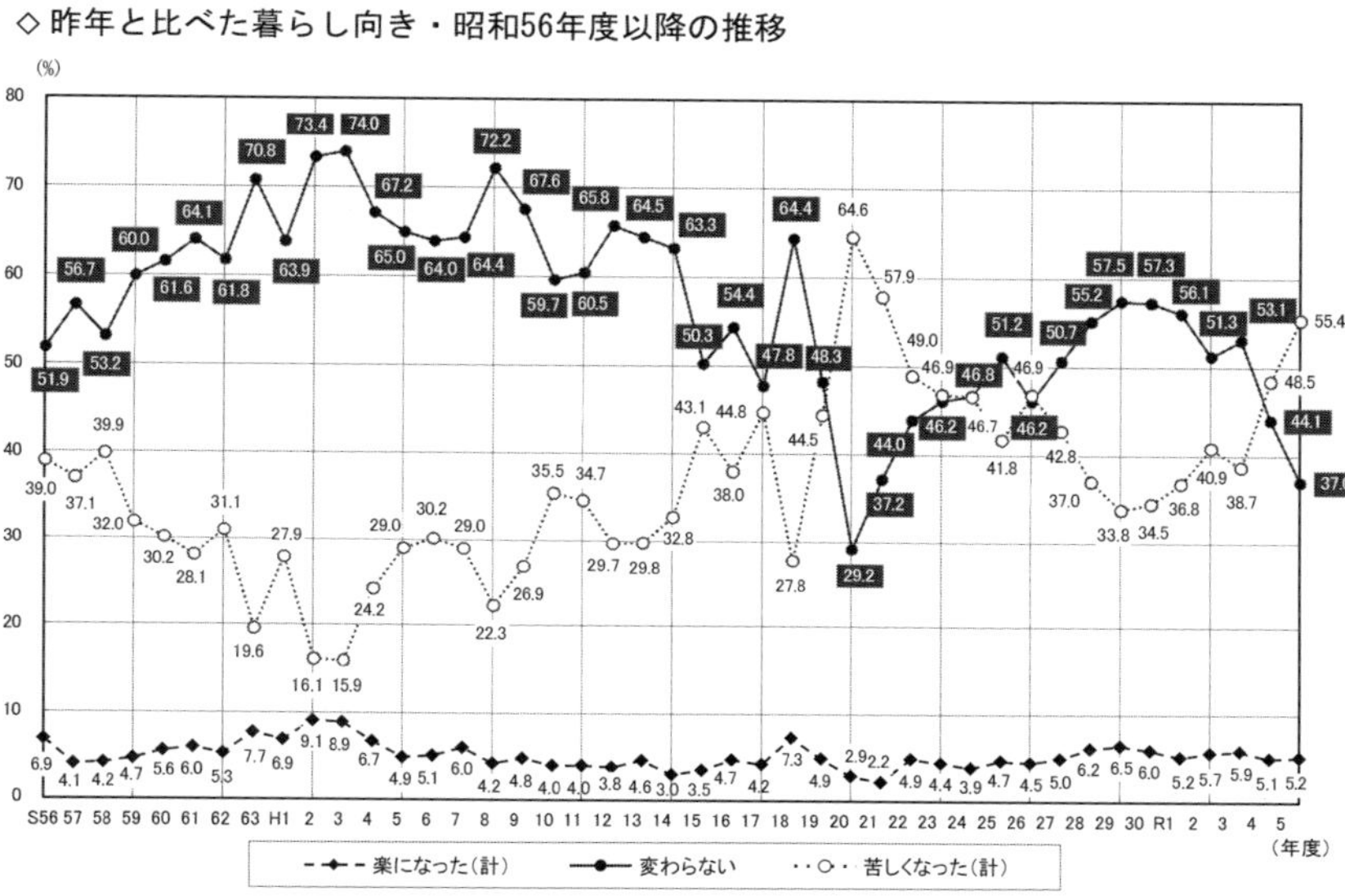

※調査方法の変更により令和元年度までの結果と単純に時系列比較はできないことに留意

図5　昨年と比べた暮らし向き（昭和56年以降の推移）

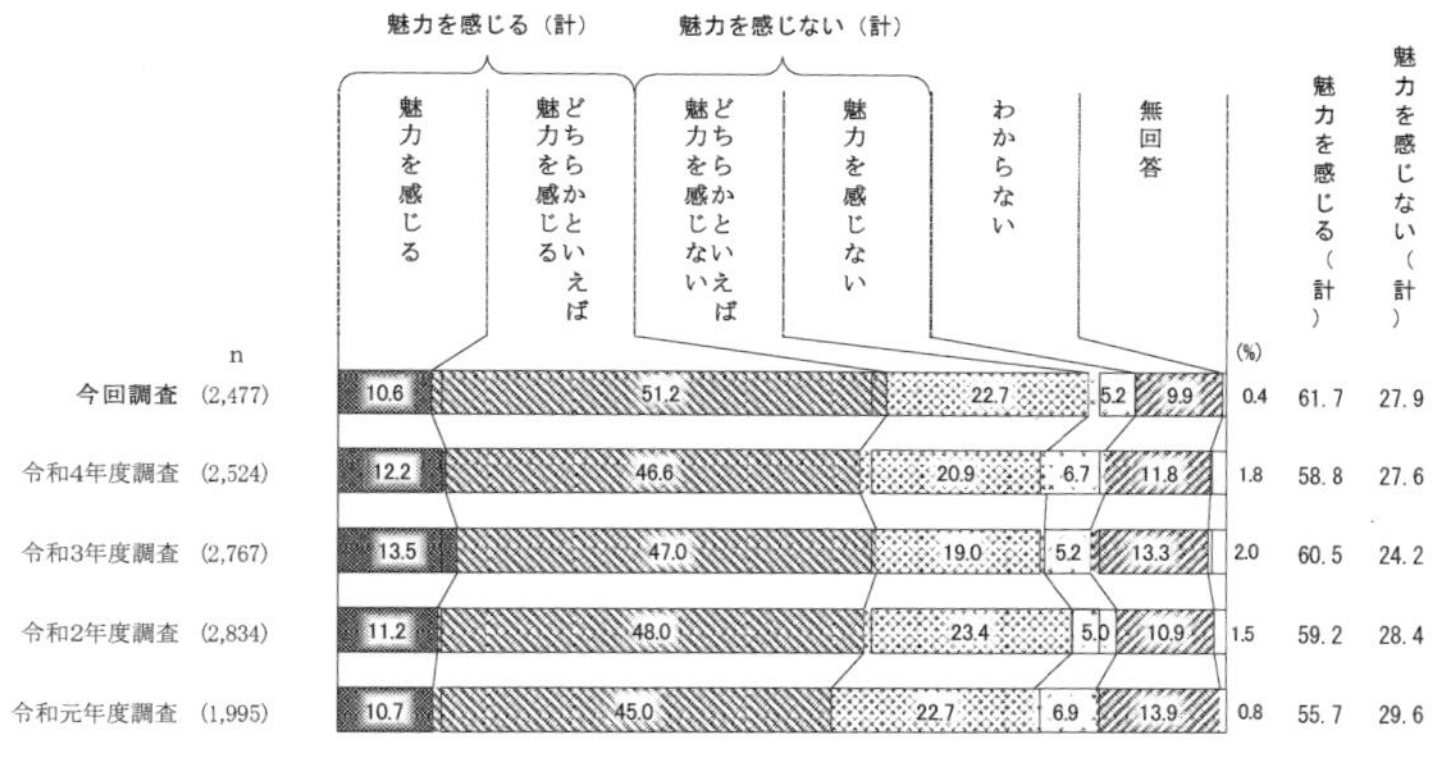

※調査方法の変更により令和元年度までの結果と単純に時系列比較はできないことに留意

図6　あなたは、埼玉県に魅力を感じますか（○は1つだけ）

民はある程度埼玉県に何らかの魅力を感じていると考えられる。

本章では、埼玉県の歴史、地理的背景、社会構造や経済など諸要素を考慮し、埼玉県の県民性について論じてきた。多様な文化と産業複合地域を併せ持つ埼玉県は、今後も発展可能性の高い都道府県の一県といえる。自然災害や防災にも強く、一極集中型の都市である東京のバックオフィス的機能も兼ね備えている。多様な県民性を各種調査でその概要を明らかにしてきたが、さまざまな社会変化は新たな埼玉県の県民性を生む可能性さえある。地球温暖化や自然災害といった環境問題もますます深刻化していくと思われるが、田園と都市という両面を持った埼玉県の変化を今後も追い続けていきたい。

[探]

大宮と浦和

佐々木孝夫

大宮と浦和といえば、サッカーのイメージがどうしてもまず初めに浮かんで来る。浦和レッズと大宮アルディージャである。今回は、スポーツの分野の勝敗を一旦置いて、今までこの二つの都市にあった合併構想などの過去を振り返りつつ、未来志向の視点からその関係を見てみたい。

念のためだが、この二つの都市は「仲が悪い」といっているわけではない。またそのような視点をもって考察していないので、最初にお断りしておきたい。それどころか、民間調査「SUUMO住みたい街ランキング2024首都圏版」のトップ10に、大宮、浦和両方が仲良くランクインしている。大宮は、過去最高順位の二位となり、同時に三年連続のトップスリーとなっているし、浦和も二〇二三年の一二位から順位を上げ、トップテンに返り咲いている。

「一大都市圏構想」と埼玉県庁舎焼失事件

「一大都市圏構想」、これは一九二七年に当時の官選知事の宮脇梅吉が提唱したことから始まる。[1] この構想は、一九四〇年に一度合意を得た形でまとまっているが、その後大宮が周辺の四村と合併したことで、そのまま前進することはなかった。

戦後の一九四八年に、埼玉県庁舎の放火事件が発生した。大規模な火事でさまざまなものが消失し、県庁機能が一時的に失われかねない事態となった。事件後、大宮市と熊谷市の二市が県庁の移転先として取り上げられたが、浦和市の反対意見グループと対立した。

当時の新聞記事などによれば、何かきな臭い動きが放火以前からあった。事件当初は、移転を主張する団体が複数存在しており、県庁移転目的の放火も疑われたらしい。結局、県庁消防課会計係員が逮捕された。当初は犯行を強く否認していたが、懲役一二年の実刑を言い渡された(2)。

この事件の真相はわかっていない。先述したように大宮移転説や熊谷移転説など議論はあったが、結局移転問題は埼玉県議会にて一九五〇年三月に浦和にすることとなった。浦和にとって県庁所在都市であることは、大宮と比べ都市機能の点で優位であっただけに、それを譲ることができないばかりでなく、もめることも望ましくないと判断された。

このような出来事があってか、その後もこの両市は注目され、比較されることが多くなった。例えば、地域の駅数、乗客数、百貨店数、有名施設、事業所数（卸、小売）、商品販売額などからアニメ聖地巡礼などまでさまざまである。その後合併し、今ではさいたま市という名前も馴染んできたが、その過程では行田市からも異論が出た。行田市（市議会・商工会議所・青年会議所・埼玉地区自治連合会）によれば、埼玉の名称は「幸魂、さきたま、さいたま」と変化したものでありこれらの名称は使用しないでほしいというものであった。最終的には「埼玉市」「さきたま市」「彩都市」「大宮市」を抑えて「さいたま市」に決定した経緯がある。

さいたま市の人口分析

紆余曲折もあったが、両市は合併し新たな時代を歩んでいる。以下はこれからの人口構造、人口変動の予測である。大宮も浦和も地域を盛り上げていかなければならないわけであるが、まずは人口動態などを見てみよう。

出生率の上昇が期待できない日本において、さいたま市も明るい予測とはなっていない。〇～一四歳の層が増えることは、今後ありえるのだろうか。政治的課題としての解決だけでなく、地域を巻き込んだ施策が求められる。

次に、生産年齢人口と呼ばれる層である。二〇三〇年代に頭打ちとなり上昇率も低くなってくる。社会構造の変化だけでなく、AIをはじめとした新たなテクノロジーの登場により時代は変わろうとしているが、さいたま市はどのように変わるのだろうか。

最後に六五歳以上である。他の都道府県でも同様であるが、年々この年代層は増加している。埼玉県は全国的に見ても増加率トップレベルであり、介護人材の不足や医療・介護・福祉の連携による地域包括ケアシステムの推進などの課題を解決しつつ対応していかなければならない。

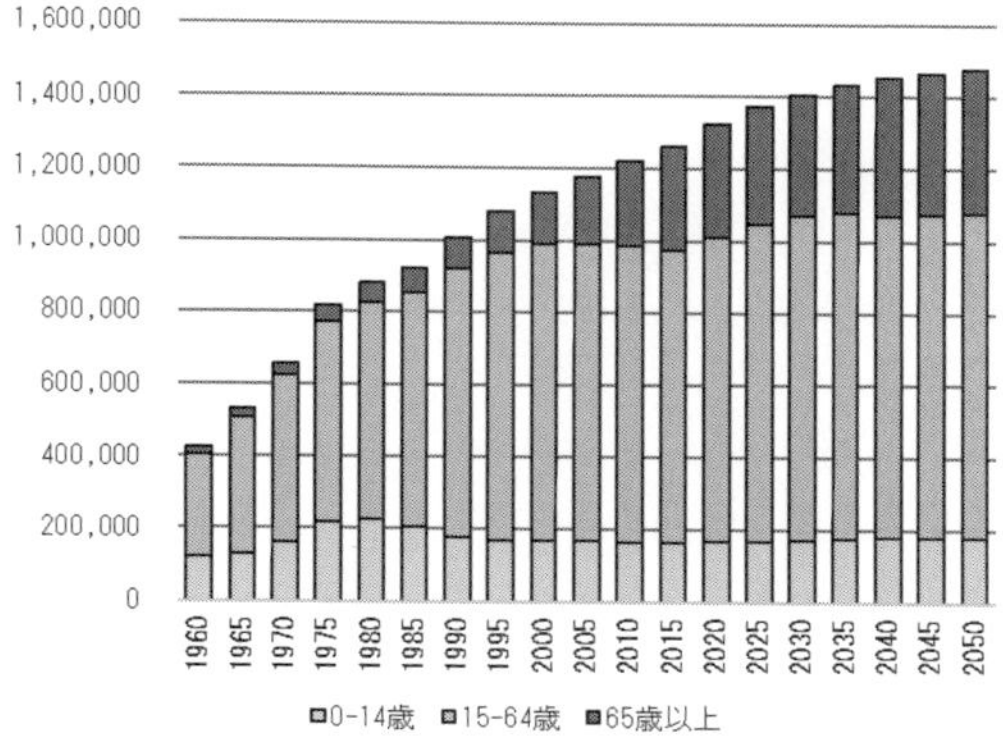

図1　さいたま市の人口推移（単位・人）

埼玉県は、超少子高齢社会を見据え、市町村の「コンパクト」「スマート」「レジリエント」の三つの要素を兼ね備えた持続可能なまちづくり埼玉版スーパー・シティープロジェクト(3)を支援している。大宮と浦和は、このプロジェクトにおいても重要な二地域となるであろう。ますますこの二地域は、両者意識しながらも、埼玉県の核として新たな時代を切り開いていくに違いない。

〔注〕

（1）「『さいたま市』きょう「産声」構想七四年、ついに結実」『読売新聞』朝刊、二〇〇一年五月一日。

（2）仮釈放中の同年に法務大臣、浦和警察署、浦和地検検事正宛てに「私は無罪」という遺書を残し、水戸市内の山中で服毒自殺したため、真相はわかっていない。また、この件で当時の県知事である西村実造の責任問題へ発展し、辞表を提出する事態となったが、埼玉軍政部に忠告されて撤回した。（埼玉県行政史編さん室編『埼玉県行政史』第三巻、埼玉県県政情報資料室）

（3）【埼玉版スーパー・シティープロジェクト】

・医療、福祉、交流等の複合拠点を整備し、歩いて暮らせるまちづくりを促進
・生活利便性を高めるMaaSやデマンド交通の提供、オンライン診療を活用した医療支援、自動配送ロボットやドローンによる配送支援、再生可能エネルギーの導入や蓄電池の活用等、災害時でもエネルギーが途絶えない仕組みの構築
・エリアマネジメント組織による地域交流拠点を活用した健康相談、介護予防、多世代交流

［訪］

埼玉由来の地・行田で創られる伝統

土居浩

さきたま火祭り

行田市内に点在する埼玉古墳群は「埼玉」と書いてサキタマと読み、県名の由来として知られる。古墳群の所在する地区が旧・埼玉村で、所属する埼玉郡との読みの違い（村名がサキタマ／郡名はサイタマ）を『新編武蔵風土記稿』が指摘している。この古墳群の保存と活用を図るため建設された「さきたま風土記の丘」に「さきたま資料館」、そして現行の「さきたま史跡の博物館」に至るまで、サキタマと読むことは一貫している。

古墳群のある埼玉地区には、サキタマと読む前玉神社が鎮座する。境内には浅間塚（浅間山とも）古墳があり、埼玉古墳群に含むこともある。この古墳の名は、その地に祀られた浅間神社に由来する。この、古墳と浅間神社との接点が、ハイブリッドな現代の祭りを生み出す契機となった。

毎年五月四日、行田市の埼玉県立さきたま古墳公園を会場に開催される行事が、さきたま火祭りである。そのクライマックスでは、コノハナサクヤヒメの火中出生神話にならい、火を放たれた「産屋」が炎上する（コロナ禍では中止）。夜間に催され視覚効果は抜群で、行田市公式サイトでは「古代のロマン溢れるお祭り」として広報されている。

火祭りの十周年記念誌に掲載された座談会では、第一回実行委員長が、そのコンセプトについて実に正直な告白をしている。いわく、さきたま古墳と、コノハナサクヤヒメとには、直接の関係がない。そのことは承知した上で「異論はありますが無理に（稲荷山古墳出土鉄剣に刻まれた名前である）オワケノオミをくっつけた火祭りにしてしまおうではないかと」画策したのだ、と。コンセプトの始まりからして、ハイブリッドな行事なのである。

そのコンセプトだけでなく、マテリアルの面でもハイブリッドな行事であることは、毎年、炎上させるために制作される「産屋」に見てとれる。その制作は、地元の六地区が年ごとに持ち回りで担当しており、基本的に図面にもとづいているという。しかし当事者たちの自己認識と異なり、年ごとの画像を比較すると、微妙な違いに気づく。呼称こそ「産屋」だが、民俗学的意味でのウブヤではなく、むしろ復元古代住居と呼ぶべきだが、類例が確認できない。構造的把握はされておらず、おそらくパーツそれぞれが別々に模倣されている。結果、総体としてはハイブリッドな仮設物件になっている。

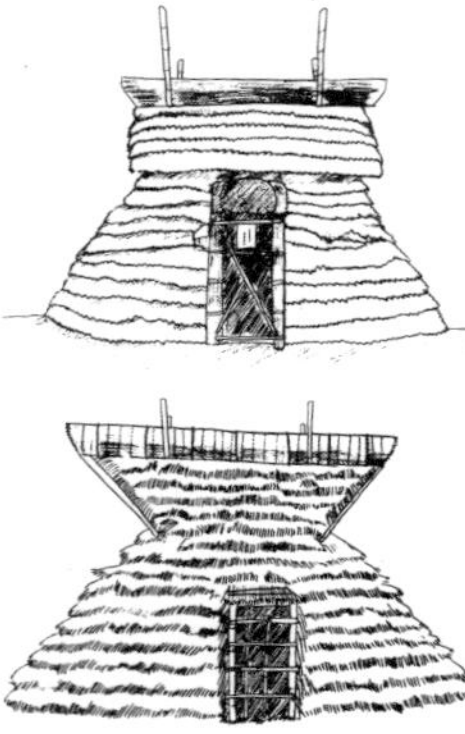
図1　火祭りの産屋（スケッチ）

ささら獅子舞

行田市の指定無形民俗文化財である長野ささら獅子舞は、いわゆる一人立ちの三匹獅子舞で、長野地区の鎮守社である久伊豆神社での秋の大祭で奉納される。コロナ禍で翻弄される中、保存会では、無理をせずしかし諦めず、伝統行事の継承に取り組んでいる。会員の親睦も兼ね月一回は続けていた練習も、コロナ禍が深刻になった二〇二〇年三月に中止し、そのまま中止を続けざるをえなくなった。同年六月下旬には、祭礼関連の全面中止が決まり、結局その年の活動としては、市からの補助金で道具類を手入れし、また買い替えることのみとなった。翌二〇二一年六月のタイミングでやはり祭礼関連の全面中止が決まり、その年の活動は、新調した幟旗をお披露目するため集まっただけとなる。

コロナ禍が少し落ち着いた二〇二二年の四月下旬に保存会で集まった時、会員間で練習の再開が合意され、翌五月下旬に久々の練習会となった。とはいえいきなり例年の頻度に戻すのではなく、やや少なめの月一回を三度

写真1　長野ささら獅子舞 2022年

（五・六・七月）、そして本番前の八月には週一回の頻度で再開した。本番は、例年ならば二日間で三演目だが、再開の年は一日のみ二演目に縮小して開催した。

練習会の会場である地区の集会所では、初心者と熟練者あるいは笛方などそれぞれの立場を按配した配置で練習に取り組んでいた。久々の練習再開に際しては、一番の基本演目である『笹掛り』の、それも基本の舞である演目冒頭部分を、思い出しつつひたすら繰り返し練習した。通しの稽古になったのは、八月に入ってからである。

外見的には、同じことを例年反復しているように見える伝統的な行事でも、全く同一なことは皆無といってよい。この再開された年の祭礼本番では、その年になってから練習に参加した初心者が、『笹掛り』の中獅子を舞った。このような微細な変化を「同じことの繰り返し」と把握・認識することが、実際には伝統を創る第一歩なのだと思われる。

〈参考文献〉

武井彩夏「さきたま火祭りで使用される産屋の形状の起源と歴史についての基礎的研究」ものつくり大学建設学科卒業研究、二〇二二年三月

竹内実「コロナ禍における伝統芸能の継承：行田市・長野ささら獅子舞保存会の活動を事例に」ものつくり大学建設学科卒業研究、二〇二三年三月

2 埼玉が生んだ偉大なる実業家
——渋沢栄一——

井上潤

はじめに

二〇二四年七月三日に発行された新一万円札の肖像として描かれた渋沢栄一は、没後九三年を迎えようというまさに歴史上の人物だが、その過去の人物の事績、考え、言葉に向けられた大きな注目が、今なお衰えることなく、色あせるどころか、反対により一層強く光彩を放つようになっている。現在そして将来を模索する私たちは、今こそ、改めて渋沢栄一の事績に目を向け、発せられた考え・言葉に耳を傾けるべきであると主張したい。

一　渋沢栄一九一年の生涯

渋沢栄一は一八四〇（天保一一）年、武蔵国榛沢郡血《ち》洗島《あらいじま》村（現埼玉県深谷市血洗島）に

写真1　渋沢の生家（中ノ家）

生まれた。血洗島村は、税の米納が主であった江戸時代において早くから金銭で納めるシステムが取られていた。また、農村地域に属するものの、純粋に農作だけで生活が成り立つようなところではなく、商工業活動などに従事しないと生活が成り立たなかったことから、貨幣経済が早くから浸透している地域であった。

この地域での商工業活動の一つとして、藍の葉を加工し、藍玉という染料を信州（現長野県）や上州（現群馬県）などへ売りに行くことがあげられる。藍玉の製造・販売は換金性が高く、軌道に乗せた家は富裕層へと成長したのである。

栄一の生まれ育った家も父親の代に本格的に藍玉の製造・販売を始め、村で一、二を競う富農へと成長した。栄一はその家業を手伝う中で、つまり実践を通して経済・経営のノウハウを身につけていったのである。

一方で栄一は、学者である従兄・尾高惇忠《あつただ》から本格的に読書を授けられた。尾高の読書法は、大まかな意味だけを伝え、あとは自らがその意を理解できるまで読み込ませるようにした。そして次々と先へ進め、また、興味・関心のある書物をできるだけ読ませるなどして、とにかく数多くの書物を読ませようとするものであった。読書好きの栄一は、数多くの書物に触れ、元々持っていた素養かもしれないが、旺盛な好奇心、鋭い洞察力、柔軟な思考性を身につけ、広い視野のもと幅広い情報収集から指針の決定（総合的判断）を導き、的確な情報発信ができる人間へと成長したのである。

また、江戸に遊学などして思想家たちとの交流を重ねていくうちに、幕末の世に蔓延していた攘夷の思想に傾いていき、また、士農工商に代表される官尊民卑の弊習を打ち破らなければ、より良い世の中とならないと幕政への批判も募らせていったのである。

写真2　渋沢栄一肖像

その思いを晴らすために、同志を募り、一八六三（文久三）年、高崎城を乗っ取り、横浜の外国人居留地を焼き討ちしようという計画を立てた。ただ、栄一は、その時得た情報に敏感に反応した。それまでの攘夷決行によって国が攘夷の意を表すように変化しているとは思えないし、「行動を起こした者が無駄に命を落としているのでは？」という疑問を呈し、体制内に長く生きながらえて、世の中を変化させていくと決し、その暴挙を中止にしたのであった。

体制内での変革をめざすこととし、攘夷決行を中止した栄一は、一橋家の用人・平岡円四郎の勧めで一橋家の家臣となったのである。

栄一は、一橋家の領地内にて農兵を募集する任務を無事遂行したが、同時に、得られた情報をもとに、例えば、木綿の売買法や年貢米の売捌き方法、そして、硝石製造を地域の産業として位置づけさせる仕法などを進言し、一橋家の財政政策を打ち立てたのであった。その成果が注目され、名を上げていった。

当主の慶喜が一五代将軍に就くことによって、栄一は幕臣となり、その幕臣時代のほとんどをヨーロッパで過ごした。元々攘夷を唱えていた者の渡欧は考えられないが、体制の中に残り、世の中を変えたいと思った栄一は、既に思想の転換がはかられ、より積極的に西洋文明に接しようとしていたのであった。

ちょうどそのような時、一八六七（慶応三）年のパリ万国博覧会に将軍名代として派遣される徳川昭武に庶務・会計係として随行する機会を得、ヨーロッパという「新世界」と出会うことになった。

栄一はパリに赴く途中、スエズ運河の大開削工事に接し、個人資本ではなく、小資本を合わせ、大資本化した会社組織の存在を知り、その仕法「合本法《がっぽん》」の有効性、そして公益性にいたく感銘したのであった。

パリに到着以降、公式行事に随行すると同時に、現地の銀行家の指導を受けたり、様々な施設を視察したりしているが、単に施設・設備だけでなく、運営・維持の方法にも注視し、「合本法」による経営仕法・組織に強い関心を示した。

使節団の会計係として、栄一はフランス国債、鉄道債を購入している。もちろん財を増やすことも意識していたかもしれないが、実際に運用を体験することで、ヨーロッパでの仕組みを学ぼうとしたとも思われる。

また、栄一は、ベルギー国王が、これから鉄を必要とするだろう日本に自国の鉄を売り込む姿に驚いた。国を富ませることを政治家・国王であってもきちんと考えている官民一体となった世の中を日本でも目指したいと考えたのであった。

栄一は、帰国して数か月後には、静岡にて、銀行と商社を兼ね合せた「商法会所」を立ち上げ、「合本組織」を具現化させた。これは、実践を通して理解してきたものだからこそ、素早く形にできたと思われる。

官尊民卑の打破を標榜する栄一であったが、明治政府より出仕の命令が下り、一八六九（明治二）年一一月に民部省租税正として出仕し、一八七三（明治六）年まで民部省、大蔵省に籍を置いた。本人は、役人になるつもりは全くなかったが、新しい国づくりに参画できるというところに意義を感じ、栄一は挑んでいったのである。一説によると、栄一は、自らが政府に残る条件として「改正掛《かいせいがかり》」の設置を承諾させたとも言われている。

「改正掛」とは、新しい国づくりのために集った精鋭たちと共に、何をするのかを決め、

写真3　パリの徳川昭武一行

それについて調査研究し、政策立案するために組織された、近代化を実現するため、省庁を横断的な形で設けられた今でいうシンクタンクのような部局である。栄一はその掛長に就任した。

例えば、貨幣制度の整備、国立銀行条例制定への導き、近代的郵便制度の確立、暦の太陽暦への変更、鉄道の敷設、章勲制度の整備、貿易関税の整備、株式会社の普及そして大蔵省等の組織整備等々改正掛が存続した二年足らずの凝縮された時間の中で、非常に精力的に、近代国家形成の基盤となる二〇〇件もの案件を網羅的に着手していったのである。

その後、国家予算のあり方について大久保利通などと考えが対立し、上司の井上馨と共に大蔵省を辞した。それ以降は、自分が本旨とした民間の立場で世の中を支えていきたい、貢献したいという気持ちでの活動がはじまった。そこにはそれまでに得られた知識、経験、人脈が大いに生かされていったのである。

栄一は、幕末の渡欧体験を経て強く感じた日本全体の商工の振興をはかるためにヨーロッパで学んだ合本法に則った経営による会社の普及に努めていく。

民間・実業界に身を投じて最初に手がけたのは、日本初の近代的な銀行・第一国立銀行（現㈱みずほ銀行）であった。「国立」とあるが、れっきとした私立の株式会社である。栄一は、まず経済・金融の基盤を作り、その後、あらゆる分野の企業を、合本法に則った経営による会社として普及させていかなければいけないと奔走したのである。

栄一は、金融関係から製造業、陸運、海運、そしてサービス業にいたるまで、あらゆる分野の会社の設立・育成に関わり、同時に、経営者・技術者の育成にもあたり、古希を迎えた一九〇九（明治四二）年に、ほとんどの企業の役員を一斉にリタイアするが、生涯関

写真4　大蔵省時代の渋沢栄一

係した会社の数は、約五〇〇と言われている。

　実業界での活動の中で、栄一がとった姿勢の一つは、独占を嫌い、財閥を築かなかったということである。会社が設立され、経営が順調に進むのを見定めると、多くの場合、自分の持ち株を売却し、その資金を次の新しい企業の支援に充てた。会社によって自らの冨の蓄積を目指すというのではなく、日本の近代化・産業化の推進に徹していたのである。

　実業界を引退した栄一は、社会公共事業等の方面で、より一層奔走することになる。一つは民間外交である。特にアメリカで日本移民の排斥運動が起こり、日米関係が悪化するなか、民間の立場から問題解決に取り組んだ。

　一九〇九（明治四二）年、渋沢栄一は、東京、横浜、京都、名古屋、大阪、神戸の商業会議所会頭はじめ五一名からなる渡米実業団の団長として渡米し、三か月かけて約六〇都市を回って地元の実業家、また大統領などと謁見し、関係改善にと尽力した。また、日米人形交流の日本側の中心を担ったりもしている。その他にも、ヨーロッパやアジアの人たちとの交流も盛んに行い、東京・飛鳥山の自邸を民間外交の拠点として多くの賓客を招いた。栄一が民間外交で意識したのは、恒久的な国際平和を目指し、国際関係改善、交流維持を図るためだけではなく、日本という国を国際社会の中にしっかり位置づけたいということでもあった。

　福祉についても、日本における医療、福祉の原点として位置付けられる東京養育院に関与し、亡くなるまで院長として職責を全うした。今でいう養護老人ホームをはじめ児童養護施設や児童自立支援施設、虚弱児童等の転地療養施設など事業を拡大させた。また、そこを支えるための看護師や保育士を養成する機能を持たせた。この養育院を中心に、数多

写真5　第一国立銀行

写真6　インドの詩人タゴールと

くの福祉・医療に関する施設・機関に支援、協力をしている。真の経済発展を目指すには、資本主義社会において必ずや起こりうる負の部分へのまなざしが不可欠と感じ、福祉を特に重要視していたのであった。

新たな世を築いた栄一にとって、次の代の担い手育成の必要性を強く感じ、教育面でも尽力した。特に当時、高等教育とは無縁なものとして片隅に追いやられていた商業教育と女子教育の重要性に着目し、商業実務や女子を対象とした民間の高等教育事業発展のためにリーダーシップを発揮した。現在、一橋大学、東京女学館、日本女子大学等が立派に受け継がれている。

栄一が生涯関係した社会事業の数は、民間外交も入れると企業数を上回って六〇〇にもなる。このように、非常に多岐にわたり多くの事績を残した栄一は、一九三一（昭和六）年一一月一一日、満九一歳で惜しまれながらこの世を去ったのである。

二　渋沢栄一の「論語算盤説」「道徳経済合一説」

『論語』を規範にして事業にあたったという渋沢栄一であったが、実業界で奔走していた時期に、積極的に商業道徳、道徳と経済の一致についての持論を説いていたかというと、ほとんど口にしていなかったというのが実情である。言葉より体現だったのだろう。

では、いつ頃から持論を説き始めるかというと、一九〇〇（明治三三）年頃からというのが確認でき、実際は、一九〇九（明治四二）年の経済界からの実質的な引退後、強く主

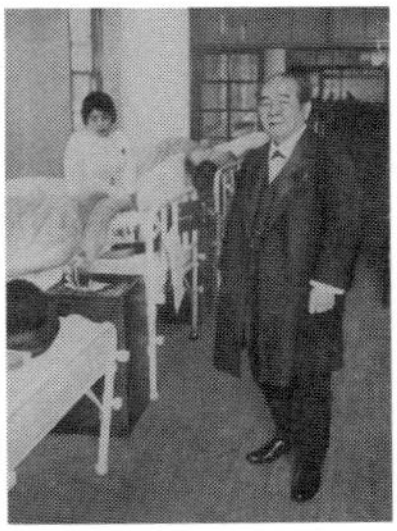

写真7　養育院板橋本院新築披露（1924）

写真8　東京高等商業学校（現・一橋大学）

張するようになった。

その背景には、日清、日露戦争後の日本社会における金銭尊重、個人重視の風潮が考えられ、この時期には、当時の知識人が特に青年層に対して「処世術」を説いたり、人格の修養の励行を求めたりした。その中の一人に栄一がいたのである。

栄一が、その時に用い出したのが「論語と算盤」であった。この言葉を用いるに至ったのには、次のようなエピソードがある。

栄一が古希を迎えた祝意を表して、福島甲子三《かしぞう》なる人物が、栄一のそれまでの事績を称えた書や画をまとめた画帖を寄贈した。その中の一枚に洋画家・小山正太郎が描いた『論語』と算盤と、朱鞘の太刀とシルクハット・白手袋の画があった。

古い漢学者からすれば、論語と算盤は不調和なもので、二者は到底相容れないものだったが、栄一は以前から、「仁義王道」と「貨殖富貴」つまり論語と算盤とは、相一致しなければならないという考えであった。栄一は、漢学者・三島中洲に、先の画を示して意見を述べたところ、三島が栄一の考えに賛同すると同時に、栄一の古希を祝して「題論語算盤図賀」とする一文を贈ったのである。その一文を見た栄一は、改めて自身の考えをわかりやすく伝えるには「論語と算盤」という言葉が最適と感じ、以後、持論を述べる際に「論語と算盤」と題するようになったのである。

やがて、「論語」を「道徳」、「算盤」を「経済」と普遍化した概念に置き換え、「道徳経済合一説」へと昇華させていったのである。その過程において、経済の分野だけから、道徳的基準を広げ、社会・政治現象すべてのものの解決のために広く用いるようになった。

栄一が説いた「論語算盤説」「道徳経済合一説」は、①江戸時代に定着した商業蔑視観を取り払う、②商人の意識向上に貢献し、商業界育成の精神的支柱となる、③暴走しがちな市場経済にもとづく資本主義の精神的制御装置といった面で大きな役割を果たしたように思われる。そして、栄一のそういう考え方の最も根底となる理念、哲学というものとしては、論語と算盤、道徳と経済、これをどちらかに重きウエイトを置いて事業を図るということではなく、これが一致・合致しなければ本来の持続的な成長はあり得ないというような考え方であった。この考え方こそを、今日貫くことによって、やはり持続可能な発展、永続できる事業展開、社会が築かれていくのではないかと思われるのである。

ところで、皆さんにおかれてはよくご存じと思われる栄一の著述『論語と算盤』は、ここでご紹介した道徳と経済の一致の考えのみならず、日々の生活全般にわたっての処世術を九〇項目にまとめ、一九一六（大正五）年に東亜堂書房から刊行された一書であることを付記しておく。

写真9　葬列

三　事業経営に必須の条件

渋沢栄一は、晩年、自らの体験を通じて事業経営のありようを示しているので、紹介してみたい。一つは、事業自体、個人の力だけで成すことはまずあり得ない。周辺の様々な事情をも察知して、それにうまく適応させていかなければいけないということである。特に経済界の中心を担うような人々が世の中の振・不振を見定めて、それに適用して事業を図っていくべきで、そのために同じ業界の人たちでも競争心を働かせて足の引っ張り合いをするのではなく、何か不振に陥ったときには、お互い手を携えて発展に導けるような形にすべしというようなところであった。

二つ目は、日常の小さなミスを見過ごさないようにということである。それを見過ごすことによって大きな欠損が生じ、また事業自体が立ち行かなくなってしまうこともある。そのときの手数を考えれば、日頃の小さなミスの見過ごしを避けるべきというところである。

三つ目は、栄一が主張する合本の仕法によらなければいけないとし、その合本法の底辺となっている事業自体に公益性を帯びているのかという点を重視しているのである。また資本が確実に得られるのかの確認を主張する。その事業自体いずれ利益を上げられるだろうから自ずと出資者は現れるという漠然とした考えで事業を始めることを戒めている。それから合本の仕法の底流にあるもう一つの要素、人材についてである。責任を負える首脳陣が備えられているのか、また、実務に耐えうるような人材がそろえられているのかといったところにも目を向けるべきということである。

四つ目は、長期的な事業計画そして予算計画にも目が向けられているのかといった点を提示する。

そして、これら条件が整っていたとしても、起業の時宜を見極めることもあげている。時宜を見誤ることによって、決して大きな繁栄、成功に導かれるものではなくなるので、その見極めの重要性を述べる。また事業を立ち上げて、決してそれがうまく順調に進んでいくものではない。いろいろ苦難に立ち向かい、乗り越えなければならず、そのためには「絶大なる忍耐力」を持たなければいけないというようなところも主張する。

最後は、労働環境、労使関係も重視すべきとする。ただ単に働き場所の環境を整えるということではなく、給与体系、例えば、退職金の支払いといったことにまで目を向けて、しっかり提示できるようにしておくべきだという。そして、何年働けばどういうようなキャリアにつけるのか、図られていくのかということも示すべきであるとする。このようなところをしっかり見極めて健全なる事業を成し遂げていかなければ、永続できるよりよき事業にはなっていかないのだということも主張したのである。

四　埼玉における実業家群像

埼玉には、渋沢栄一のみならず実業の分野で大きな功績を残した人たちがいた。ここでは、栄一とも縁のあった以下の三人を紹介する。

一人は、大川平三郎（一八六〇～一九三六年）である。栄一が中心となり創立した抄紙会社（後の王子製紙、現在の王子ホールディングス㈱）に入社後、日本の製紙業発展に貢献し、「日本の製紙王」と呼ばれるに至った。さらに八〇余の企業経営に携わり「大川財閥」を築いている。

次の一人は、諸井恒平（一八六二～一九四一年）である。若い頃より事業家としての才覚を発揮し、一六歳で本庄生糸改所頭取に、二四歳で本庄郵便局長になっている。しかし、恒平の才能が世に出るきっかけとなったのは、栄一が中心となり創立した日本煉瓦製造株式会社に勤務した時からであった。その後、武甲山の石灰岩に注目し、セメント製造事業の開拓を手掛けたことから同業界の発展に寄与し「セメント王」とも呼ばれるに至ったのである。この他にも大正、昭和を通して次々と要職に就いている。

最後は、尾高惇忠（一八三〇～一九〇一年）である。栄一の学問の師として、そしてともに幕末の尊王攘夷運動に力を入れた志士として先述したが、明治維新後、明治政府の官僚となった栄一の縁で、官営富岡製糸場の立ち上げから初代場長として経営に尽力した。長女の勇《ゆう》をその最初の工女としたことも良く知られている。明治九（一八七六）年末に富岡製糸場を離れ、翌年から第一国立銀行の盛岡支店、仙台支店の支配人などを務めた。

五　単なる実業家でない「近代化のオルガナイザー」

以上、見てきたように、埼玉の実業家とともに、県内のみならず、世の中全体を繁栄に導いた渋沢栄一は単なる実業家ではなかった。新しい一万円札の肖像に栄一が決まったときの記者会見で、「なぜ渋沢栄一を選んだのか」という記者の質問に対して財務大臣の回答は、「誰でも知っている日本の代表的な実業家だからだ」というものであった。日本の近代化、産業化を図っていくうえにおいて、創造的な日本の姿を形づくってきた人であり、そしてそれをうまくまとめてきた組織者・オルガナイザーとしての役割を果たしてきた人である。同時に、私益より公益を大切にし、それを追求し続けた人物であった。

また栄一は、民間の力を最優先に考える人であった。世の中全体が民間の力によって先導されるぐらいの強い思いを持って事に当たらなければ、本当の意味での発展につながらないし、国際社会への貢献にもつながらないと思い続けた人物であった。このような人物だったからこそ、この度、最高額の一万円札の肖像に描かれるようになったのだろうと思うのである。

〈参考文献〉

渋沢青淵記念財団竜門社編『渋沢栄一伝記資料』第一～第五七巻、渋沢栄一伝記資料刊行会、一九五五年～一九六五年
渋沢青淵記念財団竜門社編『渋沢栄一伝記資料』別巻第一～第一〇巻、渋沢青淵記念財団竜門社、一九六六年～一九七一年
渋沢研究会編『新時代の創造　公益の追求者・渋沢栄一』山川出版社、一九九九年
井上潤『渋沢栄一――近代日本社会の創造者（日本史リブレット人〇八五）』山川出版社、二〇一二年
平井雄一郎・高田知和編『記憶と記録のなかの渋沢栄一』法政大学出版局、二〇一四年
田中宏司・水尾順一・蟻生俊夫編著『渋沢栄一に学ぶ「論語と算盤」の経営』同友館、二〇一六年
井上潤『渋沢栄一伝――道理に欠けず、正義に外れず』ミネルヴァ書房、二〇二〇年

［究］

埼玉の知事

石上泰州

七七年でわずか七人

都道府県の知事は、戦前と戦後で大きく様変わりしている（ここで「戦後」とは、正確には日本国憲法が施行された一九四七年以降）。

戦前の県庁は、内務省（現在の総務省、厚生労働省、警察庁と全国の警察などを合わせた省）という国の役所の支店といった位置付けで、知事はその支店長とでもいうべき存在だった。知事は県内の地方行政の最高責任者ではあったが、国から派遣される支店長なので、県民の代表者という実態はなかった。知事の人事権は本店たる内務省にあり（官選知事）、知事は内務省の人事異動によって頻繁に交代した。結果、埼玉県の場合、七六年の間に四一人もの知事が出入りした。

戦後になると、都道府県は自らを治める「自治体」となり、県庁は内務省の支店ではなく、独立した行政機関となった。知事は県民の直接選挙で選ばれるようになり（公選知事）、名実ともに県民の代表者として、県の行政の最高責任を担うことになった。知事の任期は四年と定められたが、選挙で当選すれば何度でも続けられるので、在任期間は長くなった。戦後、埼玉県知事となったのは七七年の間にわずか七人で、在任期間の平均は一〇年を超えている。

最初の公選知事は西村実造（一九四七～四九年）。兵庫県出身で東京帝国大学を卒業後、日本郵船や満鉄を経て、終戦後、まずは官選の知事となった。当時は民主化の一環として、官僚、特に内務省の官僚ではない人物を知事にすべきという気運が高まっていたこともあり、非官僚の西村が任命されていた。西村は一九四七年の最初の知事選挙で保守系政党の支援を受け、社会党の候補らを下して当選したが、任期中に収賄容疑で逮捕され、辞職した。

二代目は大沢雄一（一九四九〜五六年）。現在の吉川市生まれ。中央大学を経て内務省に入省し、埼玉県の総務部長などを歴任していたが、西村の辞職を受けて出馬し、保守系政党の支援を受けて当選した。二期目の途中で参議院に転じるために辞職した。自民党から出馬して参議院議員となった後には衆議院議員（旧四区）も務めた。

三代目は栗原浩（一九五六〜七二年）。現在の加須市生まれ。私立埼玉中学校（現不動岡高校）、早稲田大学を経て埼玉県庁に入庁し、副知事まで務めた生え抜きで、大沢の辞職を受けた選挙に自民党公認で出馬して当選した。高度経済成長と重なる時期、四期一六年を務めた。

栗原浩（1956〜72年）

革新色強まる

四代目は畑和（一九七二〜九二年）。現在の加須市生まれで旧制不動岡中学校、旧制浦和高校、東京帝国大学へと進む。弁護士、県議を経て社会党の衆議院議員となっていたが、一九七二年の選挙で社会党、民社党、共産党の推薦を受け、自民党候補を破った。このとき敗れた自民党候補（大野元美・元川口市長）は現・大野知事の祖父。畑は五期二〇年を務め、いわゆる革新知事の代表的な存在であったが、社会党では右派に属し、知事在職中は「新・現実主義」を掲げるなど革新色を薄める側面もあった。

畑和（1972〜92年）

五代目は土屋義彦（一九九二〜二〇〇三年）。茨城県出身で中央大学卒業後、叔父である上原正吉参議院議員（大正製薬社長）の秘書を経て、自民党の県議、参議院議員となった。大臣（環境庁長官）も経験し、参議院議長を務めていたが、任期途中で議長を辞職し、知事選挙に出馬して当選した。「三権の長」の経験者が知事に転じるのは異例であった。三期目の途中、政治資金問題で辞職した。

六代目は上田清司（二〇〇三～一九年）。福岡県出身で法政大学、早稲田大学大学院を経て、新自由クラブの立党に参加するなどしていたが、一九九三年からは衆議院議員（新生党、新進党、民主党）を務めていた。土屋の後継を決める選挙に出馬するため衆議院議員を辞職し、結果、自民系の候補らを破って当選した。二期目と三期目の選挙では自民党からも支援を受けた。四期を務め、現在は参議院議員（無所属）。

多い国会議員出身者

七代目が大野元裕（二〇一九年～）、現在の知事である。川口市生まれで、慶應義塾大学卒業後、国際大学大学院を経て外務省に入省。民主党、次いで民進党の公認で参議院議員となり、二期目の途中に辞職して知事選挙に出馬し、自民系の候補との激戦を制した。再選をねらう選挙では自民党も大野を支持した。現在は二期目を務める。

以上の七人を党派によって整理すると、西村、大沢、栗原は保守系、畑は革新系、土屋は保守系で、上田と大野は自民系の候補を破って知事の座についた非自民系であるが、途中からは自民との「相乗り」を進めている。全体的に見ると、埼玉県は、保守（自民党）の強さが限定的で、かつての社会党や民

土屋義彦（1992～2003年）

上田清司（2003～2019年）

大野元裕（2019年～）

主党などの非自民勢力が知事与党の座にある期間が比較的長い地域といえるだろう。

知事となるまでの経歴としては、全国的には官僚、特に旧内務省系（自治省、総務省）の官僚出身者が多く、国会議員出身者、県庁出身者が続くのであるが、埼玉では官僚出身者は七人のうち一人だけで、国会議員出身者が四人と多いのが特徴である。畑知事以降は全員が国会議員出身者であり、全国的にもめずらしいといえる。

3 埼玉は「住みやすい」か

――爲我井慎之介

はじめに

この章を読み進めようとしているまさに今、ぜひ手元のパソコン・スマートフォンなどからインターネットの検索エンジンにアクセスし、「埼玉　住みやすい」と入力してみて欲しい。

すると、皆さんは、「埼玉」の「住みやすさ」に関する多くのランキング情報を目にすることになるであろう。「衣食住」は、人間の生活基盤である一方、私たちは、過去から未来へと続く時間軸に沿ってそれぞれの生活を営んでいる。それらの過程では、例えば「就学」や「職業」などが、ある時期における各々の行動範囲をおおよそ決めてしまう。そのため、私たちがもっぱら「住居」を「どこに確保するか」という部分に関心を寄せがちであるのは、ごく自然なことといえる。

かくいう筆者は、埼玉に生まれ、その後、茨城、群馬へと移り住み、就職をきっかけに再び埼玉に住まいを移している。それから二〇余年、もはや、人生の半分以上の時間を埼玉で過ごしたことになる。

埼玉は、首都圏の一部をなす地勢によって、従来から隣接する東京ばかりが目立ち、自らへの注目が集まりにくい「運命」にある。江戸期以降、徐々に定着してきた大都市東京の「後背地」たるその姿は、一九八〇年代のサブカルチャーに端を発する「だ埼玉」のイメージにもなじみやすかった。総合的に見て目立ちにくい——まさにそれは、埼玉の特徴の一つといってよいように思われる。

ところが、近年、「東京一極集中」の議論を差し置き、大都市東京の「後背地」であることで成り立つ「埼玉の価値」に対して、人も企業も注目している様相が伺える。その背景や論点を探ることで、埼玉の「住みやすさ」に対する客観的な評価を与えることができるのではないか。ここでは、最新のデータなどから埼玉の姿を大まかに整理した後、任意に選択するランキング形式の知見に、現に居住する筆者の皮膚感覚的な知見も加えつつ、「住まう場」たる埼玉の現代的特性を少し探ってみることにしよう。

一　データから見た「埼玉」の輪郭

現在の埼玉県域は、廃藩置県後の一八七六年に旧埼玉県と旧入間県との合併によって形成されている。面積そのものは全国では小さな部類[1]に入るが、東西の距離が一〇〇キロ以上ある横長の地勢によって、埼玉は七つの都県に隣接している。県域の三割は山地、六割

(1)　四七都道府県中三九番目の広さ(三七九七・七五㎢)である(二〇二三年一〇月現在)。

程度は平地になっており、可住地面積の割合が相対的に大きい。

埼玉の気候は、年間の快晴日数が多いものの、夏場は蒸し暑く、冬場は乾燥した北西の季節風が吹きやすい。また、埼玉は従来から自然災害が比較的少ないと見られがちだが、近年では、ここにも世界的な異常気象の影響が及んでいる。ゲリラ豪雨などによる都市型災害や、竜巻・雹などの突発的な自然災害に見舞われた記憶も新しい。それらは、県全体におおむね共通する重要な課題の一つとして捉えることができる。

わが国最初の国勢調査が実施された一九二〇年、埼玉県の総人口は約一三〇万人であった。それから一〇〇年後（二〇二〇年）の国勢調査では、県内の総人口は七三四万人ほどにまで達している。その数は、全国で上位五番目に相当するのだが、この間、一貫して人口増加をたどってきている点は、実は他の都道府県に類例がない[2]。

国立社会保障・人口問題研究所による最新（二〇二三年）の推計によると、二〇五〇年の県内総人口は、二〇二〇年よりも七〇万人ほど少ない六六〇万人程度になると見込まれている。とはいえ、一五歳から六四歳までの生産年齢人口は、その時点における県内総人口の半分以上[3]を確保する見通しであり、全国で四番目に多い。

それに対して、山間部を擁する秩父地域の自治体などでは、すでに深刻な過疎化に見舞われている。東京の都心から六〇キロ以上離れた県西部から北西部にかけての山岳地帯には、過疎法[4]にもとづく「過疎地域」とされる自治体が複数存在している。このように、埼玉県は、東京の都心に至便な地域とそうでない地域とを包摂しており、各団体の人口動態は必ずしも一様ではない。

全県レベルの人口動態と首都東京の「後背地」たる地勢から想起可能な「人が減りにく

（2） https://www.meti.go.jp/statistics/toppage/report/minikaisetsu/hitokoto_kako/20210209hitokoto.html（二〇二四年五月二九日最終閲覧）

（3） 五四・六%。

（4） 過疎地域の持続的発展の支援に関する特別措置法（令和三年法律第一九号）。

い」イメージがある反面、さながらわが国の縮図のごとく「地域差」が存在している。どうやら、それが埼玉の現実的な姿といえそうである。

二　主観指標のランキングから見た「埼玉」

表1　「地域ブランド調査」（ブランド総研）における都道府県順位の推移（2019年～2023年）

2019年		2020年		2021年		2022年		2023年	
順位	都道府県名	順位	都道府県名	順位	都道府県名	順位	都道府県名	順位	都道府県名
1	北海道	1	北海道	1	北海道	1	北海道	1	北海道
2	京都府	2	京都府	2	京都府	2	京都府	2	京都府
3	東京都	3	沖縄県	3	沖縄県	3	沖縄県	3	沖縄県
36	岐阜県	36	高知県	36	岐阜県	36	愛媛県	36	滋賀県
37	福井県	37	滋賀県	37	島根県	37	福井県	37	島根県
	山口県	**38**	**埼玉県**	38	滋賀県	38	滋賀県	38	福井県
39	滋賀県	39	山形県	39	福井県	39	島根県	39	岐阜県
	岡山県	40	鳥取県	40	鳥取県	40	栃木県		栃木県
41	**埼玉県**		群馬県	41	栃木県	41	徳島県	41	鳥取県
	鳥取県	42	岐阜県	42	山口県	42	鳥取県	42	徳島県
43	栃木県		茨城県		徳島県	43	山口県		山口県
44	徳島県	44	福井県	44	群馬県	44	群馬県	44	群馬県
45	群馬県	45	佐賀県	**45**	**埼玉県**	**45**	**埼玉県**	**45**	**埼玉県**
46	佐賀県	46	徳島県	46	佐賀県	46	茨城県	46	佐賀県
47	茨城県	47	栃木県	47	茨城県	47	佐賀県	47	茨城県

出典：ブランド総研「地域ブランドNEWS」（https://news.tiiki.jp/）をもとに筆者作成

私たちは、日々さまざまなランキング形式の地域情報を目にするが、それらは、個々の地域への先入観を誘発している。しかし、ランキングとは、「調査項目や評価方法が調査主体によって一方的に決定される序列的価値[5]」に過ぎない。ランキングの中には、あたかも客観的に見えて必ずしも客観的ではないものも当然あるだろう。この点、私たちは最初に留意しておかねばなるまい。

㈱ブランド総合研究所による「都道府県魅力度ランキング」は、近年、都道府県を格付けする代表例の一つとして捉えられがちである。もっとも、それは埼玉県の関

（5）増田・爲我井（二〇二二）四二頁。

係者にとって、必ずしも好ましい結果をもたらしてはいない。「地域ブランド調査二〇二三」（二〇二三年一〇月公表）によると、埼玉県の順位は四五位であり、この調査において、埼玉は従来から全都道府県の下位層を行ったり来たりしてきた（表1）。

ここでの「魅力度」は、「提示する地域名に対してどの程度魅力的に思うか」とのシンプルな問いにより、回答者の主観から導き出される。ところが、地域の「何に」魅力を感じるかなどの点は、指標そのものから単純につかむことができない。五者択一の選択肢に得点を紐づける魅力度の評価方法は(6)、若干大まかであるように思われる。ゆえに、この指標には、「毎年の順位に大きな変動が生じにくい」との見方がある(7)。

㈱リクルートによる「SUUMO住みたい街ランキング」もまた、個々の主観や潜在的なイメージが結果を左右する形態であろう。この調査は、二〇歳から四九歳までの回答者（男女）が、「住みたい街（駅）」「住みたい自治体」をそれぞれ上位三位まで挙げ、結果をランキング形式で集約するフレームである。

東京・神奈川・埼玉・千葉・茨城を対象とした直近の調査結果（二〇

表2　「街の魅力度ランキング2023〈都道府県版〉」（大東建託）の評価指標

居住者評価【注1】			非居住者評価【注2】		
1		住みここち（居住満足度）	1	経験・関係	住んだことがある
2	満足度8因子	生活利便性	2	経験・関係	家族や親戚が住んでいる
3	満足度8因子	行政サービス	3	経験・関係	友人・知人が住んでいる
4	満足度8因子	親しみやすさ	4	経験・関係	仕事で行ったことがある
5	満足度8因子	交通利便性	5	経験・関係	観光等で行ったことがある
6	満足度8因子	静かさ治安	6	認知	メディアでよく情報を見る
7	満足度8因子	自然観光	7	認知	良く知っている
8	満足度8因子	防災	8	希望	住んでみたいと思う
9	満足度8因子	物価家賃	9	希望	観光に訪れたいと思う
10		建物満足度	10	希望	仕事で行ってみたいと思う
11		主観的幸福度	11	評価	住みやすそう
12		住み続けたい	12	評価	気候が良い
			13	評価	自然が豊か
			14	評価	食べ物がおいしい
			15	評価	景勝地や温泉が多い
			16	評価	テーマパーク、レジャー施設が多い
			17	評価	歴史的建造物・文化財が多い
			18	評価	買い物や飲食、娯楽が楽しめる

【注1】主観的幸福度は10段階評価、それ以外は5段階評価
【注2】経験・関係は2段階評価、それ以外は5段階評価

出典：大東建託「街の魅力度ランキング」（https://www.eheya.net/sumicoco/2023/attraction/）をもとに筆者作成

(6)「とても魅力的」一〇〇点、「やや魅力的」五〇点、「どちらでもない」「あまり魅力的でない」「まったく魅力的でない」をそれぞれ〇点として、回答者の割合を集計した数字が「魅力度」となる（『毎日新聞』朝刊二〇二三年九月二七日（東京）二〇面）。

(7)『朝日新聞』朝刊二〇二三年一〇月二〇日（栃木全県）一九面「「魅力度」上昇三九位　薄い反応」。

二四年二月公表）によると、前者の「住みたい街（駅）」ランキング上位一〇〇位までのうち、県内にある街（駅）は八か所該当している。そのうち、大宮（二位）及び浦和（一〇位）はトップ一〇圏内に入った。また、後者の「住みたい自治体」ランキングでは、上位一〇〇位までに県内の一五地点がランクインしたが、そのうち、八地点はさいたま市内の行政区であった。[8] このように、「県都さいたま」は、多くの人々にそれなりの存在感を放っている。

とはいえ、結果を異にする二つのランキングは、その地域の「総合的な評価」によるものではない。実はブランド総研もリクルートも、同時に別の問いを設けて定性的な知見を複数収集し、ランキング化している。この点、一連の調査による「断片的な知見」が、インターネットなどを介して共に独り歩きしてしまっているようにも見える。

一方、大東建託㈱による「街の魅力度（都道府県）ランキング」は、複数の評価指標を用いたランクづけの例といえる。ここでは、居住者による一二項目及び非居住者による一八項目（表2）の評価順位から平均値を算出し、序列化を達成した。

大東建託による直近の調査結果（二〇二三年九月公表）によると、埼玉は総合一九位にランクインしている。特に興味深いのは、非居住者による評価（二五位）よりも、居住者による評価（一五位）の方が一〇ランクほど上回っており、それらの傾向は前年度も同様であった。[9] ここから、埼玉の居住満足度は必ずしも高い部類にあるとはいえないが、「実際に住む人々」によってそれ相応の評価が得られているものと解することはできそうである。

（8） 大宮区（一三位）、浦和区（一八位）、中央区（五二位）、南区（六三位）、緑区（七一位）、西区（七八位）、桜区（八三位）、北区（八八位）。

（9） 二〇二二年の居住者順位は一四位、非居住者順位は二六位である。

三　客観指標のランキングから見た「埼玉」

それでは、公の統計データ等を用いる「客観指標」をもとにしたランキングの場合、埼玉はどのように位置づけられるだろうか。同じく、すでにある複数の調査結果から検討してみたい。

最初に、三〇年以上の実績を持つ㈱東洋経済新報社の「住みよさランキング」に触れておこう。ここでは、「安心度」「利便度」「快適度」「富裕度」という四つのカテゴリーに整理される合計二〇指標（表3）の各偏差値を求め、それら偏差値の平均値を「総合評価」とすることで順位づけを行っている。なお、東洋経済の調査は、全国の市及び特別区[10]をサンプルとしている。

二〇二三年六月公表の調査結果（表4）によると、県内四〇市のうち、ランキングの上位一〇〇位以内に入ったのは東松山市（七五位）と戸田市（九八位）のみであった。その結果だけを見てしまうと、埼玉の自治体はおしなべて評価が高いとはいえない。しかし、例えば平均値（偏差値五〇）よりも少し低い「偏差値四九」をボーダーとして、このランキングに再び線を引いてみると、全サンプル数の七割弱が上側の領域に分類されてしまう。[11]そして、県内の半数以上の市（二六市）はその領域の中に含まれている。

実は、このランキングの元となる各団体の偏差値は、平均値（偏差値五〇）周辺に多く集積しており、相互の値も乖離が小さい。[12]したがって、その領域にランクインする自治体

(10)　特別区のうち千代田区、中央区及び港区を除外した八一二市区（二〇二三年六月現在）。

(11)　五四六市区（全体の六七・二％）がボーダーの上側に該当する。

(12)　偏差値五〇・九九から五〇・〇〇までの範囲に該当するのは一五七市区（全体の一九・三％）、偏差値四九・九九から四九・〇〇までの範囲に該当するのは一九二市区（全体の二三・六％）である。

表3　「住みよさランキング2023」(東洋経済) の評価指標

部門		指　標　名	部門		指　標　名
安心度	1	人口当たり病院・一般診療所病床数	快適度	11	転出入人口比率
	2	老年人口当たり介護老人福祉・保健施設定員数		12	水道料金
	3	20～39歳女性人口当たり0～4歳児数		13	汚水処理人口普及率
	4	子ども医療費助成		14	気候
	5	人口当たり刑法犯認知件数		15	都市計画区域人口当たり都市公園面積
	6	人口当たり交通事故件数	富裕度	16	財政力指数
利便度	7	人口当たり小売販売額		17	人口当たり法人市民税
	8	人口当たり大規模小売店店舗面積		18	納税義務者1人当たり所得
	9	可住地面積当たり飲食料品小売事業所数		19	1住宅当たり延べ床面積
	10	人口当たり飲食店数		20	住宅地平均地価

出典：　東洋経済新報社（2023）50頁を基に筆者作成

表4　「住みよさランキング2023」の県内40市ランキング

順位		団体名	偏差値	順位		団体名	偏差値
総合評価	県内			総合評価	県内		
75	**1**	**東松山市**	**52.24**	475	21	蓮田市	49.39
98	**2**	**戸田市**	**52.02**	482	22	入間市	49.34
139	3	本庄市	51.56	487	23	鶴ヶ島市	49.30
208	4	さいたま市	50.94	519	24	所沢市	49.17
284	5	羽生市	50.34	528	25	草加市	49.10
297	6	ふじみ野市	50.30	530	26	狭山市	49.07
325	7	白岡市	50.19	567	27	桶川市	48.83
327	8	志木市	50.17	569	28	鴻巣市	48.83
343	9	朝霞市	50.04	585	29	越谷市	48.72
346	10	久喜市	50.03	605	30	富士見市	48.54
360	11	熊谷市	49.95	609	31	和光市	48.53
362	12	三郷市	49.93	610	32	川口市	48.53
394	13	上尾市	49.77	649	33	八潮市	48.27
425	14	蕨市	49.62	651	34	日高市	48.25
430	15	深谷市	49.60	665	35	吉川市	48.16
446	16	川越市	49.50	685	36	春日部市	48.02
449	17	飯能市	49.49	715	37	坂戸市	47.78
457	18	新座市	49.48	738	38	加須市	47.45
467	19	秩父市	49.43	742	39	幸手市	47.40
472	20	北本市	49.40	755	40	行田市	47.26

出典：ブランド総研「地域ブランドNEWS」(https://news.tiiki.jp/) をもとに筆者作成

間では、平均値（偏差値五〇）をボーダーとしてそれぞれの優劣を明確に論じることがやや難しい。なぜならば、平均値（偏差値五〇）周辺の順位を得た団体は、全国の「平均的」な住みよさをおおむね確保しているようにも見なせなくはないからである。

これとは別に、茨城県は、各種政府統計等にもとづき独自に算出する「いばらき幸福度指標」を公表している。この指標は、基本的に「第二次茨城県総合計画」[13]の進捗管理に用いられるものである。だが、それは全都道府県の序列の中で茨城の位置関係を示すフレームになっており、ランキングの一種として認めることができる。

最新（二〇二三年一二月）の公表値を見ると、総合一位は東京、二位は神奈川、三位は埼玉となっている。ちなみに、調査主体の茨城は一三位であった。それらの順位は、茨城が総合計画上に政策領域として掲げる「四つのチャレンジ」に体系づけられた四二指標（表5）の変数を標準化した後、領域ごとに平均値を合計してスコア化することで求められる。分析対象を異にする東洋経済の結果と単純に比較することはできないが、埼玉の関係者が前向きに捉えてもよさそうな結果が得られている。

ところで、このランキングで埼玉が総合上位に浮上したのはなぜだろう。埼玉は、例えば「新しい人財育成」「新しい夢・希望」などの領域別ランキング（表6）で上位にあり、それらが少なからず総合順位に影響を与えたように思われる。特に、二つの領域は、教育と就労との両方に関わる指標が関連しており、ここから、私たちは、「定住者を呼び込む資源を伴う」埼玉の価値を見出すことができる。

ただし、埼玉の人口規模に対する「医療・介護体制」は相対的に劣っており、「刑法犯認知件数」もやや高い部類に入っている。両分野は、人口数を多く抱える都市部ならでは

（13）計画期間は二〇二二年から二〇二五年までの四年間（二〇二二年三月策定）。

表5　「いばらき幸福度指標」(茨城県)の評価指標(2023年)

政策領域	指標名		政策領域	指標名	
新しい豊かさ	1	雇用者報酬（雇用者１人当たり）	新しい人財育成	22	子どものチャレンジ率
	2	正規雇用率		23	大学進学率
	3	県民所得（県民１人当たり）		24	学力
	4	工場立地件数		25	教員のICT指導力
	5	労働生産性（1時間当たり）		26	不登校児童生徒率
	6	農林水産業の付加価値創出額（県民１人当たり）		27	合計特殊出生率
	7	外国人宿泊者数		28	待機児童率
	8	国内旅行者数		29	教養・娯楽（サービス）支出額
	9	CO_2排出量（県民１人当たり）		30	都道府県指定等文化財件数
	10	一般廃棄物リサイクル率		31	子どもの運動能力
新しい安心安全	11	医師数（県民10万人当たり）		32	パートナーシップ制度人口カバー率
	12	看護職員数（県民10万人当たり）		33	女性の管理職登用率
	13	介護職員数（県民10万人当たり）		34	人権侵犯事件件数（県民1万人当たり）
	14	介護・看護を理由とした離職率		35	所定外労働時間
	15	自殺者数（県民10万人当たり）		36	男性の育児休業等制度利用率
	16	健康寿命	新しい夢・希望	37	留学生数（県民10万人当たり）
	17	障害者雇用率		38	起業率
	18	相対的貧困率		39	本社機能流入・流出数
	19	刑法犯認知件数（県民千人当たり）		40	若者就職者増加率
	20	自主防災組織活動カバー率		41	転入超過率
	21	自然災害死亡者数		42	デジタル・ガバメント率（市町村）

出典：茨城県「いばらき幸福度指標一覧」(https://www.pref.ibaraki.jp/kikaku/kikaku/seisaku/kikaku1-sogo/shinkeikaku/documents/02_sihyouitiran2023.pdf) を基に筆者作成

表6　「いばらき幸福度指標」(茨城県)による領域別上位ランキング(2023年)

順位	新しい豊かさ		新しい安心安全		新しい人材育成		新しい夢・希望		総合	
	都道府県	スコア	都道府県	スコア	都道府県	スコア	都道府県	スコア	都道府県	スコア
1	東京都	9.24	大分県	4.89	東京都	2.63	**埼玉県**	**6.24**	東京都	13.28
2	北海道	3.48	山口県	3.32	石川県	2.15	神奈川県	5.69	神奈川県	7.34
3	愛知県	2.63	島根県	3.16	富山県	1.96	東京都	5.35	**埼玉県**	**7.13**
4	長野県	2.30	佐賀県	2.95	**埼玉県**	**1.84**	千葉県	4.76	千葉県	5.31
5	茨城県	1.93	三重県	2.55	福井県	1.80	京都府	4.40	大分県	5.12
6	静岡県	1.78	鹿児島県	2.50	神奈川県	1.22	福岡県	3.47	静岡県	4.89
7	千葉県	1.77	石川県	2.48	千葉県	1.18	大阪府	2.77	石川県	4.80
8	神奈川県	1.73	福井県	2.43	鳥取県	1.17	宮城県	2.73	愛知県	4.54
9	栃木県	1.43	宮崎県	2.21	徳島県	1.03	愛知県	2.48	長野県	4.22
10	新潟県	1.14	長崎県	2.19	秋田県	1.00	大分県	2.28	富山県	3.64

出典：茨城県「「いばらき幸福度指標」の見直しと2023年度の全国順位についての記者会見資料(2023.12.1)」(https://www.pref.ibaraki.jp/kikaku/kikaku/seisaku/kikaku1-sogo/shinkeikaku/documents/231201_kisyakaiken_kouhukudo.pdf) をもとに筆者作成

のウィークポイントであろう。このような課題に対して、今後、限られた資源の中でいかに住民の満足度を高めていくことができるか。それは、埼玉の持続可能な発展に向けて求められる論点となり得る。

もっとも、客観指標を用いながら、埼玉に厳しい評価を下したランキング結果も過去には存在している。例えば、旧経済企画庁の新国民生活指標（PLI：People's Life Indicators）[14]は、国民生活の「豊かさ」を複数の統計的指標[15]によって指数化したものである。そのランキングにおいて、埼玉県は一九九三年から六年連続で最下位になってしまった。

それらの結果を不服として、当時の土屋義彦知事が旧経済企画庁にクレームをつけたエピソードがある。近年、ブランド総研の結果公表に際し、複数の県知事が記者会見等を通じて反論したが、それぞれの主張はこの一件と部分的に重なっている。自治体側からすれば、「順位」による単純なイメージだけで地域に対する住民の誇りや愛着が下がり、やがて人口の流出や経済的損失に結びついてしまうことだけは極力避けたい。その部分にこだわる首長が存在することは、必然の帰結といえる。

しかし、ある地域のイメージとは、本来、短期的に育まれるものでも、一面的に理解されるものでもないのではないか。自治体は、ランキングの順位自体にもっぱらこだわるのではなく、よりよい地域形成に向けて地道に取り組む姿勢をとることこそ、本当は重要であるように思われる[16]。

（14）　通称「豊かさ指標」。

（15）　「住む」「働く」など八つの活動領域指標と、「安全・安心」「公正」など四つの生活評価軸指標について、それぞれ時系列指標と都道府県別指標とを作成（デジタル大辞泉）。

（16）　例えば、鳥取県知事や総務大臣などを歴任した片山善博・大正大学地域構想研究所所長は、「（前略）魅力度は長年の蓄積の結果であり、今の知事にほとんど関係ない。住民の満足度を気にした方がいい」と述べている（『毎日新聞』朝刊二〇二三年九月二七日（東京）二〇面）。

四　「埼玉の住みやすさ」

ここまで、埼玉にまつわるランキング形式の情報を任意に複数用いて、埼玉の相対的な位置づけを観察してきた。それらの知見は、近年、首都東京との位置関係やそれに付随する特性などを基準として、埼玉の価値を再発見している人々が一定数いることを示唆している。加えて、都内より土地や住宅の価格が安いことなども、埼玉に対する人々の選好に大きく関わっているはずであろう（表7）。

表7　東京圏（1都6県）の住宅地平均価格と価格指数（2023年）

No.	都県名	住宅地平均価格（円／㎡）	価格指数（東京＝100）
1	東京都	404,400	—
2	神奈川県	188,400	46.6
3	**埼玉県**	**119,400**	**29.5**
4	千葉県	83,200	20.6
5	栃木県	33,900	8.4
6	茨城県	33,700	8.3
7	群馬県	31,400	7.8

出典：国土交通省「令和5年都道府県地価調査」（https://www.mlit.go.jp/tochi_fudousan_kensetsugyo/tochi_fudousan_kensetsugyo_fr4_000001_00192.html）をもとに筆者作成

私たちが「住みやすさ」を考える際に、その地域の基盤や環境がいかなる状況にあるかという点に関心を向けるのはごく自然なことである。それぞれの住民にとって、生活する上で居心地がよく、さほど不便さを感じることもなく、かつ、現役世代であれば「職住近接」[17]を達成している方がより望ましい。

埼玉は、大都市東京の供給地であると同時に、東京一極集中の「あふれ出し」による開発の波に押されてきた一面がある。それに対して、独自の歴史・文化が色濃く残る川越や、自然豊かな秩父地域などは、都心からのアクセスが比較的よく、観光地とし

（17）　職場と住居との距離が近いこと（デジタル大辞泉）。

写真1　日光道中の道しるべ（春日部市内：2024年5月筆者撮影）

て高い価値を見出すこともできる。

筆者の住む東部地域は、都心からおおむね四〇キロ圏内に位置しており、江戸川をはじめとする複数の河川や用水路が走る「水と緑に恵まれた地域(18)」である。旧日光街道沿いに点在する街並みから、江戸期に形成された宿場の名残を感じ取ることもできる（写真1）。明治期をルーツとする鉄道網は、近年、都心への速達性・利便性がさらに向上した。都心へとつながる高規格道路や主要幹線道路などにあっては、現在も着々と整備が進められている（写真2）。

埼玉は、日々の生活に不便さを感じることが少ないからこそ「住みやすい」。これが、現時点における筆者の個人的見解である。もちろん、細かな点に目を向ければ、同じ埼玉といえども、県内自治体間の状況には当然格差が見られるし、面積の広い自治体にあっては、行政区レベルの地域差が認められる。あるいは、年齢層や家族構成の違いなどによって、住民それぞれの感じ取り方もまた異なるだろう。このようなスケールに沿って、同じ埼玉でも「住みやすさ」の程度には必ず乖離が生じているはずである。

写真2　近年の松原団地から望む東武鉄道の連続立体交差化と東京外環自動車道（草加市内：2015年11月筆者撮影）

（18）　https://www.pref.saitama.lg.jp/b0104/sityougaiyou/index.html（二〇二四年五月二九日最終閲覧）

おわりに

わが国において、住民登録地は国民一人につき一か所であり、ここに納税の仕組みが紐づけられることで、各種行政サービスの提供につながっている。その制度構造から、自治体間には、納税者たる「住民」を介した競争原理を見出すことができる。住民側からすると、「住みやすい」「住みにくい」を基準として住む場所を自由に選択する「足による投票[19]」が可能となる。

埼玉県は、従来から県政運営の基礎となる「埼玉県五か年計画」を五年ごとに策定しているが、現行計画[20]のサブタイトルは、まさに本章のテーマにも関連する「日本一暮らしやすい埼玉へ」である。そのタイトルには、二〇四〇年に向けた中長期的な視点から、「あらゆる人に居場所があり、活躍でき、安心して暮らせる」県の将来像が込められている。計画上、将来像は三つの要素[21]から構成され、ここに五四の分野別施策が体系づけられている。

県内の自治体に目を向けると、例えば県南の市町では、「都心に至便」で「子育てがしやすい」点をアピールし、それに関連する支援策を手厚くする傾向があるように思われる。秩父や県北などの一部市町村では、県と連携し、一定の要件を満たす移住者に対して支援金を支給することで、移住のハードルを下げようと試みている。[22]熊谷市などの「新幹線の通勤定期券補助[23]」にあっては、若年層が「住みにくい」と感じる「通勤時間」の負担軽減

(19) Tiebout(一九五六)四一六–四二四頁。

(20) 計画期間は二〇二二年から二〇二六年までの五年間(二〇二二年三月策定)。

(21) 「安心・安全の追究」「誰もが輝く社会」「持続可能な成長」である。

(22) 内閣府の「地方創生移住支援事業」を活用した制度。過疎法などの指定区域に該当する県内一〇市町村(秩父・飯能・本庄・ときがわ・横瀬・皆野・長瀞・小鹿野・東秩父・神川)で「移住支援金制度」を設けている。

を目玉とした人口減少対策といえる。

このような取組みから、「足による投票」を念頭に置く「住みやすさ」の追求は、今や埼玉全体に共通する命題と化していることがよくわかる。一方、「住みやすさ」を高めようとする自治体間には、同じ埼玉といえども「視点の相違」が認められる。それでも、埼玉の「住みやすさ」そのものは、当面、「東京一極集中」の社会構造と密接に関わって論じられていくことになるのだろう。

(23)「熊谷市新卒者等新幹線定期券購入補助金交付要綱」にもとづく制度。このほか、本庄市や美里町などにも同様の取組みがある。

〈参考文献〉

茨城県「第二次茨城県総合計画～「新しい茨城」への挑戦」二〇二二年

国立社会保障・人口問題研究所「日本の地域別将来推計人口（令和五（二〇二三）年推計）」（概要）二〇二三年

埼玉県「埼玉県五か年計画　日本一暮らしやすい埼玉へ」二〇二二年

東洋経済新報社『都市データパック　二〇二三年版』二〇二三年

ペーテル・エールディ／高見典和訳『ランキング――私たちはなぜ順位が気になるのか？』日本評論社、二〇二〇年

増田正・爲我井慎之介「桐生市議会一般質問に見る改革争点―対応分析を用いて―」『地域政策研究』第二五巻第二号、二〇二二年

Tiebout,Charles M.,"A Pure Theory of Local Expenditures,"*Journal of Political Economy*,64(5),1956.

https://news.tiiki.jp/05_research/survey2023/（二〇二四年五月二九日最終閲覧）

https://suumo.jp/edit/sumi_machi/（二〇二四年五月二九日最終閲覧）

https://www.eheya.net/sumicoco/2023/（二〇二四年五月二九日最終閲覧）

https://www.pref.saitama.lg.jp/a0314/saitama-profile/donna.html（二〇二四年五月二九日最終閲覧）

［訪］

クレヨンしんちゃんの街・春日部

爲我井慎之介

「クレヨンしんちゃん」と「春日部」

春日部市は、埼玉県の東側、都心からおおむね三五キロ圏内に位置する人口約二三万人[1]の自治体である。江戸時代には日光街道第四の宿場として栄えた。明治期以降に鉄道網が完成すると、春日部は地域の交通結節点となり、都市の基盤形成と近代化が進んだ。

戦後の春日部は、「昭和の大合併」の流れを経て、一九五四年に市へ移行する。[2]高度経済成長期、日本住宅公団[3]がかつて「東洋一」と形容された「武里団地」を市内に造成すると、営団地下鉄[4]は日比谷線の相互直通運転区間を北春日部駅まで延伸した。

このような経緯から、春日部は「ベッドタウン」のイメージが強い一方、「桐箪笥・桐箱」「押絵羽子板」「麦わら帽子」など、伝承的な特産品もまた有名である。最近では、「防災地下神殿」とも銘打つ「首都圏外郭放水路」[5]がインフラツーリズムのスポットとして人気が高い。それでも、やはり「あのアニメ」なくして現在の春日部は語れないように思われる。

「クレヨンしんちゃん」は、「嵐を呼ぶ幼稚園児」こと「野原しんのすけ」の日常を中心に描く、かのギャグ漫画である。一九九二年からテレビアニメ化され、今では、わが国を代表するアニメコンテンツの一つになっている。ちなみに、筆者の名前も「しんのすけ」だが、作品のモチーフではないはずなので、念のため付け加えておこう。

多くの春日部市民は、「クレヨンしんちゃん」の中に登場する地名や施設などに、きっと既視感を覚えているのではないか。例えば、母・みさえの行きつけのスーパー「サトーココノカドー」は、「イトーヨーカドー春日部店」[6]がモデルであろうと、一般的には受け止められている。

なぜ「クレヨンしんちゃんの街」になったのか

原作者とゆかりのある地であるとはいえ、なぜ、春日部は「クレヨンしんちゃんの街」としてここまで広く世間に浸透しているのだろう。そのルーツを探るため、筆者は、春日部市役所に直接問いを投げかけてみることにした。すると、二〇〇四年の「春日部市市制施行五〇周年記念事業」がきっかけの一つになっていることがわかった[7]。

当時、この記念事業で行う企画の決定権は、市議会議員や市内の各種団体代表者などからなる「実行委員会」の下に置かれていた。しかし、会議の場で検討する企画案を作成する役割は、市役所政策課に委ねられていた。そこで、担当の職員らは、「国民的アニメの主人公が住む場所がまさに春日部なのだから、それを市のPRに活用しない手はない」という、単純明快なアイデアを打ち出すのである。

「クレヨンしんちゃん」を市のイメージキャラクターにしてしまおう。とはいっても、その実現に向けて短期

写真1　「クレヨンしんちゃん」モニュメント（春日部市役所：2024年2月筆者撮影）

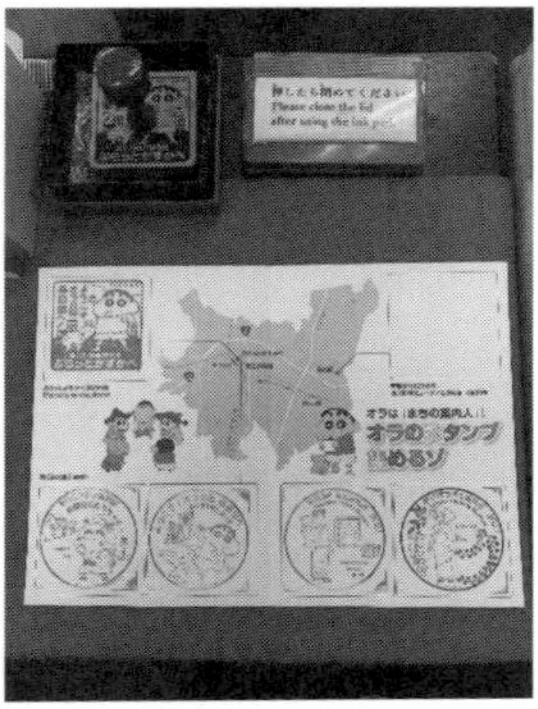

写真2　「クレヨンしんちゃん」春日部スタンプ巡り（ぷらっとかすかべ：2024年2月筆者撮影）

間にいくつものハードルを乗り越えなければならない。だが、職員らは、「クレヨンしんちゃん」が春日部のPRに抜群のコンテンツであるという「信念」を貫くように、キャラクター起用に向けて準備を進めていった。一方、実行委員会が起用を決定するその日まで、職員らは住民・教育関係者などの反応を探ることにも苦心を重ねていたという。

「クレヨンしんちゃんの街・春日部」の原点とは、それらの過程の中に見いだされるものといえよう。

「クレヨンしんちゃんの街」の現在と未来

二〇〇四年の記念事業以降、キャラクターとして使用する際の目的は多少変わったものの、市と版権を管理する出版社との「クレヨンしんちゃん」を介した連携・協力体制は今もなお続いている。旧庄和町との合併（二〇〇五年）を経てからも、「クレヨンしんちゃん」は、常に春日部市の持続可能性を広げるカギを握ってきた。例えば、「作品の舞台」を目当てに春日部を訪れる外国人の観光客数は、近年、増加の一途をたどっている。さらに、春日部に関わるさまざまな主体がコラボレーションする機会などを数多く提供している。

人口減少時代において、「クレヨンしんちゃん」は、もはや春日部の未来を左右する重要な地域資源へと進化を遂げたのである。

〈参考文献〉

https://www.city.kasukabe.lg.jp/shiseijoho/shinogaiyo/profile/index.html（二〇二四年五月二二日最終閲覧）
http://www.visit-kasukabe.jp/index.html（二〇二四年五月二二日最終閲覧）
https://www.ktr.mlit.go.jp/edogawa/edogawa00402.html（二〇二四年五月二二日最終閲覧）
https://gaikaku.jp/（二〇二四年五月二二日最終閲覧）

〔注〕

（1）二〇二四年四月現在。

（2）春日部町、豊春村、武里村、幸松村及び豊野村の合併による。

（3）現在の独立行政法人都市再生機構。

（4）帝都高速度交通営団（現在の東京地下鉄㈱）。

（5）首都圏における水害の軽減を目的とする世界最大級の地下放水路（二〇〇六年供用開始）。

（6）二〇二四年一一月閉店。

（7）筆者は、当時の政策課で関連業務にあたっていた木舟宏美氏（現・議会事務局次長）から、その経緯について直接伺う機会を得た（二〇二四年二月九日）。ここに記して御礼申し上げます。

［探］

アニメの聖地

水口由紀子

「ファンによってその価値が認められている場所」

「聖地」とは本来、特定の宗教の発祥地・本拠地やその宗教の創始者や重要な人物にまつわる場所などを指す言葉である。例えば、エルサレムにはユダヤ教（嘆きの壁）・キリスト教（聖墳墓教会）・イスラム教（岩のドーム）、それぞれの聖地が所在している。また、釈迦の場合はルンビニー（生誕地）、ブッダガヤ（悟りを開いた地）、サールナート（初めて説法をした地）、クシーナガラ（入滅の地）の四大聖地がある。

近年、「聖地」という言葉は本来の意味に加え、特定の分野にとってあこがれの場所・重要な場所という意味でも使われるようになってきている。例えば、高校野球の「阪神甲子園球場」、高校ラグビーの「東大阪市花園ラグビー場」などをあげることができる。さらに、映画やアニメなどの著作物の舞台となった場所も聖地と呼ばれている。

「アニメの聖地」と呼ばれる場所は全国に数多くあり、そこを「巡礼」（訪問）する活動も各地で活発になっている。岡本健はアニメ聖地巡礼を「アニメ作品のロケ地、またはその作品・作者に関連する土地で、かつファンによってその価値が認められている場所を訪ねること」と定義付けている（岡本、二〇〇八年）。

「アニメの聖地」は全国に約五〇〇〇か所あると言われており、二〇一六年にディップ㈱が県別のランキングを発表している。一位は東京都で一七二件、二位が神奈川県で三七一件、三位が京都府で二六九件、そして埼玉県が四位で一八五件となっている。

二〇一六年には一般社団法人・アニメツーリズム協会が設立され、二〇一八年から毎年「訪れてみたい日本のアニメ聖地88」を選定している。選定した地域にはプレートと御朱印スタンプの設置も進められている。その一番札所は二〇二〇年九月に所沢市ところざわサクラタウンに移設された。同所内に鎮座する武蔵《むさし》野《の》坐令和《にますうるわしきやまとの》神社《みやしろ》にイフォメーションスポットも設置されている。

さて、埼玉のアニメの聖地というとどのような作品を思い浮かべるであろうか。先に紹介した「訪れてみたい日本のアニメ聖地88」に選定されたのは表1のような一〇本の作品群である。近年、アニメや漫画の背景が精巧に描かれるようになったことが聖地巡礼を可能にしている要因の一つと言われている。『神様はじめました』には川越市内の時の鐘や蔵造りの町並みなど、『あの日見た花の名前を僕達はまだ知らない』には秩父市内の新秩父橋、秩父一七番札所・定林寺など多くの実在する場所が登場している。

このアニメ聖地88に選定されていないが、春日部市が舞台の『クレヨンしんちゃん』、晩年、新座市内にアトリエを構えた手塚治虫などを思い浮かべた方もいるであろう。

注目を集める『らき☆すた』

これらの中で特に注目を集めているのは『らき☆すた』である。この作品は美水《よしみず》かがみ作の四コマ漫画で、角川書店のゲーム誌『コンプティーク』に二〇〇四年一月から連載が開始された。泉こなた、柊《ひいらぎ》かがみ・つかさ、高良《たから》みゆきの四人の女子高校生の日常を描いた漫画である。二〇〇七年には京都アニメーションによってテレビアニメ化され、人気に火が付いた。作者の美水は幸手市出身で、四人の高校生は春日部市内の高校に通っている設定となっている。この作品の聖地となったのは柊姉妹の父が宮司を務める「鷹宮神社」のモデルである久喜市鷲宮神社である。アニメ放映の翌年の初詣参詣者は約三〇万人で、前年の一三万人より倍増した。初詣を含め『らき☆すた』の聖地を訪れたファンは地元の商店主などと交流が生まれ、鷲宮神社の土師祭《はじさい》で二〇〇八年から「らき☆すた神輿」の渡御も行われるようになった。二〇一八年からは、毎年七月に開催される鷲宮の夏の例祭「八

表1　一般社団法人アニメツーリズム協会選定　「訪れてみたい日本のアニメ聖地88」埼玉県内の作品一覧

	作品名	自治体名	2018	2019	2020	2021	2022	2023
1	らき☆すた	久喜市ほか	○	○	○	○	○	○
2	神様はじめました	川越市	○	○	○	○	○	○
3	月がきれい	川越市		○	○	○	○	○
4	あの日見た花の名前を僕達はまだ知らない	秩父市	○	○	○	○	○	○
5	心が叫びたがってるんだ	秩父市・横瀬町	○	○	○	○	○	○
6	空の青さを知る人よ	秩父市					○	○
7	ヤマノススメ	飯能市	○	○	○	○	○	○
8	『冴えない彼女の育てかた』シリーズ	和光市		○	○	○	○	○
9	さよなら私のクラマー	蕨市					○	○
10	女子高生の無駄づかい	所沢市					○	

坂祭」で神輿渡御が行われている。さらに、地元商工会が鷲宮神社前の古民家を改装した「大酉茶屋」を運営し、さまざまなグッズも制作・販売している。日本政策投資銀行は放送開始から一〇年間の経済効果を約三一億円と試算している（日本政策投資銀行、二〇一七年）。このような地元商工会の地域振興策が人を呼び込み、地域活性化にも繋がったことで鷲宮神社は全国に知られる「アニメの聖地」となった。

「アニメの聖地」は聖地巡礼に訪れた人々によって地域に賑わいがもたらされることから、地域活性化の一つのアイテムとしても注目を集めている。

〈参考文献〉
岡本健「アニメ聖地における巡礼者の動向把握方法の検討」『観光創造研究』No.2、二〇〇八年
日本政策投資銀行『コンテンツと地域活性化――日本アニメ一〇〇年、聖地巡礼を中心に』二〇一七年

4 埼玉の鉄道

多田治

はじめに

日本の道路・鉄道の幹線は、東京から地方へ向かって伸びている。埼玉県はその通過県にあたる。東北や信越地方などの遠方と東京をつなぐ長い距離の交通を整備してゆくなかで、埼玉県は二義的に扱われてきた面は否めないだろう。

新幹線は、その典型であった。埼玉県を通る東北・上越新幹線の構想に対し、それらは基本的に地方と東京を結ぶもので、騒音や振動など公害の面からも県民のためにならないとして、反対運動が高まったことがある。結局この反対運動は、大宮以南を高架で建設するという計画変更の際に、通勤新線の埼京線を併設することで収まっていった。地元の通勤ニーズにもこたえて住民利益を充たすことで初めて、新幹線建設は実現したのである。

この例が表すように埼玉は、鉄道とのゆかりが深い県である。本章では鉄道を切り口にしながら、埼玉の歴史と現状をとらえてみよう。

一　鉄道とともに始まった埼玉の近代

埼玉の近代は、県の中央部を南北、タテに貫く幹線鉄道が、赤羽から川口～浦和～大宮～熊谷を結ぶ形で通ったところから始まる。このラインを軸に、活発な経済活動の網が広がったからである。もともとこのタテのラインは、近世には中山道が通り、浦和や大宮はその宿場町として栄えていた。河川を利用した水上交通も発達していた。地形的にも、中山道に沿ったルートで南北に鉄道を通すことが自然だった。一八八五（明治一八）年に高崎～横浜間が鉄道でつながると、この路線は上州の蚕糸業地帯と横浜開港場を結ぶ産業鉄道としても成長していった。

埼玉県内で最も重要な位置と役割を占める駅は、大宮である。だが最初、一八八三（明治一六）年に日本鉄道第一区線（高崎方面）が開業した時点では大宮に駅（停車場）はなく、県内で開設されたのは浦和・上尾・鴻巣・熊谷の四駅のみであった。その後、東北方面の第二区線をつくる段になって、どこから線を分岐させるかが問題になり、熊谷案と大宮案が比較され、建設費の観点から大宮が採用された。一八八五（明治一八）年に大宮駅が分岐駅として新たに設置され、そこからまちの大発展も始まる。開設以来、大宮駅では乗客・貨物ともに増加し、地域の商品流通の要となった大宮のまちに、各地から商人も集まってくる。大宮のまち

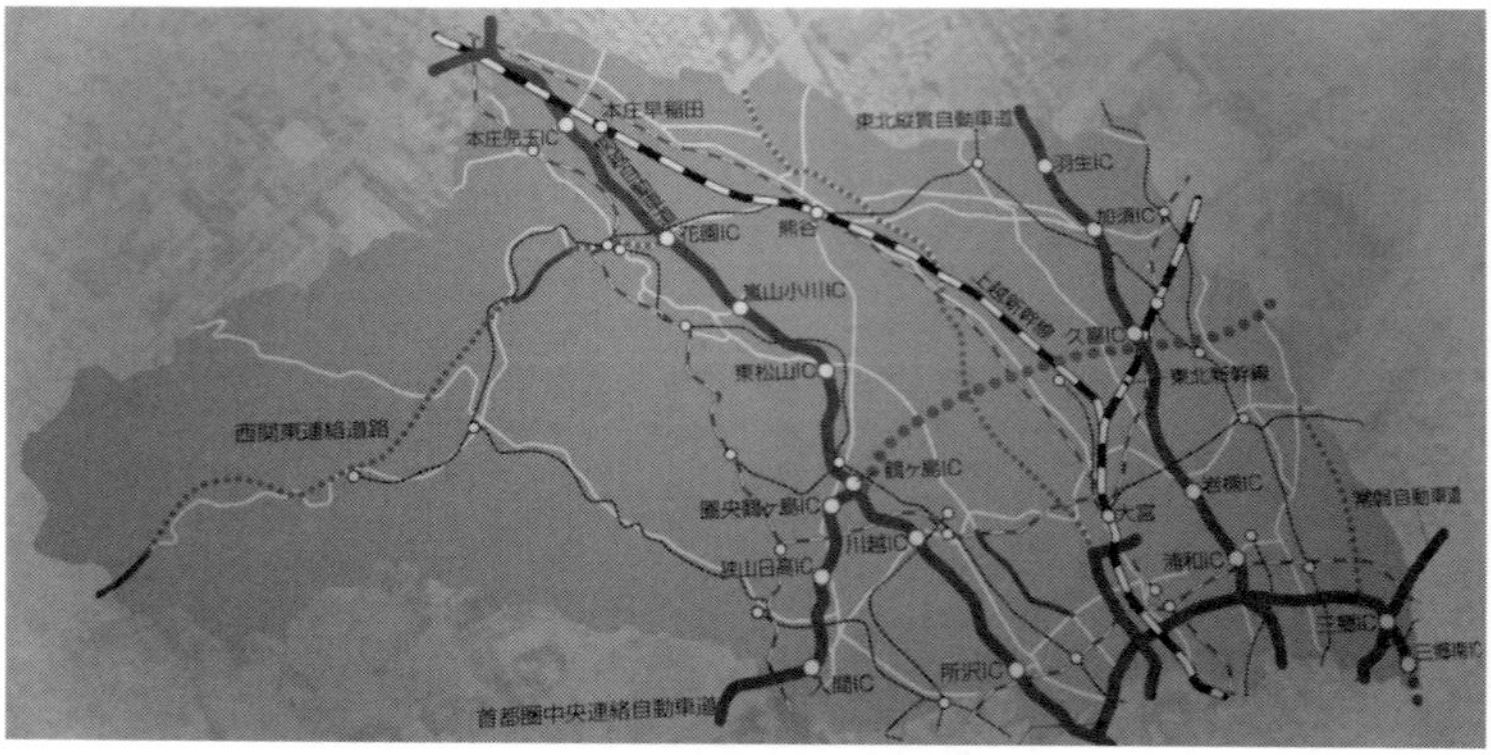

図1　鉄道・道路網整備構想図

の近代的発展は、鉄道と駅の開設を下地として始まった。
沿線では各停車場に接続する形で、道路輸送も活発化してくる。道路も大宮を中心に、交通網が再編成されていった。浦和にも停車場前の通りには旅館・運送店・待合所が立ち並び、鉄道あってこその発展を見た。

近世には中山道や荒川水系などの水運がからみ合い、交通ネットワークを織りなしていた。そこへ明治に鉄道が開業すると、長らく役割を果たしてきた河川の舟運も大きな打撃を受け、徐々に衰退していく。東上線が開通した川越などは特にそうであった。

民間私鉄だった日本鉄道は、一九〇六（明治三九）年には国有化された。高崎線を両側からタテにはさむ形で伸びたのが、東武鉄道の伊勢崎線と東上線である。伊勢崎線は、群馬・栃木の機業地帯と東京を貨物輸送で結んだ。東武鉄道の経営を軌道に乗せたのが根津嘉一郎[1]である。山梨県出身の根津は、新宿―八王子間をつなぐ甲武鉄道（現在の中央線）をつくった甲州財閥系の人物である。当時の新興産業であった鉄道の分野では、地域外の財界人が活躍する事例が多く見られた。根津は東上鉄道を東武に合併し立て直すことで、埼玉県西部の物資輸送を活性化し、東武沿線地域の産業振興にも努めた。

当時、蚕糸業は埼玉県内以上に、長野や群馬で発達していた。鉄道で利便性の高まった埼玉県に、上州・信州の資本が進出してきた。また一八九四（明治二七）年には、日本鉄道の大宮工場が開設され、機関車の組み立てや修繕などを行うようになった。鉄道や製糸の工場が大宮に集まることで新住民も急増し、彼らを目当てにした商人も集まり、商業都市としても発展していく。県庁は浦和に置かれたが、経済的な拠点は明らかに大宮であったのは、交通の結節点となったからである。

写真1　大宮を鉄道のまちに育てた功労者・白井助七氏の碑は大宮区役所そばにある

（1）　万延元（一八六〇）年～昭和一五（一九四〇）年。根津財閥創始者。東武鉄道や南海鉄道（現・南海電気鉄道）など、日本国内の多くの鉄道敷設や再建事業に関わった。「鉄道王」と呼ばれる。

浦和・大宮には鉄道と駅が通ったが、与野や岩槻には通らなかった。与野は近世には物流が盛んだったが、鉄道開通後は次第に大宮や浦和の周辺的な存在と化していった。かつての城下町・岩槻には長らく鉄道が通らず、武州鉄道が岩槻を通って開通したのは、ようやく一九二四（大正一三）年のことである。このように大宮・浦和と与野・岩槻の格差は、鉄道から生まれた。埼玉県内の他の地域も、鉄道路線の有無や利便性によって格差が生じており、この傾向は今日まで続いている。

二　戦間期の鉄道の発展

戦間期の大正～昭和初期には、東京を中心に都市化と重工業化が進む。埼玉県南部でも、東京と鉄道で結ばれた浦和・大宮・与野にこの波が来て、工場立地と宅地開発が進んだ。他方、一九一七年に秩父鉄道が秩父―影森間で開業すると、秩父の観光開発が本格化していく。セメント工場への石灰石の貨物輸送にも、秩父鉄道が使われ伸びていった。

国鉄大宮工場は、すでに一九二四年には鉄道参考品陳列所を工場内に設置し、一般公開していた。今日の鉄道博物館の先がけ、下地であり、鉄道を展示し、見せる営みが始まっていた。工場見学も実施し、工場自体が大宮の観光名所となっていた。大宮工場と地域社会の関わりは深くて長く、鉄道のまち大宮には企業城下町が形成されてきたのである。

東北線、赤羽―大宮間の電化は、一九三二（昭和七）年に開始された。電化とは、（機関車でなく）電車が運転され始めたことを指す。当時の国有鉄道は鉄道省の管轄にあったの

写真2　大宮のまちを何本もの鉄道路線が南北に貫く

写真3　秩父鉄道　現在も走るSL（秩父鉄道㈱提供）

で、「省線電車」と呼ばれた。これによって上野―大宮間は一一分も短縮された。この電化は、震災後の県南地域の急速な都市化に即応したものだったが、電化はさらなる人口集中を促し、大宮を中心に住宅地の整備が進んだ。当時、大宮に住んで東京へ通勤できたのは、ホワイトカラーの比較的裕福な層だったが、一九三〇年代に川口～大宮間の輸送量が倍増してゆく中には東京への通勤だけでなく、川口や大宮・浦和といった近場で働く人たちも含まれていた。

浦和は関東大震災後、田園調布や芦屋と並ぶ高級住宅地に成長し、すでにブランド力をそなえていた。一方、大宮駅と連動した憩いの場として発展したのが、氷川神社を含む氷川公園であり、東京からも遊覧客を集めていた。一九二〇～三〇年代には林学者・本多静六の尽力もあり、行楽地としての整備が進んだ。一九三二年には『電化の大宮と其近郊』というパンフレットも発行され、住宅地の宣伝と観光案内の役割を果たした。

大宮の氷川公園北側には、盆栽村が形成された[2]。広い土地、良質の土と水、新鮮な空気といった盆栽に好適な条件が整った大宮の地に、「理想的園芸場」のビジョンを掲げて、盆栽村は建設された。盆栽村には移住者が集まるとともに観光地化も進み、大宮の新名所として、電化後の車内広告でもアピールされた。一九二九年には盆栽村の最寄りに総武鉄道（現在の東武アーバンパークライン）が開通し、大宮公園駅が設置される。盆栽村の郊外住宅地化が進み、一九三二年の東北線の電化、「省線電車」の開始でいっそう加速した。ちなみに終戦後は占領軍の将校が盆栽村に注目して接収し、高度成長期の東京オリンピックや大阪万博では日本の盆栽を世界にアピールする流れにもつながった。盆栽村が長期にわたって影響力を持ってきたことの表れである。

写真4　浦和の閑静な住宅街

（2）もともとは東京本郷にあり、都市化が進むなかで自然美の遊び場を求めたものが、一九二三年の関東大震災を機に、郊外に新天地を求めて大宮に移転してきた。

一九三〇年代には大宮～川越～飯能方面が川越線でつながり、総武鉄道（大宮―粕壁間）と合わせて、東京を経由せずに埼玉県の東西がヨコで直結した。総力戦体制が進む時流のなか、高崎―八王子を結ぶ八高線と合わせて、東京が有事の際にも外環状で物資や人員を輸送するルートが確保されたのである。戦後にはこうした県内東西、東京圏環状のネットワークはさらに、一九七三年開業の武蔵野線で実現されてゆく。

三　高度成長期の鉄道と「埼玉都民」

戦争～戦後復興を経て、高度経済成長期には首都圏は再び急速な都市化と人口増加をとげる。埼玉県の人口は、一九六〇（昭和三五）年には二四三万人であったのが、一九七五（昭和五〇）年には四八二万人と、一五年間でほぼ倍増している。

政府の国勢調査は、五年ごとの人口増加数・増加率を出している。一九六五～七〇年の埼玉県の人口増加数は八五万人で神奈川の一〇四万人に次ぐ全国二位、増加率は二八・二％で全国一位であった。さらに次の七〇～七五年では埼玉の人口増加数は九五万人、増加率は二四・七％でともに全国一位と、この時期が増加のピークである。戦後、まずは東京、次いで神奈川の人口が飛躍的に伸びた後、埼玉・千葉がこれに続いたのである。

特に都心へ通える鉄道の沿線に人口が流入し、住宅地や団地が造成された。国鉄東北線・高崎線沿線を軸に、東武・西武沿線の市町村の人口と住宅が飛躍的に伸びている。七〇～七五年で見ると、西武線では川越・所沢・狭山・入間、東武東上線では志木・富士見・鶴ヶ

写真5　大宮盆栽村の住宅街。今も庭や木の美観を大切にしている

島・坂戸、伊勢崎線では草加・越谷・春日部、野田線では岩槻、高崎線では上尾・北本、東北線では久喜、そして七三年開業の武蔵野線では新座・吉川・三郷が、県の平均増加率を超えて顕著に人口を伸ばしている。鉄道沿線の利便性から、埼玉県の人口増加にもエリアの偏り・格差が生じていたことは明らかだ。

六〇年代初頭の時点で埼玉県統計課は、東京に通勤・通学している流出人口が、浦和・大宮・川口で特に多いと指摘していた。その傾向は六〇年代後半以降もいっそう進む。ラッシュ時の車内混雑はすさまじく、「通勤地獄」が社会問題となった。大宮・浦和の複線化や立体化工事などが進められても、混雑は解消しなかった。東武沿線でも大規模な団地建設が相次ぎ、通勤・通学輸送が増大した。東京への流動人口が増加することで、埼玉県は東京との関係を軸とした流動性の高い社会を形成していった。「埼玉都民」と言われてきたゆえんである。

高度成長期の一九五五～六七年の間に、大宮駅の利用客数はほぼ三倍まで拡大していた。駅舎が老朽化するなか、大宮駅は「民衆駅」として改築された。地域関係者の出資を得て駅舎を建築する代わりに、駅舎内に商業施設を設けて出店させる手法である。これが今日、商業・飲食施設が多数集まりにぎわう大宮駅の発展の原型となった。

一方、東口駅前には大手百貨店の西武や高島屋が出店し、地方・郊外ではトップ級の売上げをもたらした。鉄道交通の要衝である大宮は、都市としての優位性・将来性を高く評価され、実績も出したのである。鉄道の輸送力から、東京方面への購買力流出が続いてきたが、これに歯止めをかけて地元での消費を促すねらいもあり、その効果が発揮されてきたのである。

四　新幹線から新都心へ

こうした大宮に、さらなる拡大強化の契機が訪れる。東北・上越新幹線の建設・開業である。新幹線の開業を機に、大宮駅は大きく改修された。西口の再開発も、新幹線計画を機に進められた。

新幹線開業の頃から、鉄道博物館を大宮に誘致しようという話も出てくる。新幹線が通ることで、「鉄道のまち」の意識もより高まってきたのである。誘致活動のなかで、大宮工場の内部を公開・展示し、集客する催しも行われた。鉄道博物館の誘致は、自立都市圏の形成に向けて埼玉県が推進する「さいたまYOU And Iプラン」の一環にも位置づけられた。県と大宮市は「新しい埼玉文化の創造」とまで語り、その一つに鉄道博物館を割り当てた。東京から自立した都市圏の形成、市合併によるさいたま新都心の形成にも、鉄道博物館がひと役果たしていくのである。

本章の冒頭でもふれたように、新幹線に対しては埼玉県内で猛烈な反対運動が高まったが、通勤新線の埼京線や、大宮―伊奈間の新交通システム「ニューシャトル」を併設して県民生活の便宜に供することで、東北・上越新幹線の建設・開業は実現した。

新幹線も埼京線も便利な移動手段として定着すると、ともに延伸が行われ、利便性もいっそう向上していく。一九八五年に大宮～武蔵浦和～池袋までつながった埼京線は、その後も新宿～恵比寿～大崎まで延伸し、さらには東京臨海高速鉄道（りんかい線）への直通運

写真6　大宮西口のパレスホテルとソニックシティ

転も実現した。

　またJRは二〇〇一年から湘南新宿ライン、二〇一五年から上野東京ラインの運行も開始し、神奈川方面への接続が一気に向上した。こうした影響もあり、浦和地区には高層マンションの建設が相次ぐ。

　一方、東北・上越新幹線の実現に続いて山形・秋田・北陸新幹線が開業し、東北も青森県域まで延伸し、さらに北海道新幹線の開業にもつながった。これらすべての開業・延伸に関わり、新幹線が全停車するのが大宮駅であり、一大ジャンクションとして発展を続けてきている。その利便性の高さから企業の立地も相次ぎ、九〇年代末には大宮のオフィス賃料は、全国トップレベルにまで達した。二〇一一年の東日本大震災以降は、東北の企業が大宮に拠点を移す動きも出てきた。

　埼玉県は一九七八年の長期構想で、東京への過度の依存の是正を図って、首都機能の一翼を自ら担う都市圏の育成をめざした。新幹線と埼京線の開業は、こうした中枢都市圏構想の契機となっていた。現在のさいたま新都心は、国鉄の大宮操車場の跡地に造成された再開発地区である。八五年の「さいたまYOU And Iプラン」は、この操車場跡を拠点とする形で構想された。

　これを受けて八六年、国土庁が首都機能の分散をめざした「業務核都市」に浦和・大宮地区を選定し、八八年には操車場跡地へ政府機関の移転が決まる。だがこの敷地は、浦和・大宮・与野の三市域にまたがっていたことから、急速に三市合併の気運も高まっていく。新都心と市合併がセットになっていく流れのなかでも、操車場跡を含めたこの地の鉄道の位置づけの大きさが、浮かび上がってくるのである。

写真7　新幹線の高架を使って、伊奈町方面へニューシャトルがつくられた

五　鉄道路線と埼玉の地域文化

一般に鉄道路線のあり方は、地域文化にも大きな影響を与えている。埼玉もそうである。例えば、池袋は東武東上線、西武池袋線、ＪＲ埼京線など、埼玉県から多くの路線が到着する駅である。冗談で「池袋は埼玉県の首都だ」とまで言われてきた。多くの埼玉県民にとって、東京へ遊びや買い物に出るときの代表的な拠点が池袋なのだった。

一九八〇年代のバブル期は、東京の特別な場所に行って、特別なことをすることに意味や価値があるとされた時代である。埼玉県民もご多分にもれず、県内でなく東京に行って、特別なことをする喜びを味わった。その移動手段が鉄道、電車であった。もっとも、東京へ一時間ほどで行ける県南地域と、もっとかかる県北地域では、文化にも違いが生じてきた。鉄道のあり方が、東京へのアクセスの点からも、地域文化に差異や多様性をもたらしていたのである。また東京だけでなく、埼玉県は北関東や信州など多方面へ鉄道・道路が伸びており、便利な拠点でもある。通過県と言われ、県民意識が希薄とも指摘されてきた埼玉県民だが、背景には周辺エリアへの出やすさも影響しているかもしれない。

今日、かつてのバブル期のように、東京で遊ぶこと自体が一種のステータスであった価値観は、すでに過去の遺物になりつつある。昔ほど東京は特別でなく、ブランド志向も薄まった。何より、ネットで何でも手に入る時代になった。また東京まで行かずとも、埼玉県内の各地に巨大ショッピングモールがいくつもでき、たいていのものは手に入る。

写真８　新都心のさいたまスーパーアリーナ

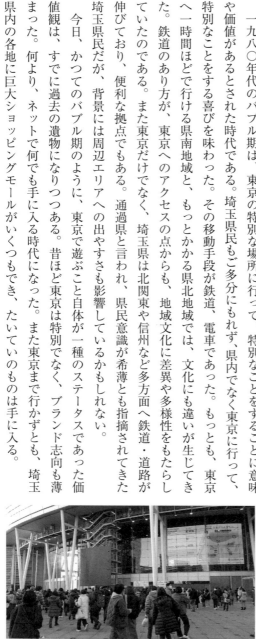

また都市にしても、わざわざ池袋や渋谷まで出なくとも、埼玉県には大宮がある。大宮駅は、延伸を続ける新幹線効果を享受し、二〇二二年度には大宮駅の利用者（乗車人員）は二二万人、JR東日本エリア内七位を占めるまでに発展している。街を見渡しても、大宮にはひと通りのものがそろい、わざわざ埼玉から出なくても事足りる郊外定住の時代に入っている。東京や神奈川（横浜）に、憧れや引け目を感じる時代でもなくなってきた。

埼京線沿線を例にとっても、東京都北区から荒川を越えて埼玉県域に入ると、賃料は明らかに安くなる。住居費が安くて広いところに住める埼玉を選ぶのは、むしろ今日では至極当然の、合理的な選択なのである。JR東日本は、新幹線の騒音・振動の緩衝地帯として確保していたエリアを使って、埼京線沿線に保育所を設置するなどの取組みをしている。鉄道から派生した生活インフラで、住みやすさが向上・重視されている例である。

埼玉県にはイオンやららぽーとなどのショッピングモールが各地に増えていて、鉄道駅に近いものもある。越谷のイオンレイクタウン、ららぽーと新三郷、イオンモール浦和美園などがそうである。鉄道・道路の交通の利便性に、買い物・娯楽の利便性をつなげ、組み合わせた状況は、かつて高度成長期に通勤地獄を生き、バブル期に都心遊びを楽しんだ「埼玉都民」の時代からはもう一世代進んで、地元で生活を自足させるライフスタイルを見出した、マイルドな進化・発展形だと指摘できるのかもしれない。

写真9　越谷のイオンレイクタウン。kaze・mori・アウトレットの 3 棟からなる

おわりに

他の県もそうだが、埼玉の鉄道の各路線は、それぞれ独自の文化や歴史を形成してきたカラーを持つ。埼玉県全体でこうだ、と言えるものは、意外と少ない。また鉄道の沿線エリアは、東急沿線がそうであるように、その路線とともに固有のカラーやブランドをもっている。私たちは住みたい場所を考えるとき、基本的には駅を基準にしながら想像をめぐらすことが多い。駅を通して場所を知覚・認識しているのである。駅は地域のランドマークであり、駅こそが場所をブランド化している面がある。

SUUMO（リクルート）の住みたい街ランキングは、都道府県→沿線→駅の順で選択肢を絞り込ませる形で、住みたい街（駅）をアンケートで尋ねている。首都圏住みたい街ランキング二〇二四では、大宮が横浜に次ぐ堂々の二位に入り、浦和が一〇位、さいたま新都心が二一位にランクインした。大宮は二〇一七年には一五位だったのが、一八年には九位に入り、以降はトップ一〇圏内をキープしている。一九年からは四位までランクアップし、二二年から三位で横浜・吉祥寺とトップを争うまでになり、二四年についに二位となった。東京・神奈川と比べると埼玉県でランクインする街・駅が少ない中、大宮が横浜や吉祥寺と競合する地位に至るまで、魅力度を高めてきたのである。埼玉県各地のブランド力はそう高くない中、大宮のブランド力はむしろ高まっているのだ。

埼玉県では大宮・浦和・新都心が上位に入る人気エリアとなっているのはやはり、JR

写真10　東武アーバンパークライン大宮公園駅

東北・高崎線、京浜東北線、埼京線などが通る沿線力の強さが大きい。本章で見てきたとおり、歴史的にもそうであった。この鉄道立地の強さと、他地域との格差はなかなか埋まらず、維持・強化されていくのである。浦和と大宮はたびたびライバル扱いをされてきたが、ともに独自の個性をもって並び立つことで、結局は互いの価値を高め合ってもきた。

駅のブランド力や格差は、駅と街の複雑な関係と、その歴史から生み出されている。駅前に高層タワーを建てて再開発を行うことで、一挙にブランド力を高めて周辺エリアに波及させる手法も、たびたび採られている。だが同時に、こうしたタワー型の再開発によって、街から個性が失われることへの懸念も、よく語られている。とはいえそうした変わりゆくエリアも、ゆっくり時間をかけて周辺の街を歩いてみれば、ビルの谷間には神社や寺、街道・宿場・廃線跡、古い公共施設など、ところどころに場所の固有性を垣間見せる歴史の痕跡が、ふっと顔をのぞかせる場面にも出会えることだろう。

写真11　大宮東口商店街の細い路地

〈参考文献〉

老川慶喜『埼玉鉄道物語　鉄道・地域・経済』日本経済評論社、二〇一一年

小森雅人他編『これでいいのか埼玉県さいたま市』マイクロマガジン社、二〇一六年

小山博也他『埼玉県の百年』山川出版社、一九九〇年

埼玉県『新編埼玉県史　通史編7　現代』一九九一年

さいたま市『さいたま市史　鉄道編　鉄道で語るさいたまの歴史』二〇一七年

鷺谷政明『なぜ埼玉県民だけがディスられても平気なのか？』徳間書店、二〇一八年

首都圏鉄道路線研究会『沿線格差』SB新書、二〇一六年

新藤享弘『さいたま市誕生　知られざる真実』知玄舎、二〇一五年

谷村昌平『増補・改訂版　埼玉の逆襲「フツーでそこそこ」埼玉的幸福論』言視舎、二〇一六年

中沢明子『埼玉化する日本』イースト新書、二〇一四年

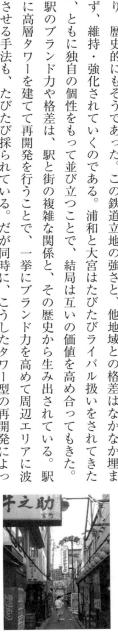

［訪］

鉄道博物館

多田治

鉄道のテーマパーク

「はやぶさだ！」

「こまちだ！」

鉄道博物館の新幹線ラウンジ、子どもたちの歓喜の声が飛びかう。ここからは新幹線が通り過ぎる様子が見えるのだ。便利なことに、窓際に設置された通過時刻表を見れば、次は何分後に通るかもわかるようになっている。

写真1　新幹線が呼び物に

博物館の西側に新幹線の高架はあり、東側には在来線の路線が多数通っている。博物館内の展示車両を見ながら、移動車両が走るのを同時に見ることができるのだ。鉄道は移動手段であり高度な専門技術であると同時に、それ自体が視覚的な観賞の対象でもあり、楽しめる文化でもあることを、鉄道博物館は体験的に理解させてくれる。

鉄道博物館の観客は、子連れのファミリー層が圧倒的に多い。この層にはどちらかというと、博物館よりはテーマパークの面が強い。ジオラマや運転シミュレーターなど、子どもが楽しめる要素を多数そろえているからだ。休日の館内レストランは、家族ランチで賑わう。新幹線が駆け抜けるのを楽しみながら、憩いの時間をすごせるのである。

鉄道博物館は、さいたま市大宮区にある。鉄道の博物館・資料館は全国各地にあり、筆者もかなり見て回ってきたが、ここは今や不動の総本山的な位置づけにある。

写真2　ニューシャトル（大宮駅）

それは同時に、鉄道のまち大宮が全国に占める位置づけを表してもいる。

鉄道博物館へのアクセスは、ＪＲ大宮駅からニューシャトルで一駅の近さだ。東北・上越新幹線の高架の両脇を通り、車両が小さく珍しい独特の路線なので、鉄道好きな人にはこの線に乗って博物館へ行くプロセス自体が面白く、ワクワクと興味をひく。本編でもふれたが、この新交通システムは埼京線と同様、新幹線の開業時に地元の便宜を図って設置されたもので、伊奈町方面とつながり、通勤通学にも便利な路線だ。大宮駅でＪＲからニューシャトルへの乗り継ぎには新幹線ホーム下の近くを通り、そこに鉄道のまち大宮と、鉄道博物館のあゆみの表示板がある。ニューシャトルに乗って走り出すと、情報文化センターＪＡＣＫ大宮ビルの周りをぐるりと回り、高架に達して新幹線と並走する、このパノラマビューの展開がたまらなく新鮮なのである。

旧大宮工場の風景

だがまた鉄道博物館へは、大宮駅西口から三〇分ほどで歩いていくこともできる。さいたま市内の半日観光ルートにもなっている。そう、鉄道博物館はさいたま市や大宮の、主要な観光コンテンツとなっているのだ。ニューシャトルがＪＡＣＫ大宮をぐるりと巡ってカーブする風景を、今度は下から見上げる。少し東へ行くと、大栄橋《たいえいばし》が見えてくる。大宮のまちは、何本もの幅広い鉄道路線がタテに貫くことで、東西エリアが分断されていた。この分断を解消した大栄橋は、地域のシンボルとなっている。橋からはその何本もの鉄道路線と、その西側には大宮総合車両センターを見渡せる。この縦長の施設は、大宮駅と鉄道博物館駅の間に南北一キロほど続く。旧大宮工場であり、日本鉄道～鉄道省～国鉄～ＪＲ東日本と、時代を渡り歩いた長い歴史を物語っている。

写真３　大宮総合車両センター

一八九四（明治二七）年、大宮工場がここに開設されて以来、労働者とその家族が大宮に集住し、彼らを目当てにした商業も集まることで、まちは発展をとげてきた。その車両センターの真ん中を、新幹線はタテに貫き走っている。一九八二（昭和五七）年六月にこの地と盛岡の間に東北新幹線が開業し、かつてない高速度で東北と首都圏をつないで以来、新潟、長野〜北陸方面へも開業・延伸が続く。すべての便が発着する大宮は、新幹線を機に大発展をとげ、北日本への玄関口の地位を確立してきた。大宮は東京の都市郊外圏と、北日本の地方圏とが、ここで交差し合う接続地点でもあるのだ。

そうした思いにふけりながら、車両センター沿いを北上して博物館へ向かうと、いろいろな記念物が見えてくる。赤レンガ倉庫。蒸気機関車や新幹線、観光列車、各種特急などを紹介する掲示板。蒸気機関車Ｄ51の実物展示。東北本線や上越線で活躍した車両の前頭部などである。鉄道は近代の発展や人びとの暮らしに不可欠な移動・輸送手段として役割を果たしてきたわけだが、大事なのはその専門技術や移動機能だけではない。

鉄道が自ら長い歴史を刻み、層を積み重ねることで、人びとの脳裏にさまざまな記憶を残し、鉄道文化を創発してもきた。鉄道博物館はそうした鉄道文化や、人びとの主観の面にも目を向けさせてくれる。鉄道にまつわる小説・映画・漫画・アニメ・音楽・駅弁などもまさにそれであり、博物館ではそれらもきちんと展示・紹介されている。大宮駅構内には鉄道グッズ専門店があり、大宮が鉄道文化の総本山であることを実感させてくれる。

車両センターや博物館のすぐ周辺には、新幹線や在来線の路線とも溶け合うかのように、閑静な住宅街が広がっている。大宮は、まち自体が鉄道の博物館であるかのように、鉄道から派生して多様な歴史や文化が育ってきたまちなのだろう。

5 災害と防災

宮本伸子

はじめに

近年災害が増えていると言われる中で、埼玉県は災害の少ない県とされている。例えば統計局による「日本の統計二〇二四」の二九章のデータ（表1）を見ると、この年（令和三年）は罹災世帯数・罹災者数で最も多いのは福島県と佐賀県、床上浸水・床下浸水で最も多いのは福岡県と佐賀県などであり、関東地方は全般に少ない。その中でも北関東から埼玉県は少ない。

埼玉県の被害が多かった年は二〇一九（平成三一・令和元）年度で、この年の台風一五号は千葉県に大風の被害をもたらし、台風一九号は東日本一帯から長野県に水害を引き起こした。この年の統計では、罹災者数で見ると全国で八万六一四九人もあり、その中で七万人以上が福島県と関東七都県と長野県で占められ、埼玉県も五万四七七人に上った。このことで示されているように、埼玉県の自然災害における弱点は、大雨等によってもたらされる水害にあると考えられる。

このあたりを歴史的事実と統計データ、既往研究も参考にしつつ、埼玉県の災害特性を、地震災害、水害（水災）と土砂災害、風災害、その他（雪氷災害、高温災害、火山災害など）ごとに確認し、これらの特性を踏まえて策定されている埼玉県の災害対策を紐解き、埼玉県民の災害対策のありように言及したい。

一　地震災害とその対策

地震の歴史に学ぶ

多くの方が、一九九五（平成七）年の阪神・淡路大震災（兵庫県南部地震）の発生以来、「地震が増えた」「地震は日本のどこでも起きるようになった」と考えているのではないだろうか。地震は揺れで家財が壊れるだけではなく、津波、液状化、関連の火災などを引き起こし、東日本大震災では原子力発電所の事故が起き、災害の後も災害関連死が多数発生するなど、必ず複合災害の様相となっている。

地震予知の研究は長年続けられ、現在では初期微動を検知して本振動に備えるための警告があらゆる人のスマホから鳴り響くようになったが、完全に逃げられるほどまでの余裕を持った予知はまだ困難なようで

表１　都道府県自然災害被害状況

都道府県	り災世帯数	り災者数	人的被害（人）		建物（住家）被害（棟）				その他	
			死者、行方不明者	負傷者	全壊	半壊	床上浸水	床下浸水	河川（箇所）	崖くずれ（箇所）
全国	**5,774**	**10,909**	**150**	**2,055**	**286**	**4,605**	**1,586**	**7,816**	**5,931**	**868**
福島	2,083	3,389	2	147	139	2,926	–	14	5	–
茨城	27	36	–	10	–	1	26	13	–	4
栃木	1	1	1	10	–	1	–	11	–	7
群馬	–	–	–	4	–	–	–	4	1	–
埼玉	3	7	–	14	–	2	–	4	–	–
千葉	35	47	–	32	1	2	31	81	32	–
東京	22	45	–	7	–	1	17	–	–	7
神奈川	13	25	1	37	3	–	18	443	21	248
静岡	268	591	28	10	54	21	159	295	51	32
島根	146	356	2	7	3	38	92	705	1,359	–
広島	401	601	3	3	12	157	219	861	1,061	84
福岡	659	1,465	–	6	10	55	360	1,211	138	153
佐賀	1,485	3,151	–	9	5	1,168	303	2,091	219	–

自然災害とは、暴風、豪雨、豪雪、洪水、高潮、地震、津波、その他の異常な自然現象をいう。
資料　消防庁「消防白書」
日本の統計2024より抜粋

表2　埼玉県に被害を及ぼした主な地震

西暦（和暦）	地域（名称）	M（マグニチュード）	県内の主な被害	被害の全体像
818年（弘仁9）	関東諸国	7.5以上	右参照	（相模、武蔵、下総、常陸、上野、下野などで被害。圧死者多数。）
878年11月1日（元慶2）	関東諸国	7.4	右参照	（相模、武蔵を中心に被害。圧死者多数。）
1649年7月30日（慶安2）	武蔵・下野	7.0±1/4	川越を中心に被害。圧死者多数。町屋の700軒ばかり大破。	
1855年11月11日（安政2）	（安政）江戸地震	6.9	荒川、利根川流域を中心に被害。死者3、負傷者1,724、家屋全壊27。幸手付近で家屋3,243棟が全壊同様となる被害があり、そのほとんどは液状化によると思われる。	死者7,500人（「関東大震災がつくった東京」（武村雅之著）より）
1923年9月1日（大正12）	関東地震	7.9	死者・行方不明者343人、住家全壊4,759。	死者68,600人（同上）
1931年9月21日（昭和6）	西埼玉地震	6.9	荒川、利根川流域を中心に被害。死者11人、負傷者114人、住家全壊63。	
2004年10月23日（平成16）	新潟県中越地震	6.8	負傷者1人。	死者・行方不明者68人、負傷者4,805人、住家全壊3,175棟、住家半壊13,810棟
2005年2月16日（平成17）	茨城県南部	5.4	負傷者6人。	
2005年7月23日（平成17）	千葉県北西部	6	負傷者9人。	
2005年8月16日（平成17）	宮城県沖	7.2	負傷者4人。住家全壊1。	
2008年5月8日（平成20）	茨城県沖	7	負傷者1人。	
2011年3月11日（平成23）	東北地方太平洋沖地震	9	死者1人、負傷者104人、住家全壊24棟、住家半壊199棟（令和3年3月1日現在、消防庁調べ）。	死者・行方不明者22,317人、負傷者6,242人、住家全壊122,039棟、住家半壊283,698棟
2021年2月13日（令和3）	福島県沖	7.3	負傷者1人、住家半壊2棟（令和4年3月25日、消防庁調べ）。	
2021年10月7日（令和3）	千葉県北西部	5.9	負傷者13人（令和3年11月26日、消防庁調べ）。	
2022年3月16日（令和4年）	福島県沖	7.4	負傷者6人（令和4年4月19日、消防庁調べ）。	

埼玉県の地震活動の特徴（政府地震調査研究本部）による同名資料に加筆して作成。

ある。そうであれば、私たちは自分がいる場所の特性とリスクを把握し、少しでも安全・安心な環境を作り出すしかない。そのため、まずは埼玉県の歴史的な地震被害を見てみよう（表2）。

九世紀には二度もマグニチュード七クラスと推定されている地震が起きているが、人々は何が起こったかわからず、ただ天に祈るのみであった。一六四九年の地震では人口も増え江戸につながる生活は打撃を被ったに違いない(1)。そして、一八五五年の安政の大地震である。この地震では江戸に大火もあり、死者も多かったが、埼玉県では人的被害は少ない。ただし、幸手村が全壊で、その原因が液状化だということであれば東日本大震災と同じことが過去にあったということになる。

近現代では、関東地震（関東大震災）で、埼玉県内でも東京、横浜ほどではないが死者、全壊家屋が生じた(2)。その時の流言飛語は熊谷あたりまで届いたという、口コミの伝搬速度の速さと恐ろしさに驚かされる(3)。

そして、最近の地震が東日本大震災であり、県内では死者一、負傷者一〇四という数字は、埼玉県は地震に強いと言われる所以になりうると考えられるが、利根川沿いや旧河川の跡などで、液状化が広く見られたことを教訓とするべきだ。

埼玉県の断層と予測される地震の可能性

政府の地震調査研究本部では、各県ごとに地震活動の特徴が示されている。それによれば、「埼玉県には、群馬県西部から県北東部にかけて深谷断層帯・綾瀬川断層（関東平野北西縁断層帯・元荒川断層帯）と、県南部から東京都南部まで延びている立川断層帯がありま

(1) 江戸時代に入った一六四九年には、川越で七〇〇の家屋が倒壊したという記録がある。

(2) マグニチュードは七・九と言われてきたが、武村雅之によれば八・一程度であったと推定され、火災あり、津波ありの複合災害であった。

(3) 「〇〇人が井戸に毒を入れた」などの流言飛語が飛び交い、自警のためという名目の殺害も多かったと言われる。

す」とされている。

ただし、前述の歴史的な地震について、いずれかの断層帯が引き起こしたと明確に言える証拠はまだ見つかっていないようであり、太平洋のトラフ沿いで発生する地震や、首都直下型の地震の影響もある地域とされている。地震が発生した場合のマグニチュードは六・一～七・九程度、発生する確率は幅が広い。地震動の予測マップやハザードマップも出ているので、参考にして、自分のいる場所がより安全になる方策を、日頃から考えておき、いざという時に自らを守る迅速な行動が大事である。

二　水害(水災)および土砂災害とその対策

県内二大河川の流路変更の歴史

埼玉県はおよそ三八〇〇平方キロメートル（国土の約一%）の広さの内、利根川の流域がおよそ三分の一、荒川流域が三分の二となっている。また、河川の面積が県土に占める割合が三・九%であり、全都道府県の中で二番目という高さだ。

江戸時代の初め、徳川家康は伊奈一族に命じ、後に「利根川の東遷、荒川の西遷」と呼ばれる、利根川と荒川の瀬替えを行った。利根川は図1のように、もともと東京湾に流れ込んでいた流れを東に向けて、茨城県と千葉県の県境を流れて、銚子岬で太平洋にそそぐ流れとした。他方で荒川は、利根川に寄っていた流れを熊谷市久下で締め切り、南の和田吉野川・市野川・入間川筋を本流にする流れとした。これにより新田開発や荒川の舟運が

図1　利根川の流路変遷状況図
出典：利根川上流河川事務所 HP

発達し、江戸の成長につながったと言われる。

県内の水害の歴史

前記の治水事業にもかかわらず、荒川も利根川も、その後も氾濫を繰り返した。一八六〇（安政六）年七月二五日、荒川筋の各所で堤が切れ、浸水家屋は約一八〇〇戸、冠水は七日間続いたという。熊谷宿では総戸数の一割以上の家が、流失または破壊され、熊谷寺《ゆうこくじ》の黒門の扉を外して舟に仕立てて避難したと伝えられる。

一九四七（昭和二二）年のカスリーン台風による暴風雨で、荒川が決壊、さらに利根川も決壊し、東京湾までつながる大惨事になった。(4)

（4）これへの対策として、荒川の総合開発計画が建てられ、二瀬ダムが昭和三六年に完成した。

最近では、二〇一五（平成二七）年の関東・東北豪雨では、越谷観測所において観測史上最大となる四八時間で三〇一・五ミリメートルの降雨を記録し、東武鉄道スカイツリーラインの一部運転見合せ、住宅等の浸水被害が四八六九戸など県東部を中心に大きな被害が発生した。

二〇一九（令和元）年の東日本台風では、一〇月一二日に伊豆半島に上陸した後、関東地方を通過し、一三日未明に東北地方の東海上に抜けたが、埼玉県内では、気象台一四観測所のうち一一観測所で既往最大の降雨を記録するなど、大規模な被害をもたらした。埼玉県では災害対策本部を設置し災害対応に当たり、県内四八市町村に災害救助法を適用したという、埼玉県の水害防災の一つの起点だと考えられる。

予測される水害（水災）

埼玉県の気象は、「比較的温和である太平洋側気候であり、夏季に多雨で、冬季に少ない」とされ、梅雨期、台風期には、特に大雨をもたらし、洪水を招くことが多いのである。埼玉県の県央部からは、埼玉県は平らで、四方を眺め渡すことができ、遠くに山を望むことができる(5)。

このような県央部から南の低地、特に後背低地と呼ばれる地域は今でも常襲浸水地域であり、そのような地域にさいたま市などの都市的集積が大きく、「見沼田んぼ」と呼ばれる穀倉地帯もあり、大きな被害につながることも予測される。

(5) 西の秩父山系から北には妙義山、榛名山、赤城山から足尾山地、東に筑波山。逆に秩父山系から南には、遠くに高尾山から丹沢山系の方まで見渡すことも可能であり、意外なほど富士山が近く見える。

山間部における土砂災害の可能性

土砂災害は、主に三つに分けられる。一つ目は斜面を土や石と水などが流れ下る土石《どせき》流《りゅう》である。二つ目は山麓などの斜面が滑り落ちる「地すべり」である。三つめは文字通りの「がけ崩れ」である。

埼玉県内の土砂災害の特徴は、地域防災計画の中では、「山地地域での土石流危険地域と台地・段丘地域での急傾斜地崩壊（斜面崩壊）が広く分布していること」が潜在的原因とされている。

県西部のおよそ三分の一を占める山地地域（秩父地域）では、急峻な地形であり、その急な谷あいに沿って土石流が発生する危険性があるとされる。また、地すべり地は、各所に多様に分布している。

台地・段丘地域（県東部〜南部）では、上層を被覆している関東ローム層が水を含むと脆弱化する特性を持つため段丘崖は、集中豪雨や長雨後の地盤が緩んだ場合に、斜面の角度が大きく変化するところなどでがけ崩れが起きやすいとされる。

これらのことから、それぞれの特性を踏まえたハザードマップなどを活用することで十分注意し、早めの避難などの対策をする必要がある。

三　風災害

風は、適度であればとても心地よく、多少の暑さなどはしのげるものである。しかし、人が心地よいと感じる風速（毎秒）は数メートル程度である。一般に一〇メートルを超えると風が強いと感じ、イベントや作業が中止されることもある。台風は一七・二メートルを超えると台風と呼ばれ、一五メートル以上の風速圏の大きさで測られる。

また、建築基準法等の法令では、耐力計算に使う風の速度圧を過去の台風による災害をもとに大臣が決めるものとされている。では、災害をもたらすような風とは何かというと、まず挙げられるのが台風であり、風速のほかに最大瞬間風速が伝えられ、この数字が近年は次第に高くなる傾向にある。いわゆる風台風[6]としては、二〇一九（令和元）年の台風一五号が挙げられ、千葉県内で大きな災害をもたらしたことから房総半島台風と呼ばれてい

（6）風による被害が大きかった台風の俗称。

る。

台風ではない暴風も風による災害をもたらすが、ほとんどの場合は、雨か雪を伴っている。もう一つ局所的な風の被害をもたらすものが竜巻である。埼玉県の地域防災計画では、「竜巻は、積乱雲に伴う強い上昇気流により発生する激しい渦巻で、多くの場合、ろうと状又は柱状の雲を伴い」とされ、年間を通じて、いつでもどこでも発生するが、時期的には台風シーズンである九月に最も多いとされている。

二〇一三（平成二五）年九月二日の竜巻災害では、さいたま市・越谷市・松伏町が被災し、同年九月一五日から一六日にかけての台風一八号に伴う竜巻災害では、熊谷市・行田市・滑川町が被災した。また、二〇二〇（令和二）年七月二五日に発生した竜巻により、三郷市が被災した。被害は家屋のほか付属屋、農業用のビニルハウスなどに及んでいる。

気象庁は、竜巻などの激しい突風に関する気象情報として、竜巻注意情報を発表しているほか、竜巻などの激しい突風が発生しやすい地域の詳細な分布と一時間先までの予報として、竜巻発生確度ナウキャストを提供している。今後研究が進んで予測確度があがることに期待したい。

四　その他の災害（雪氷災害、雹・霰災害、高温災害、火山災害など）

その他の災害とひとくくりにしたが、埼玉県の中では局所的であっても、忘れてはならない災害である。その一番目は雪氷災害である。前に土砂災害で述べたように、埼玉県西部には秩父山系という山があり、最高峰の三宝山《さんぽうざん》が二四八三メートルで、関東では二番目の高さを誇る。冬は雪も積もるし、滝が凍ることで有名な観光地もある。冬季は自動車に滑り止め対策が必要だし、冬季通行止めになる道路もある。

埼玉県では、南岸低気圧の接近・通過と上空の寒気の影響により、降雪となることが多い。二〇一四（平成二六）年二月八日から九日、同月一四日から一五日にかけて大量の雪が降り、県内では、一五日に秩父で九八センチ、熊谷で六二センチと、熊谷気象台による明治二九年以来の観測史上最大の積雪となった（図2）。

雪害としては、交通途絶と孤立集落の発生、雪圧による構造物破壊、農作物損耗など、雪崩災害、着雪・着氷災害（架線切など）、吹雪災害としての列車事故や登山事故などが予測される。

また、降雪とともに起きる災害のみならず、積雪による災害、雪が解けることによる災害、融雪が引き起こす河川の増水や路面の凍結による事故など、雪の影響は多岐にわたることを認識しておく必要がある。

さらに、氷による災害として、建物の基礎や埋設の配管等に対して土中の水分の凍結や融解を繰り返すことによりダメージを与えるものがある。また、建物の屋根や屋上部分において水分の凍結や凍結融解を繰り返すことにより、軒先などを損傷するもの、それが氷柱《つらら》となり、場合によってはその一部が落下することで下にあるものに損害を与えることがある。路面や舗装面の氷は滑るこ

（1）熊谷　（cm）

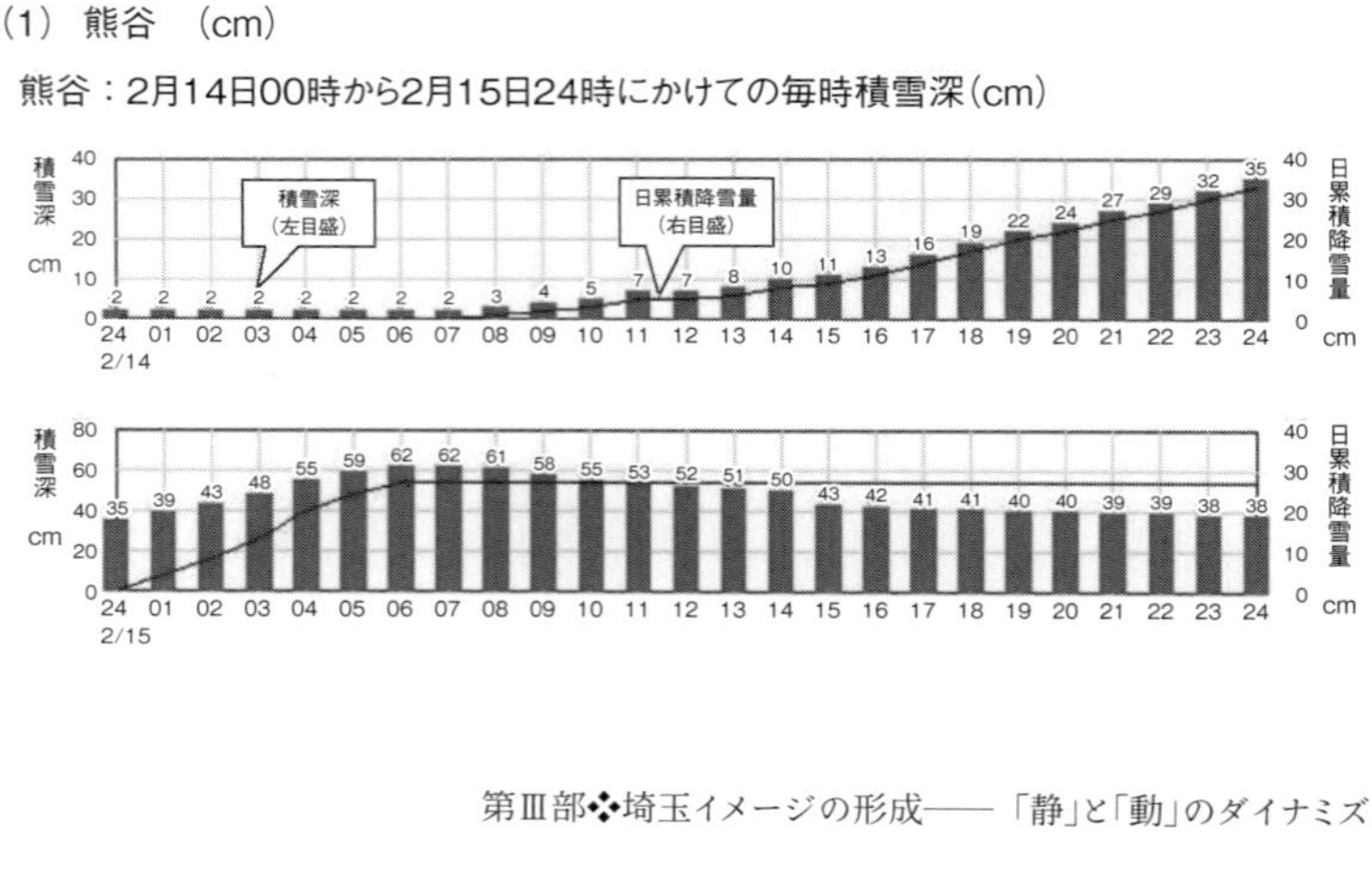

とによる事故を起こすもととなる。

次にあげられるのは、雹《ひょう》・霰《あられ》による災害である。埼玉県は関東北部山地や秩父山地に発達した雷雨の通過地域にあたっているため、これに伴って発生する雹害が非常に多い。被害地域は大里・北埼玉・秩父・入間地方に多く、最も多いのは六月で総数の半分近くを占める。

二〇二二（令和四）年六月には降雹により、県内一五市七町で多大な農業被害が発生した。また、一部ではあるが、風によって雹が窓にたたきつけられ、窓ガラスが割れるということもあり、特に歴史的な建造物などで貴重なガラスが、その薄さのために損傷を受けたケースもある。

次に挙げられるのは、逆に夏季に起きる極めて高温となる現象であり、熱中症による被害が多発している。事例としては、二〇一八（平成三〇）年七月二三日に、熊谷市で国内最高気温となる四一・一度（摂氏）が観測された。熊谷市及びその近隣の地域は、夏場に無風の盆地状の地形に特有の空気環境となり、東京大都市圏で発生する熱の影響もあり、これを低下させることは困難である。

熱中症への対策として、埼玉県下では学校に冷房を完備することが通例となった。小学校の運動会は九月を避けて五月に開くところも多い。それでも毎年、体育の時間等に児童が倒れるケースもある。さらに課題として、高齢者が室内で倒れて発見されるケースが増加傾向にあり、大きな社会問題と言える。

次に火山災害を挙げておく。火山災害では、降灰、噴石、火砕流、火山ガス

(2) 秩父 (cm)

秩父：2月14日00時から2月15日24時にかけての毎時積雪深（cm）

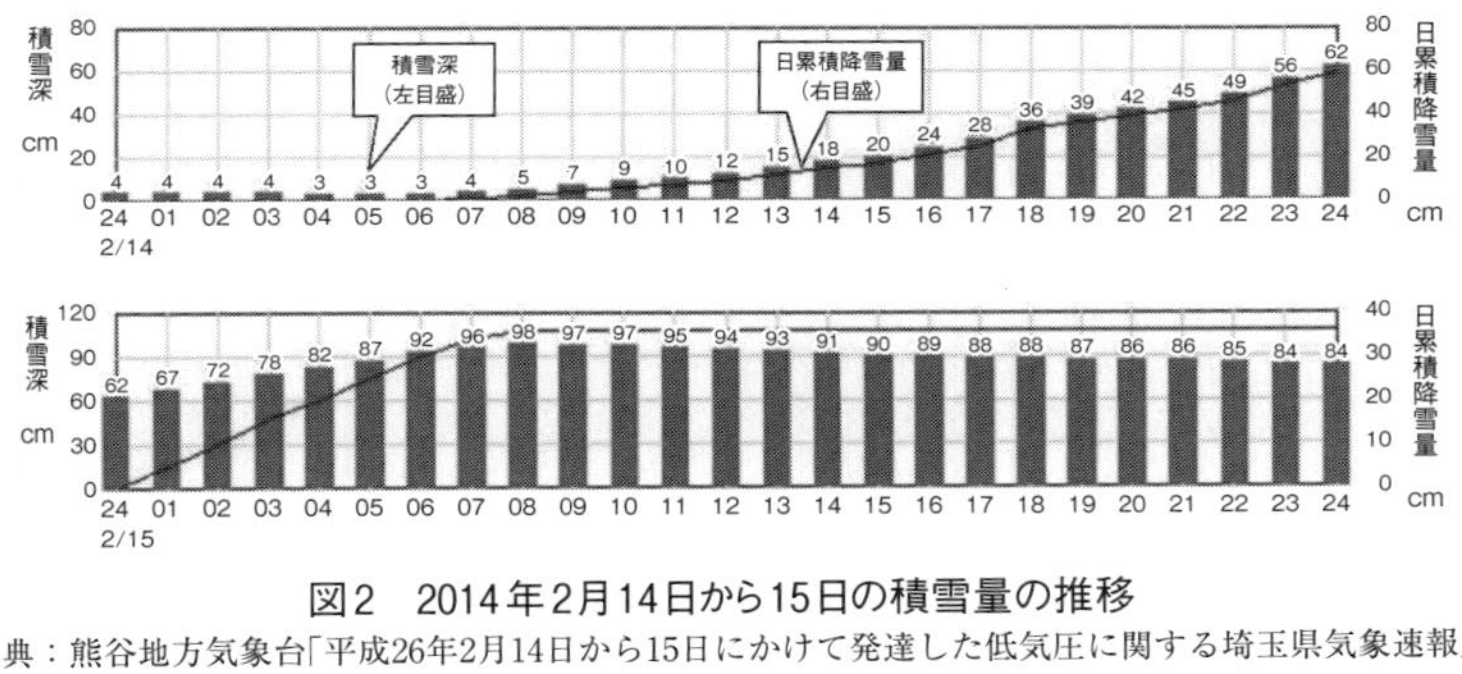

図2　2014年2月14日から15日の積雪量の推移

出典：熊谷地方気象台「平成26年2月14日から15日にかけて発達した低気圧に関する埼玉県気象速報」

などの噴火に伴って排出されるものによる被害のほか、噴火で起きる空気の振動（空振《くうしん》）によりガラスが割れるなどの被害もある。また、積雪期に噴火が起きると雪を溶かして周囲の土砂とともに流れ下る融雪型火山泥流も起きる可能性が指摘されている。

関東地方で広域に影響があった噴火としては、一七八三（天明三）年八月の浅間山の噴火が挙げられ、付随して起きた吾妻川・利根川の洪水と合わせて、一一五一人もの犠牲者を出している。

今後、埼玉県が影響を受ける可能性のある火山災害としては、浅間山と富士山だと言われている。(7)

五　災害への対策・備え

埼玉県の基本的な取組みの姿勢

埼玉県では、実際に起きた災害事例を踏まえつつ、「埼玉県地域防災計画」を策定し、最新のものは二〇二四（令和六）年三月版である。

また、埼玉県全体の総合計画として「埼玉県五か年計画～日本一暮らしやすい埼玉へ～」が二〇二二（令和四）年度から二〇二六（令和八）年度を対象期間として策定されている。この中では一二の針路と五四の分野別施策が挙げられており、その筆頭に、安心・安全の追求Resilience、災害・危機に強い埼玉の構築として、危機管理・防災体制の再構築、大地震に備えたまちづくり、治水・治山対策の推進、感染症対策の強化が挙げられている。(8)

（7）他にも「日本活火山総覧（第四版）」によれば、埼玉から遠望できる（注（5）参照）山々が挙げられる。

（8）次の五項目が挙げられ、埼玉県の災害に取り組む姿勢が明示されている。

1　被害の最小化と埼玉版ＦＥＭＡの推進による災害対応力強化（脚注）ＦＥＭＡとは、Federal Emergency Management Agencyの略であり、アメリカの全国を一本化した危機管理体制組織を見習って、これに代わるべき取組みをしようとするものである。

2　自助・共助の強化

3　効果的な災害予防

4　迅速な災害情報収集と被災者支援

5　適切かつ速やかな災害復旧・復興

埼玉版ＦＥＭＡの組立て

冒頭では計画の目的や防災体制の組立て、防災訓練、調査研究という項目が挙げられている。その後、震災対策編、自然災害対策編、複合災害対策編、広域応援編、事故災害対策編に分かれており、それぞれ、予防・事前対策、応急対策、復旧対策の三つの段階に分けて記述されている。

例えば地震災害では、二〇一二（平成二四）～二〇一三（平成二五）年に実施した想定地震別の被害想定をまとめ、法制度にもとづく災害対応の方針を述べる。

次にＦＥＭＡでの役割分担を明示し、施策の体系として三つの段階に振り分けて実施するべきことを示している。非常によくできているが、あまりに大部であるため行政関係者でも全面的に目を通すのは困難であり、各地域や組織で、これを手本に自らの防災計画を立てたり、図上訓練を実施して、自助・共助の中で覚えていく方がよいのではないだろうか。

災害が少ない埼玉県の役割

東日本大震災で、福島第一原子力発電所の立地点であった双葉町の全町民避難の受け入れ先として、埼玉県は知事の決断で、埼玉新都心のさいたまスーパーアリーナを全面的に開けて受け入れた。これへの対応は極めて大変だったと聞くが、実は避難の大原則として、コミュニティを分割しないということが、やっと定着してきた感がある。

スーパーアリーナの次に多くの双葉町の住民の方が移ったのは加須市にある旧騎西高校の校舎であった。正直に言って、教室に畳を敷いた環境は、あまり良いとは言えないものであったが、スペースが提供できたことは大きかったと思われる。

このようなレジリエンス・スペースとして、さまざまなところから避難者を受け入れられる空間として、普段は余裕のある場所をある程度用意できると、災害に強い埼玉県を実現できるのではないだろうか。

おわりに

最後に、災害弱者の課題に触れておきたい。二〇二四（令和六）年一月の能登半島地震でも、災害弱者の問題はまったくそのままに残されている。子供、特に乳幼児、その親、妊婦、高齢者、あらゆる障がい者、外国籍の人々、短期滞在者等々。このような人々は、災害時には取り残され、やっと見出してもらった時には行き場がなく、ともすればあちこちの避難所を動いていく。

ぜひ埼玉県はそのようなことにならないように、すべての県民を軸に、誰も取り残さない県になれるとよいと思う。また、段ボールベッドやさまざまな防災関連用品のメーカー、県産の木材を活用した快適な仮設住宅など、多様な産業が集積している埼玉県ならではの防災への取り組みの発展を願っている。

〈参考文献〉

新井勝紘『関東大震災――描かれた朝鮮人虐殺を読み解く』新日本出版社、二〇二二年
武村雅之『関東大震災がつくった東京――首都直下地震へどう備えるか』中央公論新社、二〇二三年
北原糸子他『関東大震災絵図――揺れたあの日のそれぞれの情景』東京美術、二〇二三年

［訪］

防災地下神殿

宮本伸子

誰でも見学できる巨大施設

埼玉県で最も大きな災害は水害であるため、県内での調整と、下流に位置する東京に対して利根川と荒川の二大水系の流量の調整機能を担うことが求められる。

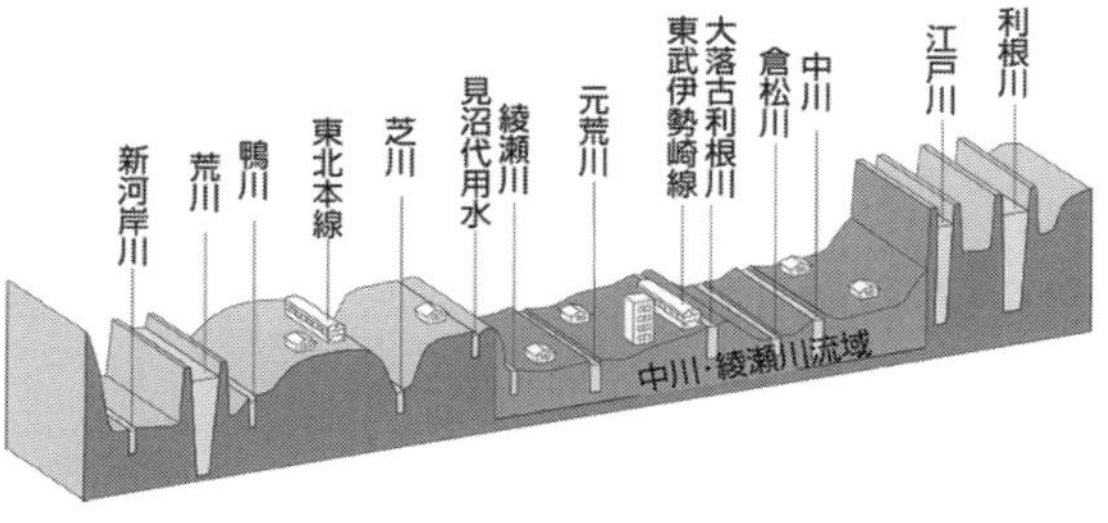

図1　水がたまりやすい「皿」のような地形の説明図
同施設案内 HP より

首都圏外郭放水路（通称「防災地下神殿」）は、埼玉県春日部市にあって、利根川水系のうちの南端で、江戸川と利根川が並行して流れて間もなく東京都と千葉県に差しかかるところにある。西の方の荒川水系との間で、図1のように「皿」のような地形と言われる部分があり、綾瀬川、元荒川、大落古利根川、倉松川、中川が流れ、昔から氾濫の常襲地帯であり、またひとたび大雨に見舞われるとすぐには水位が下がらない危険な状態が続いていたそうだ。

施設の概要は、この部分の各支流の水を四本の立坑《たてこう》から取り入れ、国道一六号の地下五〇メートルの部分に設けたトンネルで東に流し、第一立坑から調圧水槽（ここが地下神殿と呼ばれる巨大プール、幅七八メートル、高さ一八メートル、長さ一七七メートル）に一度溜めてから、ガスタービンエンジンで動かす羽根車で吸い上げて江戸川に流すという仕組みである。

この施設は、一九九三（平成五）年に着工し、二〇〇六（平成一八）年竣工。二〇〇二（平成一四）年からは暫定的に稼働を開始し、この部分の浸水面積や

写真1　防災地下神殿

浸水戸数は三分の一程度に減ったという。年間の稼働回数は三回から多いときは一二回を数え、最大年間二六九八万立方メートルの水量が調整された実績データがある。二〇一五（平成二七）年九月九日の台風一七・一八号の時は、一九〇〇万立方メートルも調整している。

この施設は、誰でも見学できるというところに大きな特徴がある。一般には国土交通省が管轄する一級河川の河川事務所の仕事などはあまり知らないのではないだろうか。

見学コースは、地下神殿コース、立坑体験コース、ポンプ堪能コース、インペラ探検コースがあり、一人一〇〇〇円から四〇〇〇円で、丁寧な説明と必要に応じた安全装備の貸与付きで見学できる。筆者は五月に立坑体験コースを見学したので、その模様を簡単にレポートしたい。

立坑体験コース

最寄り駅は東武アーバンパークライン南桜井駅、徒歩で三〇分程度。バスの便もあるが、江戸川との高さ関係など、歩いてみるのもよいと思う。初めに龍Q館と呼ばれる展示施設に集合。展示室で施設の目的や概要さらに中央捜査室の様子を見学する。ポンプの模型などもあり、実物の見学に向けての予備知識が入ってくる。立坑体験コースは二〇人限定である。土木工事のプロらしき人もいれば、カップルで来た人もいて、しばらくするとなんとなく仲間のようになってくる。

いよいよ地下神殿へ――。昔の人だときっと防空壕への入り口を想起するであろうような入り口から地下への階段一一六段を降りていく。この日の内部は十数度の気温で、階段を降りると次第にひんやりしてくる。明かり

写真2　立坑を見下ろす
下の手前側が地下神殿への流入口

写真3　施設全景
右が地下神殿入り口、奥が龍Q館、芝生の下に地下神殿

がついているが、稼働中などは真っ暗だという。写真1は、第一立坑（水が入ってくる）側から、奥のポンプ場に向かう方向で撮影したもの。支えている支柱は五九本、断面が楕円形をしているのは、水がスムーズに流れるようにするためとのこと。排水した後も多少の水は残っており、貯水槽ということが実感できる。

　地下神殿を出て、次は第一立坑に入る。ここではヘルメットとハーネス（安全帯）をつけて、全員装備よし。第一立坑は、先ほどの地下神殿から垣間見ることができるが、今度はその深さを実感する。まずは階段を途中まで降りて深さの感じを確かめる。これは高いところが苦手な人には無理かもしれない。次にハーネスを壁際の安全帯用レールにかけて、立坑の周囲をめぐるキャットウォークを一列で進む。これの下を水がどんどん流れていることを想像するだけでも迫力がある（写真2）。

　最後に見学した施設の全貌を眺め（写真3）、その大きさを改めて実感して終了となる。

索引

●さ行●

●た行●

●な行●

●は行●

●ま行●

●や行●

●ら行●

●わ行●

眞鍋伸次（まなべ・しんじ）　大阪府生まれ。関西学院大学経済学部卒業。ものつくり大学ものつくり研究情報センター主幹。専門は産学連携、中小企業支援、産業振興。地域金融機関で20年以上にわたり、埼玉県の企業支援および産業振興に従事。

水口由紀子（みずぐち・ゆきこ）　埼玉県生まれ。國學院大學大学院文学研究科博士課程前期修了。埼玉県立さきたま史跡の博物館主任専門員兼学芸員。専門は日本考古学。編・著書に『日本史の中の埼玉県』（山川出版社、2023年）等。

宮本伸子（みやもと・のぶこ）　東京都生まれ。東京大学工学部建築学科卒業。ものつくり大学学務部参事（図書館・メディア情報センター担当）。専門は建築設計・歴史、都市計画・まちづくり、ものづくり教育。主要著書に『同潤会大塚女子アパートメントハウスが語る』（共著、ドメス出版・2010年）等。

柳瀬博一（やなせ・ひろいち）　静岡県生まれ。慶應義塾大学経済学部卒業。東京科学大学リベラルアーツ研究教育院教授。専門はメディア論、環境問題、都市論。著書に『国道16号線：「日本」を創った道』（新潮社、2020年）等。

［協力］

新井千里（テレ玉）
岩倉具房
浦和レッドダイヤモンズ
FM NACK5
越生町教育委員会
加須市観光振興課
埼玉県都市整備部都市整備政策課
埼玉県立さきたま史跡の博物館
さいたま市教育委員会
埼玉新聞社
埼玉大学図書館
埼玉中小企業家同友会
㈱サイボク
志木市教育委員会
渋沢史料館
㈱十万石ふくさや
すみだ郷土文化資料館
㈱宝島社
秩父観光協会
（一社）秩父地域おもてなし観光公社
秩父鉄道㈱
長瀞町
並木まき（カバー／口絵デザイン）
㈱双葉社
堀口智彦（埼玉県立嵐山史跡の博物館）
ミュージカルかぞ
若松央樹（フジテレビジョン）
山田食品産業㈱
山本ミッシェール（ものつくり大学客員教授）
横瀬町観光協会
横山晋一研究室（ものつくり大学）
吉田真（Tiny Will & Creation合同会社代表）

久保潤二郎（くぼ・じゅんじろう）　東京都生まれ。日本体育大学大学院博士後期課程体育科学研究科修了。博士（体育科学）。平成国際大学スポーツ健康学部教授。専門は運動生理学・発育発達学・柔道。著書に『アスリートのためのトータルコンディショニングガイドライン』（（独）日本スポーツ振興センターハイパフォーマンスセンター、2023年）等

久保正美（くぼ・まさみ）　埼玉県生まれ。日本体育大学体育学部体育学科卒業。日本薬科大学特任教授・公益財団法人埼玉県スポーツ協会専務理事。専門は保健体育、水泳競技。著書『学校における水泳事故防止必携〔新訂版〕』（共著、日本体育・学校健康センター、1999年）等。

小山貴子（こやま・たかこ）　東京都生まれ。明治大学大学院文学研究科史学専攻日本史学専修博士後期課程単位取得退学。博士（歴史）。墨田区立すみだ郷土文化資料館学芸員。専門は日本中世の宗教史。著書に『中世修験道の展開と地域社会』（同成社、2023年）等。

近藤照夫（こんどう・てるお）　愛知県生まれ。慶應義塾大学大学院工学研究科修士課程修了。博士（工学）。ものつくり大学名誉教授。専門は建設材料・施工、TQC/ISO、保全、環境・安全。著書に日本建築学会編『建築保全標準・同解説（鉄筋コンクリート造建築物）JAMS 1～5－RC（共著、丸善出版、2021年）等。

佐々木孝夫（ささき・たかお）　秋田県生まれ。慶應義塾大学大学院法学研究科博士課程単位取得退学。修士（法学）。平成国際大学法学部教授。専門はメディア論・政治社会学。翻訳書にリップマン『幻想の公衆』（一藝社、2023年）等。

澤本武博（さわもと・たけひろ）　高知県生まれ。東京理科大学大学院理工学研究科土木工学専攻博士後期課程修了。博士（工学）。ものつくり大学技能工芸学部建設学科教授。専門はコンクリート工学。学位論文『再生骨材コンクリートの品質向上に関する研究』（東京理科大学、2003年）等。

竹内美紀（たけうち・みき）　神奈川県生まれ。フェリス女学院大学大学院人文科学研究科博士課程単位取得退学。博士（文学）。東洋大学文学部准教授。専門は絵本・児童文学・翻訳。著書に『石井桃子の翻訳はなぜ子どもをひきつけるのか』（ミネルヴァ書房、2014年）等。

多田治（ただ・おさむ）　大阪府生まれ。早稲田大学大学院文学研究科社会学専攻博士後期課程修了。博士（文学）。一橋大学大学院社会学研究科教授。専門は社会学。著書に『旅と理論の社会学講義』（公人の友社、2023年）等。

為我井慎之介（ためがい・しんのすけ）　埼玉県生まれ。高崎経済大学大学院地域政策研究科博士後期課程修了。博士（地域政策学）。大正大学地域創生学部准教授。専門は行政学・地方自治論・地方政治論。著書に『政治学・行政学の基礎知識［改訂第4版］』（共著、一藝社、2021年）等。

土居浩（どい・ひろし）　群馬県生まれ。総合研究大学院大学文化科学研究科博士課程修了。博士（学術）。ものつくり大学教養教育センター教授。専門は日常意匠研究。共編著に『無縁社会の葬儀と墓：死者との過去・現在・未来』（吉川弘文館、2022年）等。

仲辻真帆（なかつじ・まほ）　奈良県生まれ。東京藝術大学大学院音楽研究科博士後期課程修了。博士（音楽学）。東京藝術大学未来創造継承センター大学史史料室ほか非常勤講師。専門は音楽学。論文に「近代日本における西洋音楽教育の歴史的展開：『音階』『和声』概念の受容過程」（『アステイオン』99号、CCCメディアハウス、2023年）等。

野上武利（のがみ・たけとし）　東京都生まれ。東京教育大学（現・筑波大学）卒業。埼玉銀行（現・埼玉りそな銀行）を経て、埼玉県経営者協会専務理事。元さいたま市教育委員。元中央教育審議会 初等中等教育分科会委員。現在、ものつくり大学監事。

執筆者一覧

［編者］

ものつくり大学教養教育センター

［責任編集］

井坂康志（いさか・やすし）　埼玉県生まれ。東京大学大学院人文社会系研究科博士課程単位取得退学。博士（商学）。ものつくり大学教養教育センター教授。専門は経営学・社会情報学。著書に『P・F・ドラッカー：マネジメント思想の源流と展望』（文眞堂、2018年）等。

（以下、50音順）

阿瀬見貴光（あせみ・たかみつ）　埼玉県生まれ。昭和音楽大学卒業。オペラ歌手、作曲家。台本作家。元ものつくり大学非常勤講師。NPO法人ミュージカルかぞ総監督。代表作に《いち》《クリスマス・キャロル》等。

石上泰州（いわがみ・やすくに）　東京都生まれ。慶應義塾大学大学院法学研究科博士課程単位取得退学。修士（法学）。平成国際大学法学部教授。専門は政治学・行政学。著書に『日本の連立政権』（共著、八千代出版、2018年）等。

井上潤（いのうえ・じゅん）　大阪府生まれ。明治大学文学部史学地理学科日本史学専攻卒業。（公財）渋沢栄一記念財団業務執行理事／渋沢史料館顧問。専門は渋沢栄一研究・日本村落史。著書に『渋沢栄一伝：道理に欠けず、正義に外れず』（ミネルヴァ書房、2020年）等。

井上智勝（いのうえ・ともかつ）　大阪府生まれ。筑波大学大学院博士課程歴史・人類学研究科単位取得退学。博士（文学）。埼玉大学学術院教授（教養学部担当）。専門は日本史学。著書に『吉田神道の四〇〇年』（講談社選書メチエ、2013年）等。

植村幸生（うえむら・ゆきお）　神奈川県生まれ。東京藝術大学大学院音楽研究科博士課程単位取得退学。韓国ソウル大学校に留学。東京藝術大学音楽学部楽理科教授。東洋音楽学会会長を歴任。専門は民族音楽学、東洋音楽史。著書に『韓国音楽探検』（音楽之友社、1998年）等。

薄井充裕（うすい・みつひろ）　愛知県生まれ。早稲田大学政治経済学部卒業。中央大学総合政策学部客員教授。専門は都市政策・事業金融。著書に『変革の時代と社会資本整備：回顧と展望』（岩波ブックセンター、2017年）等。

大島誠一郎（おおしま・せいいちろう）　栃木県生まれ。上智大学法学部卒業。元埼玉県職員。前ものつくり大学総務課長。埼玉県在職時、土地水政策課にて見沼田圃を担当。

小川秀樹（おがわ・ひでき）　埼玉県生まれ。立教大学文学部教育学科卒業。埼玉新聞社相談役。更生保護法人埼玉県更生保護観察協会理事長、前埼玉県本多静六賞選考委員会委員長。著書に『ジャリ道：それでも立ち上がった経営者たち』（埼玉新聞社、2018年）等。

小幡喜一（おばた・きいち）　埼玉県生まれ。新潟大学教育学部卒業。NPO法人秩父まるごと博物館理事長・東京農業大学非常勤講師。専門は地質古生物学。論文に「秩父札所の地学めぐり」（地学教育と科学運動、2006年）等。

大学的埼玉ガイド——こだわりの歩き方

2024 年 12 月 5 日　初版第 1 刷発行
2025 年 4 月 30 日　初版第 2 刷発行

編　者　ものつくり大学教養教育センター
責任編集者　井坂　康志

発行者　杉田　啓三
〒 607-8494 京都市山科区日ノ岡堤谷町 3-1
発行所　株式会社　昭和堂
TEL（075）502-7500 ／ FAX（075）502-7501
ホームページ　http://www.showado-kyoto.jp

印刷　亜細亜印刷

ISBN 978-4-8122-2326-0
乱丁・落丁はお取り替えいたします。
Printed in Japan